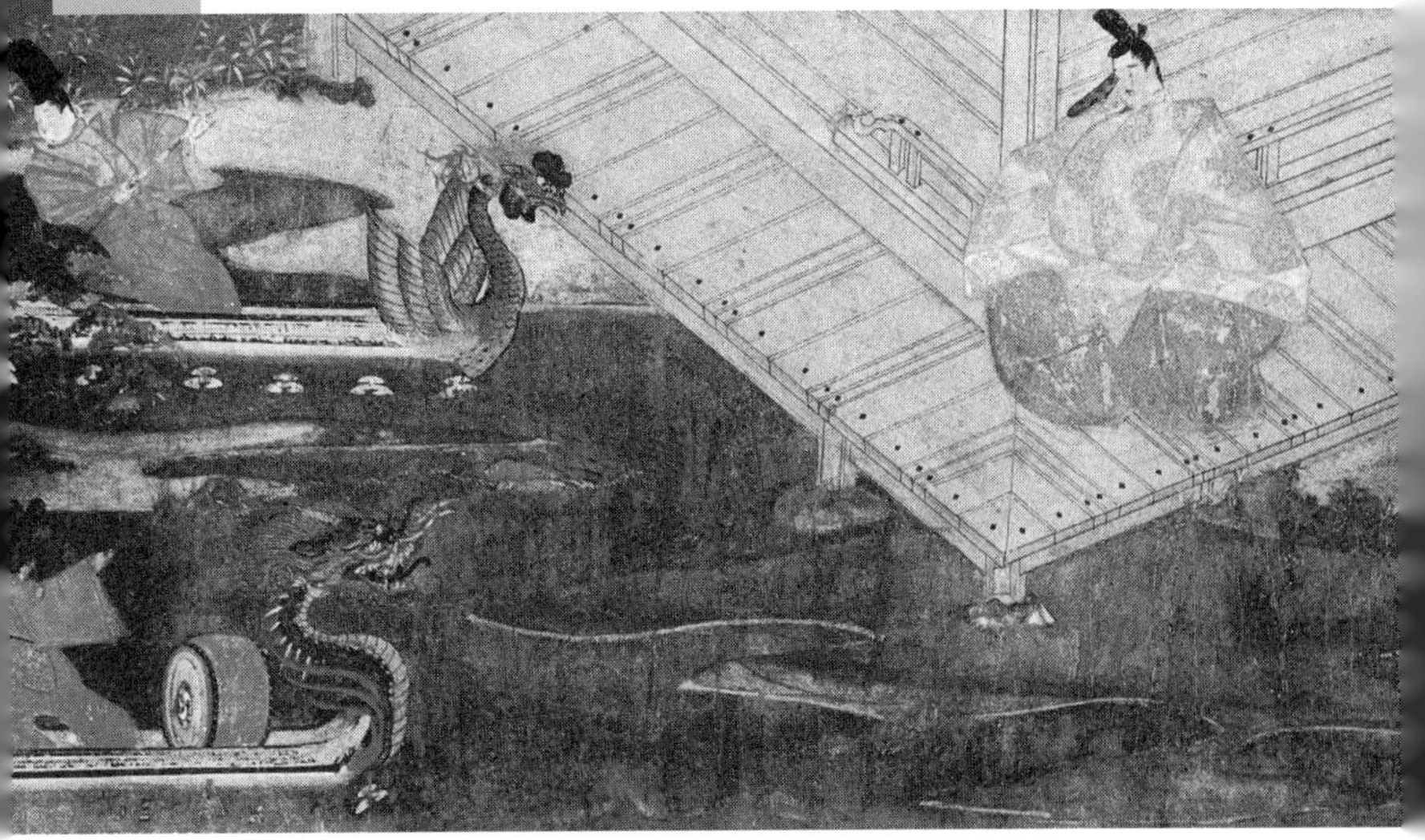

孫の孫が語る藤原道長

百年後から見た王朝時代

繁田信一

吉川弘文館

◇目　次◇

はじめに　知られざる藤原道長

北を向いて手を洗う藤原道長

藤原道長について、彼は、手を洗うとき、必ず北の方角を向くようにしていた、という話をご存じだろうか。

うっかり北ではない方角を向いて手を洗いはじめてしまった場合でも、道長は、そのことに気付くや、すぐさま北に向き直って、改めて手を洗いはじめたのだとか。また、そうして手を洗っている最中に向きを変えて、手からしたたり落ちる水滴で床をびしょびしょに濡らしてしまうことも、道長には、よくあることであったらしい。

では、なぜ、道長は、北を向いて手を洗うことに強くこだわったのか、というと、それは、「福《ふく》」を呼び込むためであった、とされる。

この場合の「福」というのは、すなわち、経済的な豊かさである。道長をはじめとする王朝時代の人々が言うところの「福」とは、要するに、裕福さなのである。したがって、道長は、床をびしょ濡

系図1　藤原道長を中心とする人物関係図①

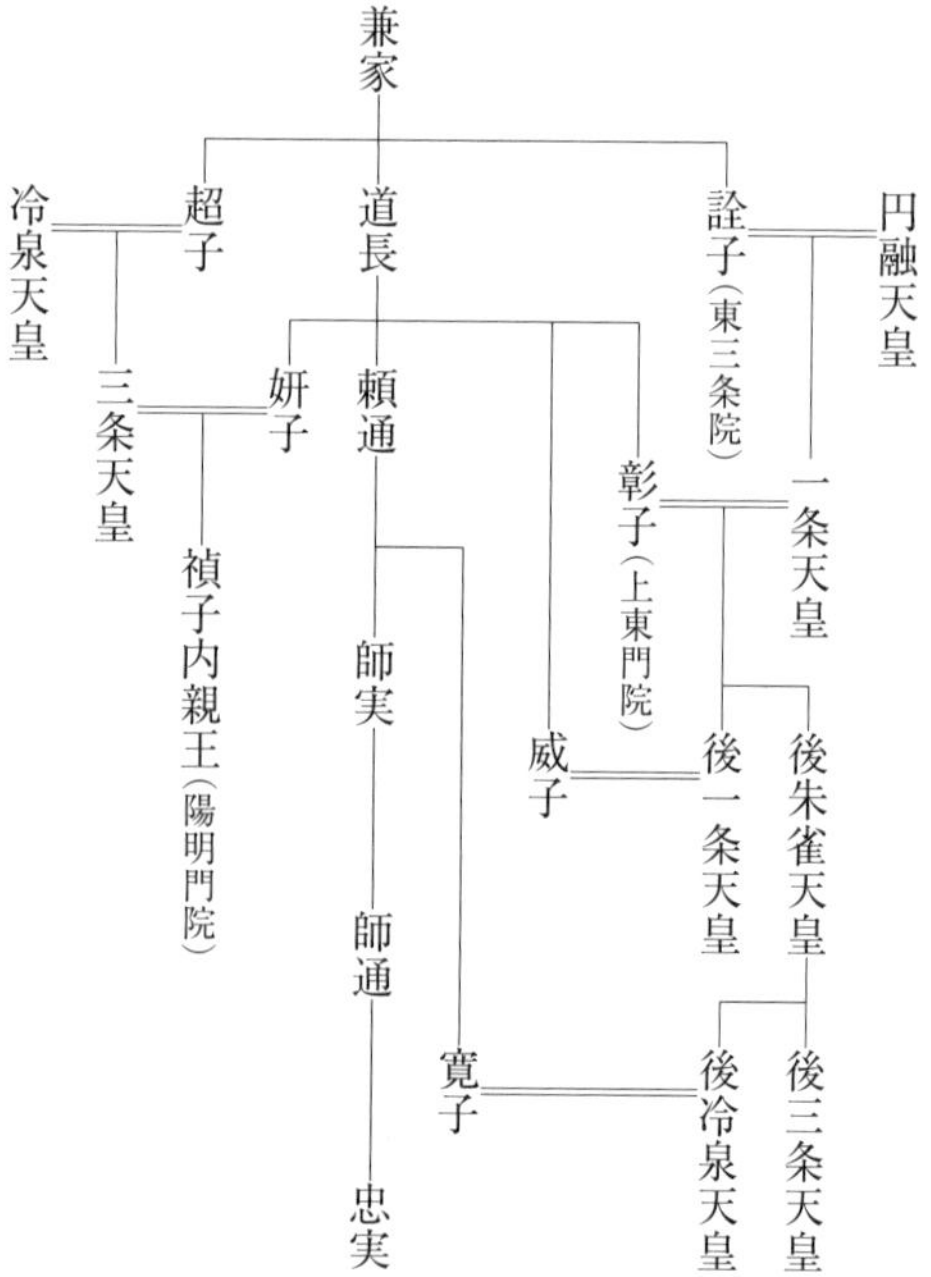

れにしてまで、北の方角を向いて手を洗うことに執着することによって、豊かな暮らしを懇望していたことになろうか。

藤原道長といえば、「王朝時代」とも呼ばれる平安時代中期を代表する有名人である。彼は、当時において最も成功した権力者であった。一条《いちじょう》天皇の長徳《ちょうとく》元年（九九五）に数《かぞ》え年《どし》の三十歳にして政権担当者となって以来、三条《さんじょう》天皇の治世を挟んで、後一条《ごいちじょう》天皇の万寿《まんじゅ》四年（一〇二七）に享年《きょうねん》六十二にして世を去るまでの間、三十年以上にも渡って朝廷を実質的に支配し続けた道長は、王朝時代＝平安中期を特徴付ける摂関政治の大成者なのである。

当時においては、事実上の制度として、天皇の外祖父《そとおおじ》（母方の祖父）もしくは外伯叔父《そとおじ》（母方の伯叔父）が、摂政あるいは関白として、もしくは、関白とほとんど同じ権限を持つ内覧《ないらん》として、朝廷を牛耳ることになっていた。そして、道長は、一条天皇および三条天皇の外叔父という立場を、その父親

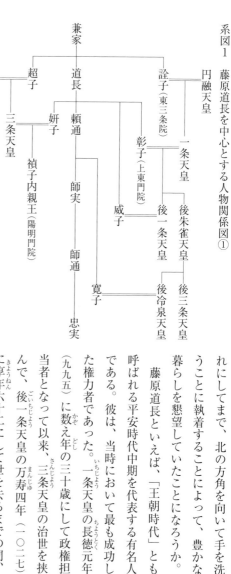

の兼家《かねいえ》の遺産として保持していたうえに、後一条天皇の外祖父という立場を、自らの努力と自らの幸運とによって確保したのであった。この場合、道長の努力とは、自身の孫にあたる皇子を産ませるべく娘を天皇の妃《きさき》にしたことに他ならず、道長の幸運とは、天皇の妃にした娘が期待の通りに皇子を産んだことに他ならない。

なお、例の「この世をば」の一首を詠んだとき、道長は、前摂政の前太政大臣であって、表向きは政界を引退していた。が、彼は、後一条天皇の外祖父として、新たに摂政となった頼通の父親として、事実上の最高権力者の地位を占めて、世に「大殿《おおとの》」と呼ばれていた。

そんな道長であれば、彼に貧しい暮らしの経験があったことなど、なかなか想像できない。が、道長は、晩年に至るまで北を向いて手を洗うことにこだわっていたらしく、その裏には、若き日の貧しさという物語があったらしいのである。

しかも、これは、道長には孫にあたる女性が、その父親であって道長には長男となる頼通から聞いて、頼通の曾孫《ひまご》で道長には玄孫《やしゃご》（孫の孫）にあたる人物に語ったところであるから、全くのでたらめということはあるまい。いや、それどころか、右の逸話《いつわ》は、『栄花物語《えいがものがたり》』や『大鏡《おおかがみ》』にさえ語られていないものの、確かな史実なのではないだろうか。

鼻の赤い藤原道長

ところで、藤原道長については、こんな話も伝わっている。すなわち、彼の鼻は、みごとに真っ赤であったというのである。

この話もまた、『栄花物語』にも『大鏡』にも見えない。が、その情報源は、道長には孫にあたる頼通の娘であり、なおかつ、この話が現代に伝わることになったのは、彼女が道長には玄孫（孫の孫）にあたる人物に語り聞かせたためであった。

この話をもう少し正確に伝えるならば、道長の顔において、赤かったのは、鼻だけではない。どうやら、彼の顔は、出っ張っている部分の全てが赤かったようなのである。つまり、道長の顔においては、鼻に加えて、左右両方の頬骨のあたりまでもが、赤かったことになる。しかも、その赤いことといったら、化粧に使う紅を点《さ》したかのように、まさに真っ赤であったらしい。

両の頬が真っ赤であるうえに鼻も真っ赤であるという容姿は、現代においてならば、滑稽なものと見做されがちなのではないだろうか。少なくとも、これが所謂「美女」や所謂「美男子」の条件とされることは、現代の日本では難しいように思われる。

そして、それは、王朝時代においても同様であった。

鼻が赤いことで知られる王朝時代の人物といえば、他の誰を差し置いても、まずは、「末摘花《すえつむはな》」の呼び名で知られる姫君を挙げなければなるまい。光源氏の愛人の一人である彼女は、『源氏物語』の登場人物であって、もちろん、架空の人物である。しかし、それだけに、末摘花が物語の中でどのように評価されていたかを見ることによって、王朝時代の人々が赤い鼻をどのように評価していたかを、より端的なかたちで知ることができるだろう。

光源氏は、末摘花とともに迎える幾度目かの朝に、雪明かりに助けられて、まだ愛人関係になって日の浅い末摘花の容姿を、初めて眼にする。すると、そのとき、光源氏の眼前にあったのは、とんでもなく胴が長く、とんでもなく面長で、なおかつ、鼻までもが先端が垂れ下がるほどに長い、そんな女性の姿であった。これにはさすがに肝を潰す光源氏であったが、ここで、彼が殊更に受け容れ難く思ったのは、末摘花の垂れ下がる鼻の先端が赤かったことだという。

その後、光源氏は、若紫《わかむらさき》と遊びながら、うつくしい女性の絵を描くと、ふと、その女性の鼻を赤く塗って、その醜さに落胆する。さらに、彼は、鏡を覗き込みながら、自身の鼻を赤く塗って、やはり、その醜さに辟易《へきえき》する。光源氏にとって、鼻の赤さは、醜さの象徴だったのである。ちなみに、自ら鼻を赤く塗った光源氏が、「私がこんな顔になってしまったら、あなたはどうしますか」と問いかけるや、若紫は、迷うことなく嫌がるのであった。

どうやら、現代においてのみならず、王朝時代においても、鼻が赤いことは、けっして、うつくしさの指標とはならなかったようである。いや、王朝時代に限って言えば、鼻が赤いことは、むしろ、醜さの指標でさえあったらしい。とすれば、鼻が赤かったという話は、藤原道長という人物を理解するうえで、小さからぬ意味を持つのではないだろうか。

道長について語る子孫たち

さて、手を洗う方角にこだわったことといい、鼻が赤かったことといい、かなり熱心な藤原道長ファンでも、そうそう知っていることではなかったのではないだろうか。そうした意味では、道長をめぐる右の二つの逸話は、読者諸氏に多少なりとも驚きを与えたものと思いたい。

ただ、われわれ現代人は、さまざまなメディアを通じて、サプライズに慣れてしまっているものである。それゆえ、著者としては、ここまでの話に疑いの眼が向けられることも、十分に考慮するべきであろう。確かに、手洗いの方角の話も、赤鼻の話も、やや突飛なものであり、かつ、ほどほどにおもしろいものであって、いかにも作り話っぽいのである。

しかし、右の二つの逸話は、いずれも、けっして作り話などではない。既に簡単に触れたように、手洗いの方角の話も、赤鼻の話も、道長には孫にあたる女性を情報源としており、史実に根差したものに間違いない。

ここで改めて触れる「道長には孫にあたる女性」というのは、後冷泉《ごれいぜい》天皇の皇后となり、世に「四《し》条宮《じょうのみや》」と呼ばれた、藤原寛子《ひろこ》である。藤原頼通《よりみち》の娘であった彼女は、当然、道長には孫にあたることになる。

とはいえ、寛子の生まれは、長元《ちょうげん》九年（一〇三六）であって、そんな彼女は、万寿四年（一〇二七）に他界した道長を、直接には知るはずがない。しかし、寛子は、あまり子供に恵まれなかった頼通にとって唯一の実の娘であったことから、頼通の手元において、大切に大切に養育されたはずであり、頼通や頼通家の古参の女房《にょうぼう》たちから、偉大な先代であった道長の話を、あれこれと繰り返し繰り返し聞かされていたことだろう。

なお、件の二つの逸話が現代にまで伝わるためには、右の四条宮寛子によって、彼女には甥孫《おいまご》であって道長には玄孫（孫の孫）にあたる藤原忠実《ただざね》へと語られることが必要であった。

ここに新たに登場した忠実は、道長―頼通―師実《もろざね》―師通《もろみち》―忠実と続く、摂関家の正統後継者である。道長には孫の孫にあたる彼が生まれたのは、承暦《じょうりゃく》二年（一〇七八）のことであって、藤原摂関家を外戚（母方の親戚）としない白河《しらかわ》天皇が帝位に即いており、摂関家の力にははっきりと陰りが見えはじめた頃であった。そのため、忠実の場合、摂関家の正統な後継者として摂政や関白を務めたといっても、白河法皇の院政のもとで、堀河《ほりかわ》天皇の関白や鳥羽《とば》天皇の摂政・関白を、ほとんどかたちだけ務めたに過ぎない。

系図2　藤原摂関家略系図①

また、この忠実は、『殿暦《でんりゃく》』の名で知られる日記を残した他には、著作を残すことはなかった。が、彼自身の著作物によって

ではなく、彼の執事のような立場にあった者たちの手に成る書物によって、彼の談話が数多く現代に伝わっている。すなわち、中原師元《なかはらのもろもと》の『中外抄《ちゅうがいしょう》』と、高階仲行《たかしなのなかゆき》の『富家語《ふけご》』とが、忠実の数々の談話を現代に伝えているのである。

そして、道長をめぐって右に紹介した二つの逸話は、いずれも、道長を高祖父（祖父の祖父）とする忠実が、大叔母《おおおば》の寛子から聞かされたところを、さらに師元や仲行に語ったことで、『中外抄』あるいは『富家語』に記されて、奇しくも現代に伝わったものに他ならない。

逸話を書き記した人々

かの『源氏物語』にもしばしば登場する「家司《いえづかさ（けいし）》」というのは、要するに、平安時代の貴族家における執事のような存在である。当時においては、ある程度の経済力を持つ貴族家ならば、下級貴族家であっても、家司を置いているものであり、摂関家をはじめとする上級貴族家ともなると、幾人もの家司を抱えているものであった。

ちなみに、平安時代に貴族家の家司を務めたのは、庶民層の人々ではない。平安貴族家の家司たちは、やはり、貴族層の人々だったのである。

例えば、裕福な下級貴族家や普通の中級貴族家が家司として使ったのは、概ね、下級貴族たちであった。そして、受領国司《ずりょうこくし》を務める裕福な中級貴族の家では、有力ではない中級貴族たちや普通の下級貴族たちが家司を務めたのであり、普通の上級貴族の家でも、普通の中級貴族たちや普通の下級貴族たちが家司を務めたのである。さらに、これが、摂関家ともなると、中級貴族たちや下級貴族たちが家司として働いていたのはもちろん、どうかすると、あまり有力ではない上級貴族までが、家司として仕えていたのであった。

したがって、摂関家の正統な後継者であって実際に摂政をも関白をも務めた忠実に家司がいたのは、あまりにも当然のことなのだが、『中外抄』あるいは『富家語』の筆録者の中原師元および高階仲行は、まさに忠実家の家司だったのである。しかも、おそらく、彼らは、後世に言う「祐筆《ゆうひつ》」のような役割をも果たす家司であったろう。中世の武家社会において「祐筆」と呼ばれたのは、主人の代筆者としてさまざまな文書の作成を担った家来であるが、現に忠実の談話を筆録して『中外抄』や『富家語』を残した師元・仲行は、かねてより、忠実が口にした言葉を書き留めて、必要とあれば、それを手紙にも命令書にも仕上げるような仕事をしていたのではないだろうか。

なお、中世の祐筆は、達筆であることはもちろん、高い学識や深い教養を持ち合わせているものであったが、中原師元も、高階仲行も、そうした条件を十二分に満たしていた。

まず、中原師元は、儒学を家業とする中級貴族家の一員であり、かつ、朝廷においては事務方の実務官人として重んじられる身であった。朝廷の教育機関である大学寮《だいがくりょう》で儒学の教員を務めたこともある師元は、まさに儒学の専門家である。また、師元の手に成る忠実の談話集に『中外抄』の名称があるのは、中原氏の師元が長く「大外記《だいげき》」という官職を占めていたためであるが、この大外記は、朝廷の事務方の重職の一つであった。

これに対して、高階仲行の手に成る忠実の談話集の『富家語』という名称は、忠実が「富家殿《ふけどの》」と号す別荘を持っていたことに由来するばかりで、仲行の経歴とは全く関係ない。が、そんな仲行もまた、儒学を家業とする中級貴族家の一員であった。彼の高階氏は、一条天皇の時代には、高階成忠《なりただ》が天皇に儒学を教授する侍読《じどく》を務め、高階信順《さねのぶ》が皇太子に儒学を教授する東宮学士《とうぐうがくし》を務めていたのである。しかも、高階氏が摂関家の家司を務めるのは、高階業遠《なりとう》が道長の家司となって以来のことであったから、仲行などは、忠実にとって、譜代《ふだい》の家司であるとともに、譜代の祐筆でもあったのかもしれない。

新たな道長像・新たな王朝時代像

こうして、忠実が彼の祖父の祖父である道長について語ったところは、しっかりと書き留められ、『中外抄』および『富家語』の二つの談話集に収められて、現代に伝わることになった。しかし、もし、『中外抄』『富家語』がなかったならば、われわれ現代人は、平安時代を代表する著名人について、彼が北を向いて手を洗うことにこだわっていたことも、彼の鼻が赤かったことも、ついぞ知り得なかっただろう。

もちろん、どちらも、ほんの小さな事柄でしかない。平安時代当時において、これらの事実が平安時代の歴史に影響を与えることなど、皆無だったはずである。また、現代においても、こうしたことが判明したからといって、日本史の教科書に変更が加えられることにはなるまい。

とはいえ、手洗いのことも、鼻のことも、著者のように藤原道長という人物に興味を持つ身にとっては、何とも貴重な情報である。彼の手を洗う方角へのこだわりを知っているならば、また、彼の鼻が赤いことを知っているならば、われわれは、当然のことながら、それらのことを知らない場合よりも、ずっと活き活きしたものとして、道長の人物像を組み立てることができるのではないだろうか。

うっかり他の方角を向いて手を洗いはじめたものの、ふと気が付いて、周囲をびしょびしょにしながら北に向き直り、また手を洗いはじめる道長。前摂政の前太政大臣として威厳に満ちつつ、得意満面に「この世をば」の一首を詠みながらも、顔の真ん中には真っ赤な鼻が鎮座する道長。これだけでも、これまでに世に出ている伝記や評伝の道長像と比べて、かなり趣を異にする道長像になることだろう。

そして、『中外抄』および『富家語』が道長について新たに教えてくれるところは、手洗いの方角のことと赤鼻のこととだけではない。藤原忠実は、さすがに摂関家の正統な後継者というだけあって、道長について、部外者ではなかなか知り得ないようなことを、あれこれと語っており、『中外抄』にも、『富家語』にも、そうした語りがちらほら見えるのである。もしも、『中外抄』『富家語』が道長について伝えるところを全て拾ったうえで、新たに道長の人物像を組み立てるならば、それは、従来のものよりも、はるかに人間味のある、はるかに興味深いものになるに違いない。

また、『中外抄』『富家語』が伝える忠実の談話は、道長本人ばかりではなく、道長を取り巻くさまざまな人々にも及んでいる。道長の家族はもちろん、道長の取り巻きたちや道長の政敵たち、僧侶や武士や陰陽師といった道長の生活を支えた専門家たち、さらには、道長と関わりのあった庶民までが、『中外抄』『富家語』における忠実の語りの対象になっているのである。おそらく、『中外抄』『富家語』を丁寧に読み解くならば、道長の生きた時代としての王朝時代についても、新たな時代像を組み上げることが可能であろう。

そこで、本書においては、藤原道長の新たな人物像を描くとともに王朝時代の新たな時代像を描くために、『中外抄』および『富家語』を紐解いていくことにしたい。

第一章　一人の貴族男性としての道長

——道長をめぐる昔語り　その一

北を向いて手を洗う話

「北を向いて手を洗うのは、裕福さを得る行為である」

藤原忠実《ただざね》が、高祖父（祖父の祖父）の道長について、北を向いて手を洗うことにこだわっていたことを語ったのは、保延《ほえん》六年（一一四〇）九月二十九日のことであった。その語りは、現代語に訳して紹介するならば、『中外抄《ちゆうがいしよう》』の上巻に、次のように書き留められている。

忠実さまがおっしゃるには、「北《きた》を向《む》いて手《て》を洗《あら》うのは、裕福《ゆうふく》さを得《え》る行為《こうい》である。『道長さまは、うっかり北以外を向いて手を洗っていらっしゃったときでも、北を向くのがよいということを思い出されると、周囲が濡《ぬ》れることも気になさらず、ためらうことなく北に向《む》き直《なお》られたものでした」と、頼通《よりみち》さまがお話しになりました』と、亡くなった四条宮寛子《しじょうのみやひろこ》さまがお話しになったことがあった」とのことであった。

ここに明らかなように、道長が手を洗う方角にこだわったという逸話は、頼通↓寛子↓忠実と伝わったようである。だから、忠実は、あくまで大叔母《おおおば》の寛子から聞いたことを話しているのであって、寛子も寛子で父親の頼通から聞いたことを忠実に話しているわけである。会話文が入れ子構造になっていて、かなりややこしくはあるものの、右のように整理すれば、内容を読み誤ることもあるまい。

また、会話文の面倒な入れ子構造からすれば、手を洗う方角をめぐる道長の逸話《いつわ》のそもそもの出処は、道長には孫娘にあたる寛子ではなく、彼女からさらにさかのぼって、道長の息子の頼通であるらしい。その頼通であれば、愛息として、道長が手を洗う姿を、幾度も目撃していたろうから、道長が手洗いの方角にこだわったというのは、確かな史実なのだろう。

なお、右に現代語訳で紹介した『中外抄』の一節は、本来、次の如きものであった。

仰《おお》せて云ふやう、「北向《きたむ》きにて手《て》を洗《あら》ふは福《ふく》の付《つ》く也《なり》。『「御堂《みどう》は慮外《りよがい》ニ他方《たほう》ニ向《む》きテ洗《あら》はしめ御《おわ》しける時《とき》も、思《おぼ》し食《め》し出《い》でテハ、所《ところ》のぬるるも知《し》ろし食《め》さず、左右《さゆう》も無《な》く向《む》かはしめ給《たま》ひけり」と、宇治殿《うじどの》ハ語《かた》らしめ給《たま》ひき』とぞ、故四条宮《こしじょうのみや》ハ仰《おお》す事《こと》ありし」と。

ここに「御堂《みどう》は慮外《りよがい》ニ」と見える「御堂」というのは、道長のことである。晩年には出家者となって自ら建立した法成寺《ほうじようじ》を生活の場とした道長は、後代の人々からは、「御堂殿」「御堂」「御堂関白」

などと呼ばれたのであった。彼の日記に『御堂関白記《みどうかんぱくき》』の名称があるのも、こうした事情からに他ならない。

また、「宇治殿《うじどの》ハ語《かた》らしめ給《たま》ひき」と、「御堂」が北を向いて手を洗うことにこだわっていたという逸話の情報源として右に登場する「宇治殿」は、道長の息子の頼通である。彼は、こう呼ばれるようになるほど、その後半生に多くの時間を宇治の別荘で過ごしたのであった。

そして、「故四条宮《こしじょうのみや》ハ仰《おお》す事《こと》ありし」と見える「故四条宮」が、道長の逸話を直接に忠実に話して聞かせた寛子である。後冷泉《ごれいぜい》天皇の皇后《こうごう》であって、四条大路《しじょうおおじ》に面する邸宅を里第《りてい》とした彼女は、生前、「四条宮」と呼ばれていたのであった。なお、大治《だいじ》二年（一一二七）に享年九十二にて崩じた寛子は、保延六年九月の時点では、既に故人である。

「若い頃には貧乏であるのが悲しかったので」

忠実が道長の手洗いの逸話を語ったのは、右に『中外抄』に見た保延六年（一一四〇）九月の一回だけではない。彼は、応保《おうほ》元年（一一六一）三月十五日にもほとんど同じことを語っており、それが、次に現代語訳で紹介するような『富家語《ふけご》』の一節となっている。

忠実さまがおっしゃるには、「亡くなった四条宮寛子さまがおっしゃるには、『頼通さまがおっしゃるには、「亡くなった道長さまは、他の方角を向いて手を洗っていらっしゃっても、思い出して急に北に向き直って手をお洗いになったものだ。これは、北を向いて手を洗うことが、裕福さを呼ぶことだからである。そして、道長さまがおっしゃったのは、『私は、若い頃には貧乏であるのが悲しかったので、こうして裕福さを求めるのである』ということであった」と。こうした事情から、道長さまは手を洗っている途中でも身軽に向きを変えるようなことをなさったのだろうか。頼通さまは、この点に関して、道長さまと同じではいらっしゃらなかった』と」と。これらのことをお話しになられると、忠実さまは、感慨深げにしていらっしゃった。

この語りでは、道長自身の言葉もあるため、会話文の入れ子構造がさらに複雑になっている。頼通が語った言葉の中に、道長その人の「私は、若い頃には貧乏であるのが悲しかったので、こうして裕福さを求めるのである」という語りが含まれているのである。

しかし、道長が手を洗う方角にこだわったという逸話の出処が頼通であることは、『中外抄』と変わらない。また、その逸話が頼通→寛子→忠実という順に語り継がれたことも、『中外抄』と異なるところがない。

とはいえ、『富家語』に筆録された忠実の語りは、道長自身の言葉をも紹介する点で、『中外抄』のそれに比して、より注目すべきものとなっていないだろうか。

とりもなおさず、ここに見える道長自身の言葉は、彼が手を洗う方角にこだわるようになったことの核心を突くものである。しかも、その道長の言葉によれば、彼は、若かりし日々には、貧乏を経験していたかのようなのである。あの道長が、若い頃のこととはいえ、貧しさに泣いた日々があったとすれば、手を洗う方角にこだわっていたということにも負けず、驚くべき情報であろう。

ちなみに、右に現代語訳で紹介した『富家語』の原文は、以下の通りである。ここでは、「吾《われ》の若《わか》カリシヲリ貧《まず》しカリシガワビシカリシカバ、カク福《ふく》を好《この》む也《なり》」という部分が、道長自身の語った言葉となる。

仰《おお》せて云《い》ふやう、「故四条宮《こしじょうのみや》の仰《おお》せて云《い》ふやう、『宇治殿《うじどの》の仰《おお》せて云《い》ふやう、「故御堂《こみどう》ハ、他《ほか》の方《かた》ニテ御手水《おちょうず》の有《あ》るトモ、思《おも》ひ出《い》でテ俄《にわか》ニ北《きた》ニ向《む》きテ御手《みて》ハ洗《あら》ひ給《たま》ひケリ。是《これ》は、北《きた》を向《む》きテ手《て》を洗《あら》ふハ、福粧也《ふくしょうなり》。御堂《みどう》の仰《おお》せられケルハ、『吾《われ》の若《わか》カリシヲリ貧《まず》しカリシガワビシカリシカバ、カク福《ふく》を好《この》む也《なり》』トゾ仰《おお》せられシ」と。然《しか》れば、御堂《みどう》ハ軽々《きょうきょう》にオハシマシケルニヤ。宇治殿《うじどの》ハサモオハシマサザリケル』と」と。此《こ》の事共《ことども》を語《かた》り仰《おお》せテ、イミジゲニ思《おぼ》し食《め》しタリ。

「貧しカリシガワビシカリシカバ」の真実

さて、以上、『中外抄』『富家語』に筆録された忠実の語りを仔細に検討するならば、道長が北を向いて手を洗うことにこだわっていたという逸話について、これを確かな史実と見做すことができそうである。そもそも道長の息子の頼通によって語り出されたものであることがわかった以上、件の逸話をめぐって、その信憑性を疑う余地はあるまい。

系図3　藤原道長を中心とする人物関係図②

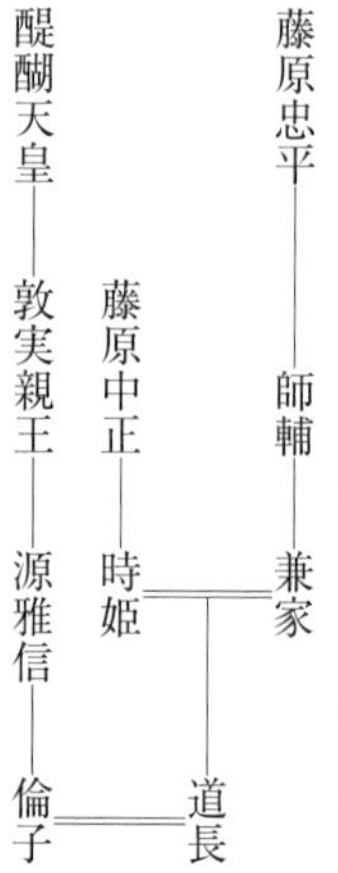

そして、道長が手を洗う方角にこだわった理由が、裕福さを得るためであった、ということも、史実として認めていいように思われる。手を洗う方角に強くこだわったのであれば、そこには、何か強い動機があったはずであるが、その動機が富裕への願望にあったというのは、説得力のある話なのではないだろうか。

ただ、もう一つ掘り下げて、道長が裕福さを強く求めるようになった背景に、彼の若い頃の貧しい生活がある、という話になると、そのまま信じるわけにはいかないだろう。

確かに、『富家語』からは、道長自身が息子の頼通に「吾《われ》の若《わか》カリシヲリ貧《まず》しカリシガワビシカリシカバ、カク福《ふく》を好《この》む也《なり》（私は、若い頃には貧乏であるのが悲しかったので、こうして裕福さを求めるのである）」と語ったことが知られる。そして、若い頃に貧乏に泣いた者が生涯に渡って裕福さを強く希求するようになるというのは、一般論として、肯定されそうな話である。

しかし、藤原道長という人物に限っては、そもそも、「吾の若カリシヲリ貧しカリシガ（私は、若い頃には貧乏であるのが）」という話が、どうにも疑わしく思えてならない。

まず、道長の父親の兼家《かねいえ》は、関白太政大臣忠平《かんぱくだじょうだいじんただひら》の孫にして右大臣師輔《うだいじんもろすけ》の息子であって、自身も道長誕生の翌年には蔵人頭《くろうどのとう》を兼ねる近衛中将《このえちゅうじょう》（頭中将）という要職に就いていた。とすれば、道長の父親は、多忙ではあったとしても、貧乏であったはずがないだろう。

また、当時の結婚および家族のあり方からすれば、道長を養育したのは、父親の兼家であるよりも、母親の藤原時姫《ときひめ》および彼女の親兄弟であったはずだが、その道長の母方もまた、貧乏をしていたとは思われない。時姫の父親であって道長には外祖父《そとおおじ》にあたる中正《なかまさ》は、摂津守《せっつのかみ》として受領国司《ずりょうこくし》を経験しているし、時姫の兄にして道長には外伯父《そとおじ》にあたる安親《やすちか》も、摂津守・大和守《やまとのかみ》・相模守《さがみのかみ》・伊勢守《いせのかみ》などとして、幾度も受領国司を務めているのである。

そして、道長の場合、摂関家の御曹司らしく、数え年の十五歳にして従五位下《じゅごいげ》の位階を与えられており、それ以降は、朝廷から位階に見合った俸給を与えられていたことだろう。詳細は前著『知るほど不思議な平安時代』に譲るが、従五位官人の俸給は、全て米に換算するならば、四百石《こく》ほどになるから、十五歳以降の道長が貧乏暮らしを送っていたということはあるまい。

さらに、道長が二十二歳にして結婚した源倫子《ともこ》は、二世源氏《にせいげんじ》(天皇の孫にあたる源氏)の左大臣《さだいじん》源雅信《まさのぶ》の娘であり、左大臣家の婿《むこ》となった道長は、貧乏などとは全く縁のない生活を享受したはずである。周知の如く、王朝時代において、若い夫婦は、妻方の両親とともに暮らし、若い婿は、妻の親兄弟によって大切にされるものであったから、左大臣雅信家の若き婿であった道長は、むしろ、裕福な生活を送っていたのではないだろうか。

祖父の遺訓に逆らう道長

では、どうして、道長は、頼通に「吾の若カリシヲリ貧しカリシガワビシカリシカバ、カク福を好む也（私は、若い頃には貧乏であるのが悲しかったので、こうして裕福さを求めるのである）」などと語ったのだろうか。

考えてみるに、これは、一つの照れ隠しなのかもしれない。

例えば、われわれ現代人でも、わが身を振り返ってみると、本心としては金銭に執着するところがあっても、他人に対してはそうした側面を見せたがらなかったりしないだろうか。「あいつは金銭に執着する奴だ」という評判を立てられて全く平気でいられる人は、かなり少ないように思われる。

こうした心理は、おそらく、平安貴族たちにも共通するものであったろう。彼らの多くもまた、世間で「あいつは富に執着する奴だ」と評されることには、どうにも堪えられなかったに違いない。

道長の場合、息子の頼通が元服した頃には、とうに朝廷の実質的な支配者としての地位を確立しており、当然のことながら、大きな富を有していたわけだが、それにもかかわらず、「福の付く也（裕福さを得る行為である）」との理由で「北向きにて手を洗ふ」ことに強くこだわっていたのであるから、彼が富に執着する人間であったことは間違いない。が、そんな道長も、自身の富への執着を、大っぴらに事実として認めることはできなかっただろうし、ましてや、自分を尊敬しているらしい息子の前では、格好を付けたかっただろう。

とすれば、道長は、自身の富への執着が露わになりそうになったとき、どうにかして、その執着を正当化しようとしたはずである。そして、彼が考え付いた正当化の論理が、「吾の若カリシヲリ貧しカリシガワビシカリシカバ、カク福を好む也（私は、若い頃には貧乏であるのが悲しかったので、こうして裕福さを求めるのである）」というものだったのではないだろうか。

それにしても、道長が手を洗うときの方角に強くこだわっていたという事実をめぐって、どうにも不思議でならないのは、そもそも、彼のこだわった方角が北であったという点である。というのも、彼の祖父の師輔が、その子孫たちに、西を向いて手を洗うように教えていたからに他ならない。

道長の父方の祖父にあたる右大臣師輔には、世に『九条殿遺誡《くじょうどのゆいかい》』として知られる著作がある。それは、簡単に言えば、子孫たちに向けた訓戒集であって、原漢文を読み下し文にして紹介するならば、次のようにはじまる。

先《ま》づは、起《お》きるに属星《ぞくしょう》の名字《みょうじ》を称《とな》へよ。七遍《へん》。次《つ》いで、鏡《かがみ》を取《と》りて面《かお》を見《み》よ。暦《こよみ》を見《み》て日《ひ》の吉凶《きっきょう》を知《し》れ。次《つ》いで、楊枝《ようじ》を取《と》りて西《にし》に向《む》かひて手《て》を洗《あら》へ。

ここに明らかなように、手を洗うときに向くべき方角として師輔が彼の子孫たちに教えるのは、西である。そして、これを道長が知らなかったはずがない。いったい、道長は、〈北を向いて手を洗えば裕福になれる〉という話を、どこで仕入れたのだろうか。

赤い鼻の話

「御堂ハ、ベニを付けたる様ニ御かほさきは御しけれども」

さて、忠実の道長の鼻の赤さについての語りは、『中外抄』上巻に康治《こうじ》二年（一一四三）七月二十七日のものとして書き留められている。それを、原文のまま紹介すると、次の如くとなる。

仰《おお》せて云《い》ふやう、「我《われ》ハ年《とし》の高《たか》く成《な》りて、さらに面《おもて》ノ色《いろ》のわろくなるなり」と。

聞覚《もんがく》の申《もう》して云《い》ふやう、「人《ひと》ノ面《おもて》の色《いろ》ノ赤《あか》きハわろき事《こと》ニ候《さぶら》ふ」と。

仰《おお》せて云《い》ふやう、「御堂《みどう》ハ、ベニを付《つ》けたる様《よう》ニ御《おん》かほさきは御《おわ》しけれども、めでたく御坐《おわ》ス。又《また》、一条殿《いちじょうどの》の御前《おまえ》ハ、御顔前《おんかおさき》ハ免《べに》ニ付《つ》けたる様《よう》に御《おわ》せども、御寿長《おんよわいなが》し。又《また》、故左府《さふ》の母《はは》なりし尼《あま》君《ぎみ》も長《なが》き寿《よわい》の人也《ひとなり》。其《それ》もさぞ坐《おわ》しける」と。

残念ながら、これは、このままでは、なかなか理解しかねる。「御堂ハ、ベニを付けたる様ニ御かほさきは御しけれども」というあたりが、道長（「御堂」）の鼻（「御かほさき」）が赤かったことを言っていそうな感じではあるが、やや覚束ない。

そこで、これを現代語に訳すとすると、概ね、次のようになろうか。

忠実さまがおっしゃるには、「私は、高齢になって、すっかり顔の血色が悪くなってしまった」とのことであった。

すると、平等院の聞覚が言ったのは、「むしろ、顔が赤いのは、不健康にございます」とのことであった。

忠実さまがおっしゃるには、「道長さまは、紅（「べに」）でも点《さ》したかのように、顔の出っ張っている部分（「御かほさき」）がお見えになったものの、健康でいらっしゃった。それに、私の母上（「一条殿の御前」）も、顔の出っ張っている部分は、紅（「免」）を点したかのようでいらっしゃるけれども、長生きでいらっしゃる。また、亡くなった叔父の左大臣家忠《いえただ》殿の母親であった尼君も、長生きの方である。が、彼女も、やはり、顔の出っ張っている部分が紅を点したように赤くていらっしゃった。」

ここに明らかなように、忠実が道長の鼻が赤かったことに触れることになったのは、もともと、忠実自身が自らの顔色の悪さについての不安を漏らしたためであった。承暦《じようりやく》二年（一〇七八）生まれの彼は、康治二年の時点では既に数え年で六十六歳になっていたため、何かと自身の健康に不安があったのだろう。当時の六十六歳は、われわれ現代人のそれとは異なり、かなりの高齢である。顔の血色が悪くなっていたという忠実が健康不安に襲われるのも、仕方のないところであろう。

すると、平等院の僧でしばしば忠実のもとに出入りしていた聞覚は、血色が悪いことよりも、むしろ、血色がよいことの方が、不健康を心配しなければならない、という旨の発言をする。この発言、実のところは、ただ単に忠実を安心させるためだけのものであって、わりと口から出まかせに近いものであったかもしれない。

が、忠実は、これに妙に過敏に反応して、深く喰い付くのであった。そして、ここから、道長の鼻が赤かったという話に発展していくのである。

鼻が赤いということ

ただし、忠実の語るところを正確に読み取るならば、道長は、けっして鼻だけが赤かったわけではない。彼の場合、鼻とともに頰骨《ほおぼね》のあたりも赤かったようなのである。忠実が言うには、道長の顔は、「御かほさき（顔の出っ張っている部分）」が「ベニを付けたる様（紅でも点したかのよう）」であったが、ここに言う「御かほさき」とは、鼻および頰骨のあたりであろう。

鼻だけが赤いのと、鼻に加えて頰骨のあたりも赤いのとでは、だいぶ印象が異なるものの、とりあえず、われわれ現代人の間では、より容姿が優れないように感じさせるのは、やはり、後者であろうか。そうだとすれば、道長は、現代人の感覚において、単に鼻が赤いだけであるよりも、さらに麗しくない容姿の持ち主であったことになる。鼻も頰骨のあたりも紅を付けたかのように真っ赤な、なかなかわれわれが「美男子」とは認めなそうな顔をしていたのが、真実の道長であった。

なお、鼻および頰のあたりが真っ赤であるというのは、平安時代の人々の感覚においても、けっしてうらやましがられるような容姿ではなかったものと思われる。頰のあたりが赤いことは不問にして、鼻が赤いことのみを問題とするとしても、「はじめに」でも少し触れたように、『源氏物語』においては、鼻の赤い顔が、不快なものとして扱われているのである。

それは、具体的に言えば、光源氏の愛人の一人である末摘花《すえつむはな》という女君の容姿をめぐってのことなのだが、その末摘花の容姿を光源氏が初めてはっきりと眼にした場面を、現代語に訳して紹介するならば、次のようになろうか。

図1　普賢菩薩（模本、東京国立博物館蔵、Image: TNM Image Archives）

まずは、座高が高くて胴長に見えたので、光源氏さまは、「やっぱり」とショックをお受けになる。これに続いて、光源氏さまが「ああ、みっともない」とご覧になったのは、鼻でした。光源氏さまは、その鼻から眼を離すことができません。それは、普賢菩薩《ふげんぼさつ》さまがお乗りになる白い象を思い起こさせる鼻でした。末摘花さまの鼻は、ひどく大きく長くて、しかも、その先端に至っては、少し垂れていて、赤くなっていたのです。そして、光源氏さまが何より不快にお思いになったのは、この赤い鼻先でした。

末摘花の独特の容姿は、単に鼻が赤いだけではない。が、鼻だけに注目するとしても、彼女の場合、その鼻が、大きく長く先端が垂れているという、何とも言えない形状をしていた。そして、そのうえで先端が赤いのが、末摘花の鼻なのである。

しかし、光源氏が末摘花の容姿をめぐって最も不快に感じたのは、彼女の鼻の先が赤いことに他ならない。右に現代語訳で紹介した『源氏物語』の一節の原文は、次の如くであるが、この原文の言葉で言うならば、光源氏にとって、「先《さき》の方少《かたすこ》し垂《た》りて色付《いろづ》きたる（垂れた鼻先が赤い）」ことこそが、「殊《こと》の外《ほか》にうたてあり（何より不快）」だったのである。

先《ま》づ、居《い》丈《たけ》の高《たけ》く、を背長《せなが》に見え給《たま》ふに、「さればよ」と胸潰《むねつぶ》れぬ。うち次《つ》ぎて、「あな、片端《かたわ》」と見《み》ゆるものは鼻《はな》なりけり。ふと目《め》ぞ止《と》まる。普賢菩薩《ふげんぼさつ》の乗《の》り物《もの》と思《おぼ》ゆ。あさましう高う延《の》びらかに、先《さき》の方少《かたすこ》し垂《た》りて色付《いろづ》きたること、殊《こと》の外《ほか》にうたてあり。

改竄される道長の容姿

さまざまな書籍において、藤原道長の肖像として最も頻繁に使われているのは、『紫式部日記絵詞《むらさきしきぶにっきえことば》』に見える絵の一つではないだろうか。

そこに描かれる道長は、直衣《なおし》姿で自邸の土御門殿第《つちみかどどの》の釣殿《つりどの》の簀子《すのこ》に立っていて、その視線を池の方に向けている。ここで道長が釣殿にいるのは、新たに造らせた一対の龍頭鷁首《りゅうとうげきしゅ》の舟を池に浮かばせて検分するためであって、この絵は、一条天皇《いちじょう》が土御門殿第へと行幸《ぎょうこう》する日が近付く中、天皇を迎える準備に余念のない道長を描いているのである。

そして、右の絵の道長の顔は、けっして鼻が赤かったりはしない。また、ここに描かれる道長は、頰骨のあたりが赤いということもない。

それだけではない。『紫式部日記絵詞』には、顔のどこかが赤い道長など、全く登場しないのである。『紫式部日記絵詞』の絵には、道長の姿を描くものが幾つかあるにもかかわらず、それらのいずれにおいても、道長の顔に赤みが確認されることはない。道長と面識のあった紫式部の手記である『紫式部日記《むらさきしきぶにっき》』をもとに作られたはずの『紫式部日記絵詞』であるが、この絵巻の道長は、鼻が赤いということもなければ、頰骨のあたりが赤いということもないのである。

いや、それどころか、この絵巻の道長は、どうかすると、『源氏物語絵巻《げんじものがたりえまき》』の光源氏と変わらない

図２　光源氏（『源氏物語絵巻』徳川美術館イメージアーカイブ／DNPartcom）

ような顔をしていたりする。すなわち、『紫式部日記絵詞』は、道長を最高の美男子として描いていることになる。

ちなみに、王朝時代当時の人々が思い描いた光源氏の容姿はというと、『栄花物語《えいがものがたり》』巻第五の次の一節が参考になろう。

> 見奉《みたてまつ》れば、御年《おんとし》は廿二三《にじゆうにさん》ばかりにて、御容姿《おんかたち》整《とと》ほり、太《ふと》り清《きよ》げに、色合《いろあ》ひ実《まこと》に白《しろ》くめでたし。「かの光源氏《ひかるげんじ》も、かくや有《あ》りけむ」と見《み》奉《たてまつ》る。

ここでは、道長にとっては甥《おい》にして政敵であった藤原伊周《これちか》の容姿が賞賛されているのだが、「かの光源氏も、かくや有りけむ（あの光源氏も、もし本当にこの世にいるとしたら、まさにこのような感じだったのではないだろうか）」と褒《ほ》めそやされた伊周の容姿は、「太り清げに、色合ひ実に白く（福々しく太ってうつくしく、肌の色は本当に真っ白で）」というものであった。現代において色白ぽっちゃりの男性が美男子として扱われることは、まずあり得ない。が、王朝時代には、それこそが当時の美男子だったのである。

そして、こうした美意識は、少なくとも貴族社会においては、かなり長い間、そのままだったのだろう。そうでなければ、平安時代末期以降に作られた『源氏物語絵巻』の光源氏が色白ぽっちゃりであるはずがない。

とすれば、十三世紀前半の鎌倉時代前期に作られた『紫式部日記絵詞』の道長が、『源氏物語絵巻』の光源氏のような容姿をしているのは、やはり、道長を最高の美男子として描こうとする意図が働いた結果であろう。そして、そうした意図があったとすれば、『紫式部日記絵詞』の道長の鼻や頰に赤い色が配されるなど、あり得ないことであった。

漢学の才を持たない話

道長の漢学の才

鼻が赤かったらしい道長であるが、彼は、毛深くはなかったかもしれない。

系図4　藤原摂関家略系図②

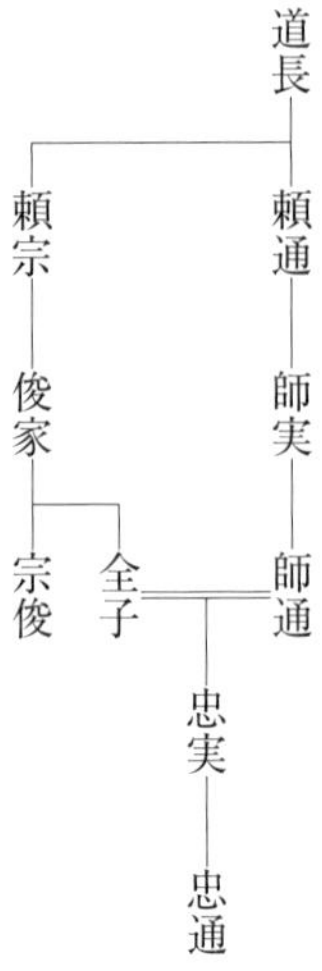

『中外抄』上巻は、保延六年（一一四〇）七月四日のものとして、毛深い人をめぐる藤原忠実の談話を、次のように伝える。原文の引用の後に現代語訳を添えよう。

又《また》も、「身《み》ニ毛《け》の有《あ》る人《ひと》、乃《すなわ》ち才《ざえ》ハ有《あ》る也《なり》。近《ちか》ク ハ我《わ》が子共《こども》関白殿《かんぱくどの》も毛《け》の勝《まさ》るの人也《ひとなり》」と。

（忠実さまがさらにおっしゃるには、「毛深い人は、必ず漢学の才のある人である。最近の人としては、私の息子の関白忠通殿も、毛深い人である」とのことである。）

〈毛深い人には漢学の才がある〉とは、何ともおもしろい見解である。しかし、これが本当だとしても、〈漢学の才がある人は毛深い〉とは限らないだろうし、また、〈毛深くない人には漢学の才はない〉とも限らないだろう。ただ、初歩の論理学からして、〈漢学の才がない人は毛深くない〉ということにはなるのではないだろうか。

さて、このことを念頭に置いて、これも『中外抄』上巻が保延六年七月四日のものとして伝える、忠実の次の発言に耳を傾けてほしい。

仰《おお》せて云《い》ふやう、「吾《われ》ハ、若《わか》かりし時《とき》ニ、文《ふみ》の事《こと》の大切《たいせつ》なるに依《よ》りテ、法輪寺《ほうりんじ》に参《まい》りて、申《もう》して云《い》ふやう、『寿《よわい》を少《すこ》し召《め》しテ、文《ふみ》の事《こと》を授《さず》け給《たま》ふべし』の由《よし》、之《これ》を申《もう》し請《こ》ふ。此《こ》の事《こと》ヲ、後日《ごじつ》、外舅《しゅうと》の大納言《だいなごん》宗俊《むねとし》幷《なら》びに民部卿《みんぶきょう》に語《かた》り示《しめ》すの処《ところ》、答《いら》へて云《い》ふやう、『凡《おおよ》そ、候《さぶら》ふべからざる事也《ことなり》。御堂《みどう》も、宇治殿《うじどの》も、大殿《おおとの》も、才学《さいがく》は人《ひと》に勝《まさ》りてやハ御坐《おわ》せし。されども、止《や》む事無《ごとな》き人《ひと》にてこそをハしませ。早《と》く申《もう》し直《なお》さしめ給《たま》ふべき也《なり》』と。……」と。

（忠実さまがおっしゃるには、「私は、まだ若かった折に、漢学が重要だと考えて、法輪寺に参詣して、本尊の虚空蔵菩薩《こくうぞうぼさつ》さまに『寿命を幾らか差し上げますので、漢学の才を授けてください』とお願い申し上げた。ところが、このことを、後日、母方の伯父の大納言藤原宗俊殿や民部卿殿に説明したところ、これに対して二人が言うには、『基本的に、それはやってはならないことです。道長さまも、頼通さまも、師実《もろざね》さまも、漢学の才で人より優れておいでだったでしょうか。それでも、お三方《さんかた》とも、立派な方でいらっしゃったではありませんか。急いで虚空蔵菩薩さまにお願いし直さなければならないでしょう』とのことであった。……」と。）

ここに忠実の外伯父として登場する藤原宗俊であるが、彼は、忠実の母親の藤原全子《またこ》の兄というだけでなく、道長の正妻ではない妻の源明子《あきこ》（西宮左大臣《にしのみやさだいじん》源高明《たかあきら》女）の産んだ藤原頼宗《よりむね》の孫であって、道長の曾孫《ひまご》の一人でもある。そんな人物の発言だからということもあるのだろうが、宗俊が道長に漢学の才がなかったかのような発言をしても、忠実が腹を立てることはない。あるいは、道長に漢学の才がなかったということは、彼の曾孫や玄孫の時代には、貴族社会において、周知のことになっていたのだろうか。

そして、漢学の才に恵まれなかったという道長は、毛深くはなかったものと思われる。

漢学の才を得るということ

ときに、法輪寺というのは、平安京西郊の嵐山の中腹に位置する古刹《こさつ》であるが、殊更に藤原摂関家が縁を持つ寺院でもない。それにもかかわらず、忠実が「寿命を幾らか差し上げますので、漢学の才を授けてくださ い」という人生を左右する願をかける場として法輪寺を選んだのは、まさに同寺の本尊が虚空蔵菩薩だったからである。虚空蔵菩薩が智恵の仏であることは、現代においても、そこそこは知られているのではないだろうか。

和銅《わどう》六年(七一三)、元明《げんめい》天皇の勅願があって行基《ぎょうき》が開いたとの寺伝を持つ法輪寺は、建立当初、「葛井寺《ふじいでら》」と呼ばれたらしく、また、その本尊は、虚空蔵菩薩ではなかったらしい。その葛井寺が法輪寺になったのは、平安時代になってからのことで、空海《くうかい》の弟子の道昌《どうしょう》が、虚空蔵菩薩像を本尊として安置するとともに、寺号を改めたのであった。

そして、道昌が虚空蔵菩薩を法輪寺の本尊に定めたのは、彼が空海の弟子であったことと無関係ではないだろう。というのも、空海自身の著作である『三教指帰《さんごうしき》』によると、若き日の空海は、土佐国《とさのくに》の室戸岬《むろとみさき》の洞窟で修行したことがあり、その折の修行が、具体的には、「虚空蔵求聞持法《こくうぞうぐもんじほう》」と呼ばれる密教修法の実践だったからに他ならない。

この修法は、「ノウボウ／アキャシャ／ギャラバヤ／オン／アリキャ／マリ／ボリ／ソワカ」という虚空蔵菩薩真言を百万回も唱えるというものである。そして、これによって優れた記憶力が得られるとされていた。もし、この修法こそが空海の成功の基礎であったとすれば、空海の弟子が虚空蔵菩薩を尊崇するのも、実に自然なことである。

また、こうした背景を知ると、若き日の忠実が願をかけたのが、法輪寺の虚空蔵菩薩であったことも、それなりに納得できよう。「寿命を幾らか差し上げますので、漢学の才を授けてください」と願うのであれば、その相手は、藤原氏の氏寺である興福寺《こうふくじ》の本尊の釈迦如来《しゃかにょらい》ではあるまいし、また、忠実の曾祖父の頼通が現世の極楽として営んだ平等院《びょうどういん》の阿弥陀如来《あみだにょらい》でもあるまい。そうした願いは、やはり、虚空蔵菩薩に向けられるべきであろう。

しかし、若い頃の忠実の周囲にいた大人たちは、忠実の願かけを知ると、それを誉めることはなく、むしろ、たしなめるのであった。「それはやってはならないことです」と。そして、確かに、自分の身近にいる若者が生命

図3　虚空蔵菩薩（東京国立博物館蔵、Image: TNM Image Archives）

と引き換えにするような願かけをしていることを知ったとき、これをたしなめるのは、大人として当然の振る舞いであるかもしれない。

が、宗俊が忠実をたしなめたのは、ただ単に大人の良識に従ったというだけのことではないだろう。自身も道長の曾孫の一人であった宗俊は、いずれは摂政にも関白にもなろうという摂関家の御曹司には、漢学の才など無用と、心から信じていたのではないだろうか。

事実、摂関家の御曹司でありながら、若い頃から漢学について並々ならぬ才能を発揮していた伊周は、道長との政争に敗れ、若くして隠居のような身となり、早世したのであった。また、忠実が昨今の毛深い人として名を挙げた、彼の息子の忠通も、摂政や関白に就任し、そこそこの長生きはしたものの、有名無実の摂関であり続けたうえに、保元《ほげん》の乱《らん》に巻き込まれ、平治《へいじ》の乱《らん》にも巻き込まれて、なかなか難儀な生涯を送ったのである。

摂関家の寿命

「吾ハ、若かりし時ニ」と語り出された忠実の漢学の才をめぐる談話には、もう少し続きがある。その続きの部分を、現代語訳も付けて改めて引用しよう。

仰《おお》せて云《い》ふやう、「吾《われ》ハ、若《わか》かりし時《とき》ニ、……。此《こ》の事《こと》ヲ、後日《ごじつ》、外舅《しゅうと》の大納言《だいなごん》宗俊《むねとし》幷《なら》びに民部卿《みんぶきょう》に語《かた》り示《しめ》すの処《ところ》、答《いら》へて云《い》ふやう、『凡《おおよ》そ、候《さぶら》ふべからざる事也《ことなり》。……。早《と》く申《もう》し直《なお》さしめ給《たま》ふべき也《なり》』と。仍《よ》りて、参入《さんにゅう》して申《もう》し直《なお》し了《お》はんぬ。又《また》、阿闍梨《あじゃり》を以《もっ》て申《もう》し直《なお》し了《お》はんぬ。仍《よ》りて、学問《がくもん》の志《こころざし》ハ切《せち》なりと雖《いえど》も、此《こ》の事《こと》を思《おも》ふに依《よ》りテ、強《あなが》ちニも沙汰《さた》せざりき。寿《よわい》に於《お》いては、父并《ちちなら》びに祖《そ》父《ふ》ニハ勝《まさ》り申《もう》し了《お》はんぬ」と。

（忠実さまがおっしゃるには、「私は、まだ若かった折に、……。ところが、このことを、後日、母方の伯父の大納言藤原宗俊殿や民部卿殿に説明したところ、これに対して二人が言うには、『基本的に、それはやってはならないことです。……。急いで虚空蔵菩薩さまにお願いし直さなければならないでしょう』とのことであった。そこで、私は、法輪寺に参詣して願をかけ直したのだ。また、法輪寺の阿闍梨殿からも虚空蔵菩薩さまにお願いをし直してもらったのだ。こうしたわけで、私は、漢学で大成したいとの思いは本気であったものの、周囲の人々の思惑にも配慮して、無理に漢学にのめり込むことはしなかったのである。しかし、寿命に関しては、父にも祖父にも勝ち申し上げたのだ」と。）

若き日の忠実は、寿命と引き換えに漢学の才を授かることを望んで、法輪寺の虚空蔵菩薩に願をかけさえしたものの、これを外伯父たちにたしなめられると、再び法輪寺に詣でて願をかけ直したのだという。平安貴族たちの間では、神仏への願いごとに変更がある場合には、こうやって、きちんと再び神仏に向き合わなくてはならないものであったらしい。

しかし、ここで注目したいのは、忠実が父親の師通よりも祖父の師実よりも長生きしたことを誇っていることである。

この時点で、つまり、保延六年（一一四〇）の七月四日の時点で、承暦二年（一〇七八）の生まれの忠実は、数え年で六十三歳になっている。今でこそ、還暦《かんれき》を少し過ぎたくらいでは、まだまだ若い高齢者であるが、四十歳にして早くも老人として扱われた平安時代においては、六十三歳にしてまだ健在であれば、確かに、それなりの長生きであった。

では、その父親の師通はというと、彼は、わずか三十八歳にして薨じている。これは、いかに平安時代であっても、若死にの部類である。その父親で忠実には祖父にあたる師実の享年は、六十歳であった。それなりに長生きした師実であるが、彼は、五十八歳のときに跡取り息子の師通を見送っており、実に気の毒な父親であった。

ついでながら、忠実には曾祖父となる頼通はというと、彼の享年は、何と、八十三歳である。そして、忠実の高祖父の道長は、六十二歳で薨じている。したがって、この時点で奇しくも六十三歳であった忠実は、道長よりも長命であったことになる。しかも、忠実は、この後、なおも二十年以上も生きて、頼通をも上回る八十五歳の長寿を保ったのである。

第二章　為政者としての道長

――道長をめぐる昔語り　その二

処世術の話

勅許をめぐる才覚

その漢学の才のなさが子孫たちの間に知れ渡っていた藤原道長であるが、それでも、彼は、彼には漢学の才よりも重要なはずの、別の才覚には恵まれていた。『中外抄《ちゅうがいしょう》』の下巻には、仁平《にんぴょう》元年（一一五一）三月二十八日のものとして、忠実の次のような談話が見える。

仰《おお》せて云《い》ふやう、「訴《うった》への有《あ》るの時《とき》は、宝《たから》を以《もっ》て人《ひと》に志《こころざ》すべし。其《そ》の事《こと》ハ古《いにしえ》モ有《あ》る歟《か》。其《そ》の故《ゆえ》は、一条院《いちじょういん》の御時《おんとき》ニ、御堂《みどう》の公家《こうけ》ニ申《もう》せしめ給《たま》ふ事《こと》の在《あ》りケル時《とき》ニ、其《そ》の事《こと》の裁許《さいきょ》の遅々《ちち》に及《およ》ぶ。黄《き》ニ蒔《ま》きタル硯筥《すずりばこ》ヲ取《と》り出《い》でテ、推《お》し拭《のご》ひテ、御乳母《おんめのと》の許《もと》ニ志《こころざ》し遣《つかわ》したりけれバ、其《そ》の事《こと》も即《すなわ》ち裁《さい》許《きょ》のあり」と云々《うんぬん》。

（忠実さまがおっしゃるには、「お願いしたいことがあるときには、高価なものを贈るのがよい。これは、昔からのことではないだろうか。というのも、一条天皇さまの時代にも、道長さまは、陛下にご裁可いただきたい案件があったものの、なかなかご裁可をいただけずにいた。そこで、道長さまは、黄色く蒔絵を施した硯箱を用意して、涙を拭き拭き、一条天皇さまの乳母殿への贈り物にすると、道長さまの望んでいたことにはすぐに裁可があったものだ」とか何とかいうことであった。）

道長が裁可を求めても一条天皇がなかなか許さなかった案件とは、いったい何だろうか。

実のところ、この二人は、外叔父《そとおじ》と甥《おい》との間柄であり、かつ、舅《しゅうと》と婿《むこ》との間柄でもあったものの、終始、警戒し合い、牽制し合う関係にあった。

一条天皇にしてみれば、最愛の妃の藤原定子《さだこ》がいるにもかかわらず、自分の娘を新たな妃として捩《ね》じ込《こ》んだうえに、その妃を寵愛するように圧力をかけつつ、何かと定子に恥をかかせようとする道長は、明らかに敵であった。また、道長にしてみれば、自分の娘にこそ次世代の天皇を産ませようと目論んでも、それに協力せず、定子ばかりを寵愛する一条天皇は、必要不可欠な手駒であっても、最も目障りな存在でもあった。本来ならば力を合わせて朝廷を運営しなければならない二人が、腹の探り合いをする関係にあったのである。

そんなことから、道長が裁可を求めても一条天皇がすぐには勅許を与えないということも、しばしばであった。それは、ときに、道長が裁可を求めた案件が、一条天皇にとっては安易に認めるわけにはいかないもの——結果として定子を貶《おとし》めることになるものなど——であるためであった。それはまた、ときに、道長が裁可を求めた案件が、道長の身内だけを優遇して、結果として貴族社会に不和を招きかねないものであるためであった。

そして、そんなとき、天皇から裁可を引き出すべく、道長が多用した手が、天皇の乳母に贈り物をして、彼女から天皇に働きかけてもらうというものだったのである。

当時は、皇族といい、貴族といい、実の母親に育てられることはなく、乳母に育てられることが当たり前であった。そのため、貴族も、皇族も、そして、天皇さえもが、乳母に泣いて懇願されれば首を横に振ることができない大人になりがちだったのである。そして、道長は、渋る一条天皇から勅許を得るために、そこを上手く利用したのであった。

漢学の才に乏しかった道長も、こうした才覚には恵まれていたのである。

褒美をめぐる才覚

また、その玄孫《やしやご》（孫の孫）の知る藤原道長は、為政者に必要な才覚は十分に備えた先達であったらしい。次に現代語訳を付けて引用するのは、『富家語《ふけご》』が平治《へいじ》元年（一一五九）のものとして伝える忠実の談話であるが、ここに語られているのは、道長が為政者として見せた粋な計らいである。

仰《おお》せて云《い》ふやう、「……。件《くだん》の世尊《せそんじ》寺の南《みなみ》の辺《べ》ニ妙法蓮華寺《みようほうれんげじ》ト云《い》ふ所《ところ》アリ。慶円座主《きようえんざす》の房也《ぼうなり》。後《ご》一条院《いちじよういん》の親王《みこ》たる時《とき》に発心地《おこりごこち》を煩《わずら》はしめ給《たま》ひケレバ、御堂《みどう》の具《ぐ》し奉《たてまつ》りテ件《くだん》の房《ぼう》へ渡《わた》らしめ給《たま》ふに、件《くだん》の日《ひ》に御平癒《ごへいゆ》のあり。『賞《しよう》を行《おこな》はるべし』の由《よし》、仰《おお》せの有《あ》りと雖《いえど》も、座主《ざす》の平《たいら》かに辞退《じたい》す。仍《よ》りて、阿闍梨《あじやり》を寄《よ》せらる」と云々《うんぬん》。

（忠実さまがおっしゃるには、「……。例の世尊寺の南の方に妙法蓮華寺という寺がある。そこは、天台座主の慶円大僧正の僧房になっていた。後一条天皇さまが、まだ皇子でいらしたときに、瘧病《おこりのやまい》を患《わずら》っているような症状をお見せになったので、道長さまが妙法蓮華寺の慶円大僧正の僧房へとお連れすると、後一条天皇さまは、その日のうちに復調なさった。すると、道長さまは『慶円殿には朝廷から褒美《ほうび》を与えなければ』とのことをおっしゃったものの、これを慶円大僧正は丁重に辞退した。そこで、道長さまは、妙法蓮華寺に阿闍梨を置くことになさったのだ」とか何とかいうことであった。）

後一条天皇《ごいちじよう》は、一条天皇第二皇子の敦成《あつひら》親王であり、その母親は、道長の娘の上東門院彰子《じようとうもんいんあきこ》である。したがって、道長は、後一条天皇＝敦成親王の外祖父《そとおおじ》であり、その道長が、敦成親王の発病に可能な限り対処しようとするのは、当たり前のことであった。道長の政権は、この皇子が即位することで、まさに盤石の基盤を得られるはずだったのである。

そんな道長が敦成親王の急な発病に際して採った最善の対処は、慶円《きようえん》という僧侶のもとに連れて行くことであった。この慶円は、僧界の頂点である大僧正《だいそうじよう》に昇り、天台宗《てんだいしゆう》の長である天台座主《てんだいざす》をも務めた高僧であるとともに、当代屈指と目された験者《げんじゃ》（密教僧）でもある。道長が慶円に求めたのは、密教の呪術で皇子を治療することであったろう。

そして、慶円の呪術は、敦成親王を快復させた。しかも、その日のうちに。されば、この一件は、慶円の験者としての名声を、さらに高めることになったはずである。

ところが、慶円は、右の功績に対する朝廷からの褒美を、敢えて辞退した。それは、もう既に大僧正でもあり天台座主でもあった彼には、何も望むことがなかったためかもしれないが、こうした謙虚さは、慶円の名をさらに高からしめたに違いない。

それでも、どうにか慶円に報いるべく、道長が差配したのは、慶円の僧房となっていた妙法蓮華寺《みょうほうれんげじ》に新たに阿闍梨の枠を設けることであった。

阿闍梨とは、朝廷から特別待遇を与えられる役職である。それゆえ、これが置かれた寺院には、名誉がもたらされるとともに、経済的な恩恵ももたらされた。また、慶円の僧房であった妙法蓮華寺の阿闍梨の枠は、実質的に、慶円の弟子のためのものであったろう。

道長は、謙虚な僧侶への褒美をめぐって、絶妙な判断を下したのであった。

穢への対処

玄孫（孫の孫）の忠実の知る道長は、些事にこだわらない豪胆な為政者であった。

次に紹介するのは、保延《ほえん》四年（一一三八）正月二十八日のものとして『中外抄』上巻に見える忠実の談話である。

亦《また》も仰《おお》せて云《い》ふやう、「触穢《しょくえ》ハ昔《むかし》ハ強《あなが》ちには憚《はばか》られざる也《なり》。而《しか》るに、後朱雀院《ごすざくいん》の御時《おんとき》より、強《あなが》ちニハ禁中《きんちゅう》ニハ憚《はばか》らるる也《なり》。東宮《とうぐう》にて久《ひさ》しく御坐《おわ》す間《あいだ》、御願《ごがん》の有《あ》る歟《か》。……。又《また》、御堂《みどう》ハ、いとしも穢《けがれ》をバ忌《い》ましめ御《おわ》さざる歟《か》。一条院《いちじょういん》の縁《えん》の下《した》ニ卅日《みそか》の穢《けがれ》の有《あ》るの内《うち》ニ、上東門院《じょうとうもんいん》の入内《じゅだい》の事《こと》をば定《さだ》められたる也《なり》」と。

（忠実さまがさらにおっしゃったのは、「穢《けがれ》に触《ふ》れることも、昔《むかし》であれば、やたらと神経質に避《さ》けたりはしなかったものである。しかし、後朱雀天皇さまの時代から、特に宮中では、ひどく神経質に避けられるようになったのである。後朱雀天皇さまは、長い期間を皇太子としてお過ごしになったので、天皇になるために何か願かけをしていたのだろうか。……。また、道長さまは、取り立てて穢を避けたりはなさらなかったのではないだろうか。火災で焼失した内裏《だいり》を再建している間、一条院第《いちじょういんてい》が仮内裏《かりだいり》となっていた頃《ころ》、その一条院第の床の下で人間の屍骸《しがい》が発見されて、三十日間に渡って仮内裏からは穢が消えないはずであったにもかかわらず、道長さまは、上東門院彰子さまを入内《じゅだい》させたのである」とのことであった。）

平安貴族たちが忌み嫌った穢というのは、人間や犬・馬・牛などの人間の周辺にいる動物の誕生または死亡を契機として発生する、眼に見えない悪いものである。そして、平安貴族たちの間では、穢を身にまとう（平安貴族たちは「穢に触る」と表現する）者は、神社に参詣したり神事に関わったりすると、神の怒りを買って祟《たた》られかねない、と考えられていた。

それゆえ、神事を行うことこそが存在意義であった天皇は、けっして穢を身にまとってはならなかった。また、同様の理由で、天皇の居所であって多くの神事の場ともなった内裏（もちろん仮内裏も）も、けっして穢を持ち込まれてはならないはずであった。

図４　一条院第の位置

しかも、この穢は、人から場所へと移るものであり、かつ、場所から人へと移るものであった。これについては、法令集である『延喜《えんぎ》式《しき》』に明確な規定があるほどである。

ところが、長保《ちょうほ》元年（九九九）のこと、十一月二日に予定される彰子の入内の準備に、道長が忙しくしていた最中の九月八日、仮内裏の一条院第の道長の控室の床下で、子供の死骸が発見される。道長の又従兄《またいとこ》の藤原実資《さねすけ》の日記である『小右記《しょうゆうき》』には、次のように見える。

内裏に死に由来する穢が発生した。ある者が言うには、「左大臣道長さまの控室の床

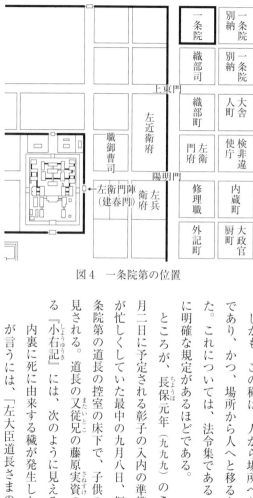

表1　『延喜式』（延喜臨時祭式）に見える穢についての規定〈一部の要旨のみ〉

- 甲《こう》の処《ところ》に穢《けがれ》があり、
- 乙《おつ》が甲の処へ入れば（着座すれば）、乙および乙と同居する人々が穢をまとい、
- 丙《へい》が乙の処へ入れば、丙のみが穢をまとい、丙と同居する人々は穢をまとわない。
- 乙が丙の処へ入れば、丙と丙と同居する人々が穢をまとう。
- 丁《てい》が丙の処へ入っても、丁は穢をまとわない。

下で子供が死んでいる。何とも驚いたことである」とのことである。

この穢は、『中外抄』の忠実の発言に反して、彰子が入内した十一月二日には消えていたはずである。が、道長が予定通りの入内を強行したために、その準備に携わる大勢の人々が仮内裏の一条院第に出入りして、その結果、問題の穢は、一条院第の外へと拡散したことだろう。とすれば、彰子もまた、入内の前に、その折の穢に触れていたかもしれない。

凶日への対処

もちろん、そんな道長も、基本的には、穢を恐れていた。例えば、『小右記』は、長保元年九月四日、自邸の穢を理由に、道長が参内を取りやめたことを伝える。道長にしてみれば、この日とて、彰

子の入内の準備のために無駄にはできない一日であったろうに。

その道長が内裏の穢を無視して彰子の入内を強行したのは、偏に、一条天皇の寵愛《ちょうあい》を一身に集める定子《さだこ》を、一日でも早く追い落としたかったからであったろう。道長には、為政者としての勝負どころでは穢を無視する傾向があったように思われる。

いや、厳密には、日頃の道長も、どちらかといえば、穢を軽視しがちな方であったかもしれない。そして、そのあたりについては、仁平元年《にんぴょう》（一一五一）九月のものと見られる次のような忠実の談話を、『富家語』が今に伝えている。

仰《おお》せて云《い》ふやう、「……。『御堂《みどう》は、犬死穢《いぬのしのけがれ》の間《あいだ》に、御灯《みあかし》の御祓《おんはらえ》を行《おこな》はれケリ』ト聞《き》こし食《め》す所《ところ》也《なり》」と。

（忠実さまがおっしゃるには、「……。『道長さまは、犬の死に由来する穢をまとっていても、三月一日および九月一日の恒例の禊祓《みそぎはらえ》は行われたものだ』と聞いているのである」とのことであった。）

ところで、こうした傾向の見られる道長は、平安貴族たちの多くが強く忌避したという凶日についても、どちらかというと、これを軽んじるところがあった。

凶日とは、暦《こよみ》に〈この日に○○をすると悪いことが起きる〉と記されている日である。現存する道長の時代の暦を見ると、入浴が危ない下食日《げしきにち》・遠出が危ない往亡日《おうもうにち》・仏事が危ない滅門日《めつもんにち》など、多様な凶日が記されている。そして、道長の祖父の藤原師輔《もろすけ》が著した『九条殿遺誡《くじょうどのゆいかい》』という訓戒書も、毎朝、起床したら暦を見て凶日を把握するように教える如く、凶日をひどく気にしながら日々を生きていたのが、平安貴族たちだったのである。

ただ、道長の場合、凶日への関心が薄かったのか、その日が凶日であることを心得ないままに、凶日を無視してしまうことがあった。例えば、道長の日記の『御堂関白記《みどうかんぱくき》』によると、寛弘《かんこう》元年（一〇〇四）六月二十日、同日は滅門日であったにもかかわらず、それを知らなかった道長は、仏師《ぶっし》に仏像を造らせようとして、陰陽師《おんみょうじ》の安倍晴明《あべのはるあき（せいめい）》に制止されている。

とすると、『富家語』が保元《ほげん》二年（一一五七）のものとする次の忠実の談話は、どう読めばいいのだろうか。やはり、道長の権勢の象徴であった法成寺《ほうじょうじ》の伽藍《がらん》の整備は、道長にとって、為政者としての勝負どころであり、それゆえ、ここでは凶日が無視されたのだろうか。

仰《おお》せて云《い》ふやう、「『辛未日《かのとひつじのひ》ハ、女子《むすめ》の有《あ》る人《ひと》は、仏《ほとけ》の事《こと》を行《おこな》はず』ト云《い》ふ説《せつ》の有《あ》る也《なり》。然《しか》り而《しか》るに、御堂《みどう》の法成寺《ほうじょうじ》の無量寿院《むりょうじゅいん》の壇《だん》を築《きず》く事《こと》は、件《くだん》の日《ひ》を用《もち》ゐらるの様《さま》を覚《おぼ》ゆる所也《ところなり》」と。

（忠実さまがおっしゃるには、「『辛未日には、娘を持つ者は、仏事を行わない』という説があるのだ。しかしながら、道長さまは、法成寺の阿弥陀堂《あみだどう》の基礎工事を、辛未日に行わせたと記憶しているところである」とのことであった。）

関白を務めなかった話

「内覧」の役割

「御堂関白《みどうかんぱく》」と呼ばれる道長だが、彼に関白の職歴はない。しかも、道長の場合、摂政に在任した期間も、一年余りに過ぎない。道長は、「摂関政治の大成者」と評されながら、ほとんど摂関になることもないまま、誰より巧みに摂関政治を実現していたことになる。

では、どうして、そんなことが可能だったのだろうか。

道長は、長徳《ちょうとく》元年（九九五）の五月、一条天皇によって政権担当者に選ばれたとき、その官職は、権大納言《ごんのだいなごん》でしかなかった。そして、大臣でさえなかった道長に、朝廷を主導することを可能にさせたのは、一条天皇から与えられた「内覧《ないらん》」の役割であった。

だが、この「内覧」は、平安時代の人々にとってさえ、わかりにくいものだったらしい。

『中外抄』の下巻には、久安《きゅうあん》四年（一一四八）八月の二十四日もしくは二十五日のものとして、次のような問答が筆録されている。ここでは、忠実の子息の一人で当時は内大臣《ないだいじん》の任にあった頼長《よりなが》が、「内覧」について問い、これに答えるかたちで、普段は忠実の語るところを書き留める役割に徹している中原師元《もろもと》が、「内覧」について説明している。

又《また》も仰《おお》せて云《い》ふやう、「内覧《ないらん》の人《ひと》と関白《かんぱく》と、何《いか》なる差別《しゃべち》の有《あ》らん哉《や》」と。

（頼長さまがさらにおっしゃるには、「内覧の役割を与えられた人と関白を拝命した人との間には、どのような違いがあるのだろうか」とのことであった。）

予《よ》の申《もう》して云《い》ふやう、「内覧《ないらん》ハ宣旨《せんじ》也《なり》。『太政官《だじょうかん》の申《もう》す所《ところ》の文《ふみ》は、先《ま》づ其《そ》の人《ひと》に触《ふ》るべし』の由也《よしなり》。関白《かんぱく》ハ 詔《みことのり》也《なり》。『巨細《こさい》の雑事《ぞうじ》を其《そ》の人《ひと》に関《あず》かり白《もう》せ』と。然《しか》りと雖《いえど》も、別《わ》けては差別《しゃべち》も無《な》き歟《か》」と。

（私が忠実さまに答えて申し上げたのは、「内覧の役割は、略式の勅命である宣旨によって与えられるものです。そして、その宣旨に書かれているのは、『太政官《だじょうかん》から陛下《へいか》へと上申《じょうしん》される文書は、まず最初に、内覧の役割を与えられた人が眼を通さなければならない』という趣旨のことです。これに対して、関白は、本格的な勅命である詔《しょう》〈詔書《しょうしょ》〉によって命じられるものです。そして、その詔に書かれているのは、『大きなことから小さなことまで、全ての案件について、陛下に奏上する以前に、まずは、関白を命じられた人に点検させよ』という趣旨のことです。しかしながら、内覧と関白との間に、さしたる違いはないのではないでしょうか」とのことであった。）

高等学校の日本史の授業では、「摂政が天皇の代理であるのに対して、関白は天皇の補佐である」といった説明がなされるものである。しかし、この場合の「補佐」とは何だろうか。関白は、どのようにして天皇を補佐したのだろうか。

これに簡潔に答えるならば、関白は、あらゆる案件をめぐって、天皇より先に考えを巡らして、天皇に助言したのである。天皇に奏上される文書の全てを、天皇に奏上される以前にチェックする権限を持ち、かつ、そうした義務を負うのが、関白というものであった。

そして、それは「内覧」も同様というのが、右の師元の説明であり、この説明の通りであれば、道長が「摂関政治の大成者」であったことにも、納得できないことはあるまい。

「御堂ナドハ、内覧の時、只に関白の如し」

しかし、頼長は、必ずしも師元の言うところに納得したわけではなかった。彼は、師元の説を承けて、次のように自説を展開するのである。

仰《おお》せて云《い》ふやう、「御堂《みどう》ナドハ、内覧《ないらん》の時《とき》、只《ただ》に関白《かんぱく》の如《ごと》し。我《われ》の不審《ふしん》なるに依《よ》りて入道殿《にゅうどうどの》に問《と》ひ奉《たてまつ》るに、仰《おお》せて云《い》ふやう、『分明《ぶんみょう》ならざる也《なり》』と。但《ただ》し、案《あん》ズルハ、一同《いちどう》たるべからざる也《なり》。内覧《ないらん》の人《ひと》ハ、官中《かんちゅう》に申《もう》す所《ところ》の文許《ふみばかり》を計《はか》り申《もう》すべき也《なり》。細書《さいしょ》ニ申《もう》ス文《ふみ》ハ知《し》らざる也《なり》。又《また》、巨細《こさい》も太《だ》政官《じょうかん》の申《もう》す所《ところ》に非《あら》ざれバ知《し》るべからざる也《なり》。『関白《かんぱく》ハ巨細《こさい》に関《あず》かり白《もう》すべし』ト説《と》く有《あ》り。仍《よ》りて、諸司《しょし》より申《もう》し上《あ》ぐる文《ふみ》は、皆《みな》も見《み》るべく、皆沙汰《みなさた》すべき也《なり》」と。

（頼長さまがおっしゃるには、「道長さまは、内覧の役割を負っていたとき、まるで関白のようであった。私は、これを疑問に思って、既に出家されている父上〈忠実〉にお尋ね申し上げたのだが、父上〈忠実〉がおっしゃるには、『内覧と関白との違いは、どうにもはっきりしないのだよ』とのことであった。ただし、私が考えるに、内覧と関白とは、全く同じではないはずである。内覧の役割を与えられた人は、太政官を通して陛下に奏上される文書についてだけ、陛下がご覧になる前に検討することができるのである。しかし、太政官を通さずに奏上される文書には、内覧の役割を与えられただけの人は、関与することができない。また、大きな案件であれ、小さな案件であれ、太政官が奏上したものでなければ、内覧の役割を担うだけの人は、関与することができない。これに対して、『関白は、大きな案件にも、小さな案件にも、関与しなければならない』とする説もある。だから、関白は、さまざまな官司から上申される文章であれば、その全てに眼を通さなくてはならず、その全てを決裁しなければならないのである」とのことであった。）

頼長の長々とした説明によれば、どうやら、関白と内覧とでは、関白の方が、より大きな権限を持つとともに、より大きな責務を負っていたようである。彼の言うところでは、概ね、天皇に奏上される全ての事柄について、天皇より先に把握するというのが、関白の権能であり、太政官を通じて天皇に奏上される事柄についてのみ、天皇より先に把握するというのが、内覧の権能であった。そして、このように整理してみると、確かに、関白と内覧との間には、大きな違いがあるようにも思われる。

ただ、「太政官を通じて天皇に奏上される事柄についてのみ」という限定が付くとしても、太政官こそが朝廷の中枢であったわけだから、「太政官を通じて天皇に奏上される事柄」の全てについて、天皇より先に把握することができるのであれば、天皇を傀儡にして朝廷を牛耳ることは、十分に可能であろう。つまり、内覧の役割を与えられてさえいれば、われわれが「摂関政治」と呼ぶような政治を行うのに、何の支障もないということである。

事実、頼長が「御堂ナドハ、内覧の時、只に関白の如し」と言うように、頼長の曾祖父の祖父の道長は、内覧の役割のみで、摂関政治の最盛期を現出して見せたのであった。

昇りつめた話

道長が獲得した特別待遇

そうして内覧の役割を与えられただけの身で、みごとに朝廷を牛耳って見せた道長は、その玄孫の忠実にしてみれば、目指すべき到達点の一つであった。このことは、忠実が道長をライバル視していたらしいことから見て、まず間違いあるまい。次に現代語訳を付けて引用するのは、『中外抄』上巻に保延《ほえん》六年（一一四〇）九月二十九日のものとして見える忠実と師元との問答であるが、ここからは、忠実が道長にどのような視線を送っていたかを読み取ることができるだろう。

大殿《おおとの》の仰《おお》せて云《い》ふやう、「出家の事は已《すで》に以《もっ》て一定《いちじょう》せる也《なり》。但《ただ》し、先祖の経歴《きょうりゃく》の事に、若《も》しや漏《も》

図５　輦車（『故実叢書　輿車図考』付図、国立公文書館蔵）

れ脱《ぬ》けたることの有《あ》る歟《か》。如何《いかん》」と。

（忠実さまがおっしゃるには、「私が出家するというのも、もう決まったことである。ただ、先人たちの事績と比べたとき、もしや、私がやり遂げていないことがあったりするのだろうか。どうか」とのことであった。）

予《よ》の申《もう》して云《い》ふやう、「御《み》堂《どう》・宇《う》治《じ》殿《どの》・京極大殿《きょうごくおおとの》の御《ご》昇晋《しょうしん》、当時《とうじ》は又《また》も一事《いちじ》も相《あ》ひ違《たが》はず候《さぶら》ふ。大臣《だいじん》の大《たい》将《しょう》・氏長者《うじのちょうじゃ》・摂政《せっしょう》・関白《かんぱく》、牛車《ぎっしゃ》・輦車《ほうしゃ》・中重《なかのえ》の輦車《ほうしゃ》、上臈《じょうろう》を超《こ》えて大臣《だいじん》に上《のぼ》り列《れっ》し給《たま》ふ、随身《ずいじん》・内弁《ないべん》・官《かん》奏《そう》・執筆《しゅひつ》の納言《なごん》・騎《き》馬《ば》の御物詣《おんものもうで》・准三宮等《じゅんさんぐうなど》、皆《みな》、朝恩《ちょうおん》を蒙《こうぶ》らしめ御《おわ》し了《お》はんぬ。御《ご》出家《しゅっけ》の後《のち》こそ、大入道《おおにゅうどう》殿《どの》・御《み》堂《どう》は、元《もと》の如《ごと》く准三宮《じゅんさんぐう》の宣旨《せんじ》ハ候《さぶら》へ。又《また》、鷹司《たかつかさ》殿《どの》は、准三宮《じゅんさんぐう》こそハ候《さぶら》へ」と。

（この私〈筆録者の中原師元〉が忠実さまに申し上げて言ったのは、「道長さま・頼通さま・お祖父さまの師実《もろざね》さまの事績でしたら、あなたさまは、何一つ違えることなく実現してございます。大臣にして近衛大将《このえたいしょう》を兼ねること・藤原氏の筆頭となること・摂政になること・関白になることなどはもちろん、大内裏内を牛車で移動する勅許をいただくこと・大内裏内を輦《てぐるま》で移動する勅許をいただくこと・内裏内を輦で移動する勅許をいただくことなども、自分より上位にいた人を飛び越えて大臣に就任することも、実現していらっしゃいます。陛下から随身《ずいじん》をいただくこと・行事の進行役を務めること・太政官を代表して陛下に太政官からの報告を申し上げること・大納言の身で朝廷の人事を扱う除目《じもく》を主導すること・陛下の寺社への行幸《ぎょうこう》に馬でお供すること・陛下より太皇太后《たいこうたいごう》さまや皇太后《こうたいごう》さまや皇后《こうごう》さまに准ずる待遇をいただくことなど、全ては、陛下より恩恵をいただいたのです。なお、兼家《かねいえ》さまや道長さまは、出家なさった後にも、太皇太后さまや皇太后さまや皇后さまに准ずる待遇を、陛下より改めていただいていらっしゃいます。また、道長さまの正妻の源倫子《ともこ》さまがいただいたのは、太皇太后さまや皇太后さまや皇后さまに准ずる待遇だけでございます」とのことであった。)

道長は、ずいぶんといろいろな特別待遇を獲得していたものである。さすが、足かけ三十三年にも渡って朝廷を支配した人物であり、「摂関政治の大成者」である。そして、それゆえに、彼の子孫たちは、彼を目標とするとともに、彼をライバル視したのであった。

略装での参内

この翌月の初めに出家することが決まっていた忠実は、師元の説くところの中でも、「兼家さまや

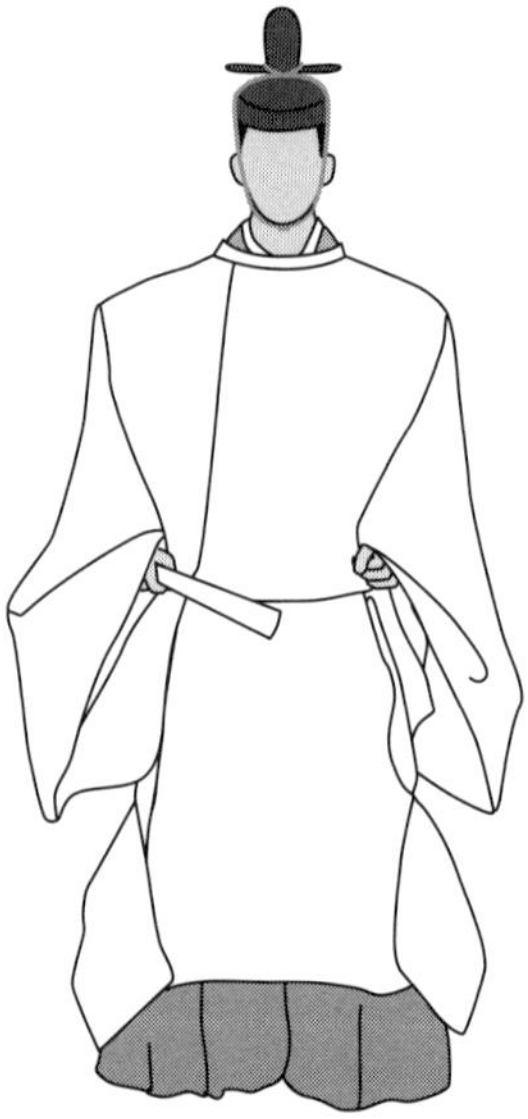

図6　直衣布袴（大君姿）

道長さまは、出家なさった後にも、太皇太后さまや皇太后さまや皇后さまに准ずる待遇を、陛下より改めていただいていらっしゃいます」という部分に引っ掛かりを覚えたらしい。どうやら、彼としては、出家の身でありながら朝廷からの特別待遇を享受するというのは、不適切なことに思えたようなのである。

仰《おお》せて云《い》ふやう、「妻《め》の事《こと》ハ別《べち》の事也《ことなり》。又《また》、出家《しゅつけ》の後《のち》の准后《じゅんごう》は、尤《もつと》も然《しか》るべからざる事也《ことなり》。但《ただ》し、我《われ》ハ直衣《なおし》の布袴《ぬのばかま》と云《い》ふ事《こと》ヲせざりつる。然《しか》の如《ごと》きの装束《しょうぞく》ハ、其《そ》の事《こと》ニ遇《あ》はざる時《とき》ハ、勢《せ》デもある也《なり》」と。

（忠実さまがおっしゃるには、「妻のことは、今は関係ない。また、出家した後に太皇太后さまや皇太后さまや皇后さまに准ずる待遇を受けることは、全く間違ったことである。なお、私は、直衣《なおし》に指貫《さしぬき》という略装で参内するということはしなかった。そうした略式の服装は、それが必要な機会に遭《あ》わなかったなら、しなくてもいいものである」とのことであった。）

また、平安時代の天皇たちが上級貴族たちに与えた特別待遇には、略式の服装での参内に勅許を与えるというものがあったが、そうしたかたちの特別待遇は、忠実にとって、あまり好ましいものではなかったらしい。

平安貴族たちが「直衣布袴《のうしほうこ》」と呼んだのは、普段着の上着であるべき直衣を着て、やはり普段着であるべき狩衣の袴である指貫を履くという、かなり崩れた服装である。そのため、この姿で参内できるのは、天皇から特別に許可を与えられた者だけであった。

しかし、忠実には、いかに勅許があったにしても、略装で参内するというのは、性に合わないことだったのだろう。「略式の服装は、それが必要な機会に遭わなかったなら、しなくてもいいものである」という考えの持ち主であった忠実は、参内するときには常に正規の束帯姿でビシッと決めていたのではないだろうか。

これに対して、彼の高祖父（祖父の祖父）の道長は、勅許を与えられるまま、遠慮することも躊躇することもなしに、当たり前のように略装で参内していたのだろう。また、道長の父親で忠実には曾祖父の祖父にあたる兼家ともなると、さらに砕けた姿で参内していたらしい。『大鏡《おおかがみ》』によると、外孫の一条天皇の摂政に就任して以降の兼家は、直衣布袴のような略装で参内するばかりか、宮中において、しかも、天皇や皇太子の面前において、上着などは脱いでしまって、「汗取《あせとり》ばかり」という姿になることさえあったようである。平安貴族たちが「汗取」と呼んだのは、要するに、われわれ現代人ならば下着に分類するような衣類であるから、兼家は、天皇や皇太子の前で下着姿になっていたことになる。

砕けた服装での参内は、平安貴族たちにとって、重要なステイタスシンボルであったから、兼家や道長は、必ずしも非難されなくてもいいだろう。しかし、彼らは、忠実にとっては、服装の乱れが目立つ不健全な先人だったのかもしれない。

道長でさえ謙虚になる案件

ここまで、原文に「准三宮《じゅんさんぐう》」あるいは「准后《じゅんごう》」とあるのを、「太皇太后さまや皇太后さまや皇后さまに准ずる待遇」と訳してきたが、これは、かなり手厚い待遇であった。

まず、経済的なものとして、封戸《ふこ》が与えられる。この封戸とは、農家一軒分の税をそっくりそのまま対象者に与えるというもので、太皇太后・皇太后・皇后（中宮）であれば、与えられる封戸は二千戸《こ》にもなる。そして、この二千戸から期待できる収入はといえば、全てを米に換算すると、五千石《ごく》にもなる。したがって、太皇太后・皇太后・皇后（中宮）および准三宮は、毎年毎年、米五千石の収入を見込めたのである。

前章でも触れたように、平安時代中期当時、従五位下《じゅごいげ》の位階を持つ貴族が朝廷から与えられていた俸給は、これも米に換算するとして、約四百石といったところであった。とすると、准三宮の封戸からの年収は、従五位下の貴族の年収の十二倍にもなったことになる。しかも、道長の場合、正二位《しょうにい》の位階を持つ左大臣として米約七千四百石の給料をもらいつつ、准三宮として米五千石を与えられたのであったから、どんな贅沢でもできたことだろう。

そして、「太皇太后さまや皇太后さまや皇后さまに准ずる待遇」のもう一つの中身は、人員であった。具体的に言えば、天皇から「随身」と呼ばれる護衛の兵員を貸し与えられたのである。その人数は、なかなか実態が把めないものの、おそらくは、最大で上皇《じょうこう》（太上天皇《だいじょうてんのう》）の随身の十四人、最小で摂関の随身の十人といったところであったろう。

ただ、これほど手厚い待遇を、そのまま享受することは、平安貴族たちの美意識にそぐわなかったらしく、准三宮の待遇を与えられることになった者は、普通、辞退したい旨を天皇に奏上したのであった。もちろん、道長も、准三宮の辞退を申し出ているが、このあたりのことをめぐっては、『中外抄』上巻が保延六年（一一四〇）七月四日のものとする、次の忠実と筆録者の中原師元との問答を見ておきたい。

又《また》も、「『准三宮《じゅんさんぐう》の事《こと》ヲバ「恐《おそ》れの有《あ》り」の由《よし》を宇治殿《うじどの》の仰《おお》せらる』の旨《むね》、故殿《ことの》の御記《ぎょき》に見《み》ゆ」と。

（さらに忠実さまがおっしゃるには、「『准三宮の待遇をいただいたのを「畏れ多い」と思ったということを、頼通さまがおっしゃっていた』といったことが、亡くなったお祖父さまの師実《もろざね》さまの日記に見える」といったことであった。）

師元《もろもと》の申《もう》して云《い》ふやう、「御堂《みどう》・宇治殿《うじどの》に御表《おんひょう》の有《あ》りと雖《いえど》も遥《はる》かに許《ゆる》されず。然《しか》れば、任人《にんにん》・御《おん》封戸《ふこ》の事《こと》は、如何《いかん》」と。

（この師元《もろもと》が忠実さまに申し上げたのは、「道長さま・頼通さまは、准三宮の辞退を奏上したことがあったものの、勅許されることはなかった。こういうとき、随身や封戸の扱いは、どうなるのでしょうか」といったことであった。）

仰《おお》せて云《い》ふやう、「恩許《おんきょ》せずと雖《いえど》も、任人《にんにん》・封戸《ふこ》の事《こと》ハ一切《いっさい》ニ沙汰《さた》せざる也《なり》」と。

（忠実さまがおっしゃるには、「准三宮の辞退に勅許をいただけなくても、随身や封戸は全く受け取らなかった」とのことであった。）

臨終の場の築垣を壊す道長

藤原道長の栄華は、「この世をば」の和歌に象徴されるが、この一首が詠まれたのは、寛仁《かんにん》二年（一〇一八）の十月十六日のことである。ときに、道長は、後一条天皇の外祖父であるとともに、太皇太后・皇太后・中宮の三后の父親であり、かつ、摂政の父親でもあった。

しかし、それから半年と経たない寛仁三年三月、数え年の五十三歳になってほどない道長は、死をも覚悟せざるを得ないほどの重い病気を患い、ついに、髪を剃って出家の身となる。その法名《ほうみょう》は、当初は「行観《ぎょうかん》」であったが、やがて「行覚《ぎょうかく》」に改められたという。

そうして一人の僧侶となった道長は、それまでは権勢の獲得に傾けていた情熱を、やがて「法成《ほうじょう》

図7　牛車の駐め方（『故実叢書　輿車図考』付図、国立公文書館蔵）

寺《じ》」と呼ばれることになる大寺院の造営に傾けはじめる。彼は、臨終の場と定めて「無量寿院《むりようじゆいん》」と名付けた阿弥陀堂《あみだどう》を中心に、十斎堂《じつさいどう》・講堂・経蔵《きようぞう》・西北院《せいほくいん》・金堂《こんどう》・五大堂《ごだいどう》などを建立して、次第に壮麗な伽藍《がらん》を整備していったのであった。

この法成寺の寺号が「法成寺」として披露されたのは、治安《じあん》二年（一〇二二）七月十四日、金堂および五大堂の落成供養《らくせいくよう》が催された折である。この供養の法会《ほうえ》は、後一条天皇の行幸を仰ぎ、さらには、太皇太后・皇太后・中宮の三后の行啓をも仰ぐ盛大なものであったため、身分の上下を問わず、多くの人々の関心を集めるところとなる。

また、この法会をめぐって、道長は、実に道長らしい行動を取った。彼は、法成寺を取り囲む築垣《ついがき》（築地塀《ついじべい》）の一部を崩させて、より大勢が法会を観覧できるようにしたのである。そして、それは、孫の孫の代にまで語り継がれた。次に現代語訳とともに引用するのは、『中外抄』上巻に康治《こうじ》二年（一一四三）九月十一日のものとして見える忠実の談話である。

仰《おお》せて云《い》ふやう、「今《こ》の度《たび》の南京《みなみのきょう》の御堂《みどう》の供養《くよう》の庭《にわ》は、狭《せば》し。見物《けんぶつ》の輩《やから》は定《さだ》めて□□歟《か》。『東《ひがし》の方《かた》の築垣《ついがき》を之《これ》を壊《こぼ》ちて、小松《こまつ》の如《ごと》きを殖《う》ゑん』と欲《ほっ》するに、如何《いかん》。是《これ》は、先例《せんれい》の無《な》きに非《あら》ず。法《ほう》成寺《じょうじ》の供養《くよう》の時《とき》、御堂《みどう》ハ、大垣《おおがき》を之《これ》を壊《こぼ》ちて、榻《しじ》などの高《たか》さニ地《ち》を残して有りけれバ、見物《けんぶつ》の車《くるま》ノ轅《ながえ》をかけたりけり。其《そ》の後《のち》、大垣《おおがき》を築《きず》かると云々《うんぬん》。今《こ》の度《たび》は彼《か》の例《ためし》に准《なず》ふべし」と。

（忠実さまがおっしゃるには、「今回、落慶供養が行われる奈良の興福寺の新しい仏堂は、庭が狭い。法会を見物する連中には不便であろうか。そこで、『その新堂の東側の築垣を崩して、小松などを殖えようか』と思うのだが、どうだろうか。これには、先例がないわけではない。法成寺供養の折、道長さまは、牛車を駐めるときに轅《ながえ》を架ける台〈「榻《しじ》」〉と同じ高さの分だけ残して、同寺の築地塀を崩したので、寺の外から法会を見物する人々は、崩れ残った築地塀に牛車の轅を架けて、見物を楽しんだのだそうな。そして、道長さまは、法会が終わった後に、再び法成寺の築地塀を築いたのだとか。今回は、この先例に倣うのがよかろう」とのことであった。）

これによれば、法成寺供養の折、同寺の築垣を崩して見物の人々を集めた道長の機転は、ただただ孫の孫の代にも語《かた》り種《ぐさ》になっていたばかりではなかったらしい。それは、どうやら、道長の百年後の摂関家において、めでたい先例となっていたようなのである。

第三章　家長としての道長

――道長をめぐる昔語り　その三

愛する妻子の話

持病がありながら長生きした正妻

藤原道長の正妻は、道長より二つ年上で宇多源氏《うだげんじ》の系譜に列なる源倫子《ともこ》という女性である。「鷹司殿《たかつかさどの》」と呼ばれる邸宅を主要な居所とした彼女は、広く「鷹司殿」と呼ばれていた。

そして、藤原忠実《ただざね》は、鷹司殿源倫子をめぐっても、興味深いことを語っている。次に現代語訳を添えて引用するのは、『富家語《ふけご》』が応保《おうほ》元年（一一六二）のものとする談話である。

仰《おお》せて云《い》ふやう、「我《われ》、風《かぜ》フクレ出《い》づる病《やまい》の年来《としごろ》アルヲ、故殿《ことの》の仰《おお》せて云《い》ふやう、『神妙也《しんみようなり》。鷹司殿《たかつかさどの》は、風フクレの常《つね》に出《い》ださしめ給《たま》ふに、百《ひやく》、九十《きゆうじゆう》マデ御《おわ》す也《なり》』てへり」てへり。

系図5　源倫子を中心とする人物関係図

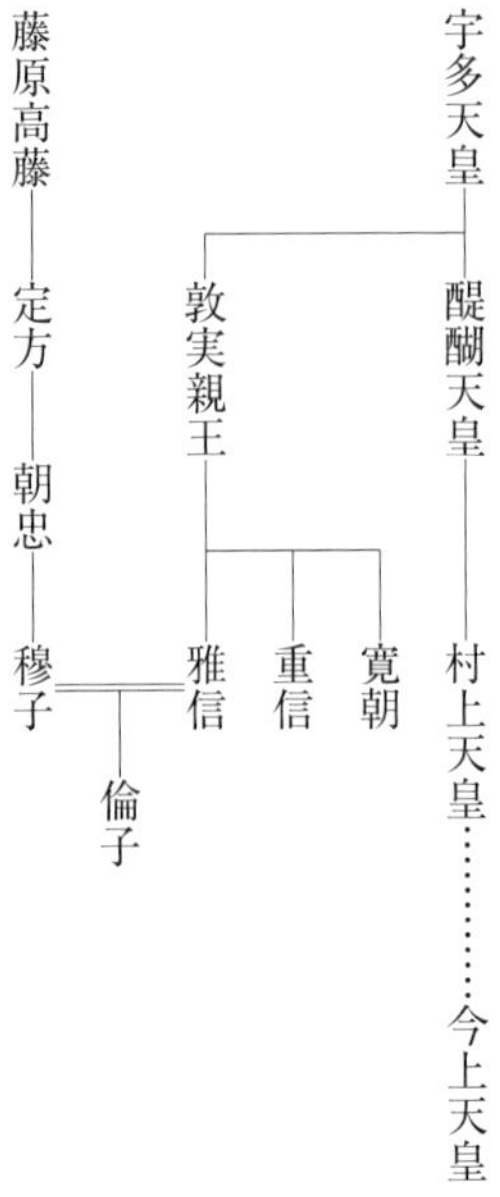

（忠実さまがおっしゃるには、「私は、首の腫《は》れる病気が数年来の持病となっているのだが、お祖父さまの師実《もろざね》さまがおっしゃるには、『結構なことである。道長さまの正妻の源倫子さまは、いつも首が腫れる病気を患っていらっしゃったけれども、百歳までとはいかないまでも、九十歳まで長生きなさったのである』とのことであった」とのことであった。）

六十二歳で他界した道長は、当時としては長生きした口であるが、彼の正妻であった源倫子は、二〇二二年の日本女性の平均寿命として厚生労働省が発表した満年齢の八十八歳弱（数え年なら八十九歳）をも超えて、かなり長生きしたことになる。そして、その倫子が、「風フクレ出づる病」とも呼ばれる首が腫れる病気を持病としていたために、道長以降の摂関家においては、この病気が、「神妙」なもの（結構なもの）とされていたらしい。

なお、「風フクレ出づる病」は、首が腫れる症状の見られる病気であったものの、現代においては一般に「おたふく」「おたふく風邪」などと呼ばれる流行性耳下《りゅうこうせいじか》腺炎《せんえん》ではない。もちろん、平安時代の人々も、流行性耳下腺炎に罹《かか》っている。そして、平安貴族たちは、この病気を「福来病《ふくらいびょう》」と呼んだりもした。しかし、流行性耳下腺炎は、ウイルス性の感染症であって、周知の如く、罹患して体内に抗体ができてしまえば、普通、二度目の罹患はないはずの病気である。したがって、この病気は、持病にはなり得ないことになる。

これに対して、「風フクレ出づる病」は、少なくとも倫子や忠実にとっては、「年来」とか「常に」とか言われるような患い続ける病気であって、まさに持病であった。

ところが、この「風フクレ出づる病」を持病とする二人が長寿を保ったというのだから、なかなか興味深い。倫子の九十歳には及ばないものの、忠実の八十五歳も、平安時代には並外れた長生きである。しかも、忠実の場合、彼自身が語るところからすると、まだまだ若かった頃から、右の持病を持っていたらしい。というのも、忠実の持病を「神妙」と言祝《ことほ》いだ師実は、忠実が二十四歳の折に世を去っているからに他ならない。

あるいは、忠実の長生きは、高祖母の倫子から受け継いだ資質なのだろうか。倫子の周辺には、父親の源雅信の七十四歳・母親の藤原穆子《あつこ》の八十六歳をはじめ、道長との間に儲けた彰子・頼通・教通の八十七歳・八十三歳・八十歳など、長寿がめずらしくないのである。

とすると、忠実の持病は、これまた倫子譲りのものだったのかもしれない。

幼い嫡男の発病に慌てる道長

「一姫《いちひめ》二太郎《にたろう》」という言葉がある。この言葉は、昨今、一部では誤って〈子供を持つなら、娘一人に息子二人というのが理想的である〉という意味に受け取られているが、本来、〈子供を持つなら、一人目は女の子で二人目が男の子というのが理想的である〉という意味を持つ。そして、「一姫二太郎」と言われるかたちで子供を持つことができるか否かは、平安貴族たちにとっては、一家の命運に関わることであった。

平安時代において、子育ては、夫婦の仕事ではなく、妻および妻の親族の仕事であった。そのため、当時、成り上がろうとする貴族男性は、自分の娘を自家よりも格上の家の息子と結婚させて、その娘が男児を産めば、格上の家の跡取り息子の取り巻きとして、社会的な上昇を遂げようとしたものであった。平安時代中期を特徴付ける摂関政治なども、このような処世術の一つの典型に過ぎない。とすると、上昇志向のある貴族男性には、どうしても娘が必要であったろう。いや、彼には、是非とも、第一子として娘が必要だったはずである。確かに、彼にも、跡取りとなる息子は必要であった。が、後継者の確保など、自家が社会的上昇を遂げてからで十分なのである。そして、彼の社会的上昇のために不可欠なのは、とにかく娘であった。

当時、広い意味での貴族社会において、息子だけを切望したのは、天皇家くらいであろう。それ以外の貴族家では、次々と息子ばかりを授かっても、いずれ跡目相続で揉めることになるばかりで、一家の社会的上昇には少しも役立たなかったのである。

そんな時代において、藤原道長はというと、みごとに「一姫二太郎」を実現していた。彼と彼の正妻の源倫子との間に生まれた第一子は、やがて「上東門院《じょうとうもんいん》」と呼ばれることになる彰子である。そして、この夫婦が第二子として授かったのは、やがて「宇治殿《うじどの》」と呼ばれることになる頼通であった。

ただ、そうして子供に関して幸運に恵まれたかに見える道長も、一つ、やはり子供をめぐって、ひどく気を揉まなければならなかった。それは、後継者たる長男の病弱さである。

これには、道長自身の病弱さも大きく関係していよう。彼が病気で寝込んだことは数知れず、また、彼が引退を覚悟するほどの重病を患ったことも一度や二度ではないのだから。

が、ともかく、頼通が発病したときの道長の慌てようは、その玄孫《やしゃご》の代にまで語り継がれるほどのものであった。『富家語』は、保元《ほげん》三年（一一五八）のものとして、忠実の次のような談話を伝えている。

仰《おお》せて云《い》ふやう、「宇治殿《うじどの》の御不例《ごふれい》の時《とき》、連日《れんじつ》の悪日也《あくにちなり》。仍《よ》りて、夜半《よは》に他所《よそ》に渡《わた》り御《おわ》すに、即《すなわ》ち御平癒《ごへいゆ》のあり。御堂《みどう》の御時《おんとき》の事也《ことなり》」と。

（忠実さまがおっしゃるには、「頼通さまがご病気の折、ご寝所を他に移そうにも、暦《こよみ》では転居に不向きな凶日が続いていた。そこで、道長さまは、夜の間に頼通さまを他処《よそ》に移されたのであったが、すると、すぐにも頼通さまは快復なさったのだとか。これは、道長さまが政権担当者でいらしたときの出来事である」とのことであった。）

「田鶴」の清水寺参詣

頼通の発病に慌てた道長が、頼通の寝所を他処に移そうとするも、それを阻む凶日が続いていたため、頼通の転居を夜間に実行したというのは、頼通八歳の折のこととすれば、紛れもない史実である。それは、長保《ちょうほ》元年（九九九）七月の出来事であって、道長の日記である『御堂関白記《みどうかんぱくき》』には、同月十八日のこととして、次のように見えている。

田鶴《たづ》の悩《なや》みの事《こと》に依《よ》りて道貞《みちさだ》の家《いえ》に渡《わた》る。日《ひ》の宜《よろ》しきことの無《な》きに依《よ》りて、夜半《よは》の時《とき》を用《もち》ふ。

ここに「田鶴」と呼ばれているのは、頼通である。彼の元服する以前の童《わらわ》としての名は、鶴を意味する田鶴であった。その田鶴を、父親の道長は、ときに「田鶴丸《たづまる》」と呼んだが、『栄花物語《えいがものがたり》』に見る限り、道長家の女房たちは、「田鶴君《たづぎみ》」と呼んでいたらしい。

また、右に「田鶴の悩みの事」と見える「悩み」とは、病気のことである。平安貴族たちは、病気をはっきりと「病気」なり「病」なりと呼ぶことを忌み嫌い、「悩み」と呼んだのであった。ちなみに、天皇の病気に至っては、当時、「薬」と呼ばれることが定着していた。平安貴族たちは、悪いものを悪いものそのものの名で呼びたがらなかったのである。

さらに、このとき、頼通は養生のために「道貞の家」に移ったとされるが、この道貞は、橘 道貞《たちばなのみちさだ》であって、橘道貞といえば、和泉式部《いずみしきぶ》の夫であったことで知られる人物であり、小式部内侍《こしきぶないし》の父親でもあった人物である。また、彼は、道長家にとっては、「家司《いえづかさ(けいし)》」と呼ばれる執事のような存在であったが、彼と和泉式部とが夫婦になったのは、和泉式部が女房として道長家に仕える以前のことであった。

そして、病気の頼通の転居先が道貞の私宅であったのも、彼が道長家に仕える身であったからに他ならない。当時において、上級貴族家の家司を務める中級貴族たちが、主家の人々の転居療法や方違《かたたがえ》のために私宅を提供することは、当然のこととなっていたのである。

ただ、道貞が頼通の病気療養のために私宅を提供したときには、転居には向かない凶日が続いていたため、頼通の移動は、夜中に行われたのであった。そして、この点から、『富家語』に見える「宇治殿の御不例の時」を、頼通八歳の長保元年の七月と特定することができるのである。長保元年七月十八日の『御堂関白記』が言う「日の宜しきことの無き」という状況こそが、『富家語』に「連日の悪日」と語られる状況に違いあるまい。

こうして、忠実の語る出来事が何年何月何日のことかが判明するのは、かなり稀有なことである。それゆえ、ここでは、もう少しだけ、長保元年七月の『御堂関白記』を読み進めてみると、同月二十七日、「田鶴丸《たづまる》の清水寺《きよみずでら》に参《まい》る。女方《にようぼう》は之《これ》に同《おな》じうして」と、病身の頼通が母親の倫子(「女方」)とともに清水寺に参詣したことが知られる。そして、八月四日の『御堂関白記』に「暁《あかつき》に清水《きよみず》より出《い》づ」

と見える如く、この折の頼通（田鶴）の清水寺参詣は、おそらくは病気平癒を期しての、数日間に及ぶ参籠であった。また、『御堂関白記』からは、右の数日の間、道長もまた清水寺に通い続けたことまでもが知られる。

嫡男である頼通の発病は、道長にとって、まさに一大事であった。

溺愛される嫡男

摂政に就任したとき、藤原頼通は、まだ二十六歳であった。その二十六歳も数え年であるから、頼通は、満年齢にして二十五歳ほどで摂政に就任したことになる。そして、頼通の摂政就任は、少しばかりも頼通自身の努力の結果ではない。彼は、何一つとして障害を乗り越えることなく、ただ父親の道長から譲られるままに、摂政の座に着いたのである。

そんな頼通であるから、やはり、幼い頃より父親の道長に溺愛されていた。そして、その溺愛ぶりは、ときに過保護な振る舞いとなって現れる。次に現代語訳とともに紹介するのは、『中外抄《ちゅうがいしょう》』下巻が久安《きゅうあん》六年（一一五〇）八月九日のものとする忠実の談話であるが、ここには、道長の過保護パパぶりを見ることができよう。

次《つ》いで、弓馬《きゅうば》の事《こと》ヲゾ語《かた》りける。「故殿《ことの》は、ままきなどよくいけり。近《ちか》き代《よ》の人《ひと》は、全《もっぱ》ら然《しか》らず。宇治殿《うじどの》は、花形《はながた》ト云《い》ふ御馬《おんうま》ニ乗《の》らせ給《たま》ひたりけるニ、兼時《かねとき》と云《い》ふ随身《ずいじん》ノ『御馬《おんうま》、腹立《はらだ》ち仕《つかまつ》り候《さぶら》ひニタリ。おりさせおはしませ』、他《ほか》の人《ひと》ヲのせて御覧《ごらん》じければ、御馬《おんうま》の臥《ふ》しまろび、乗《の》る人《ひと》をくひなどしけり。仍《よ》りて、御堂《みどう》の兼時《かねとき》を召《め》して纏頭《かずけもの》ヲ給《たま》ひけり」と。

（これに続けて、忠実さまは、「亡《な》きお祖父《じい》さまの師実《もろざね》さまは、『真《ま》巻弓《きゆみ》』と呼ばれる徒歩立《かちだ》ちで射る弓術《きゅうじゅつ》や馬術《ばじゅつ》に関わることをお話しになった。しかし、昨今は、真巻弓を得意とする上級貴族などいないようだ。また、頼通《よりみち》さまは、『花形《はながた》』と名付けたお馬にお乗りになったが、あるとき、道長さまの随身の尾張兼時《おわりのかねとき》が『頼通さまのお馬は、機嫌が悪いようでございます。頼通さまは、お降りになられた方がいいでしょう』と言った。そこで、道長さまは、その頼通さまのお馬である花形に他《ほか》の者を乗らせて、様子をご覧になっていたのであったが、すると、花形は、寝転んで地面を転げ回ったり、背に乗っていた者に噛み付いたりしたのであった。これを見て、道長さまは、兼時をお喚《よ》びになって、褒美《ほうび》をお与えになったのであった」と。）

確かに、道長といい、頼通といい、武士ではないわけだから、暴れ馬をも乗りこなすほどの馬術などは、殊更に身に着けなくてもいいのかもしれない。とすれば、道長が機嫌の悪い馬から頼通を降ろしたとしても、特に問題はない。むしろ、それは、子を思う親として当然の措置である。

ただ、機嫌が悪いゆえに息子には騎乗をやめさせた馬に、他の者を跨らせ、その結末を見ていたとなると、これは、どうなのだろう。問題の馬は、「臥しまろび、乗る人をくひなどしけり（寝転んで地面を転げ回ったり、背に乗っていた者に噛み付いたりした）」というのだから、頼通の代わりとして暴れ馬に乗らされた者は、無傷では済むまい。

しかも、右の顚末《てんまつ》を見届けた道長は、まず、馬の不機嫌を見抜いて結果として愛息を守った随身に褒美を与えたのであった。このときの道長には、息子の身代わりとなった騎手の災難などはどうでもよく、愛息の頼通が無事であったことだけが重要だったのだろう。

馬好きの話

道長が多くの馬を持っていた事情

なお、右の話に登場した頼通の愛馬の花形であるが、これは、源頼信《よりのぶ》という中級貴族から献上された東国産の馬であったかもしれない。というのも、『御堂関白記』には、長保元年（九九九）九月二日のこととして、次のように記されているからである。

上野守頼信《こうずけのかみよりのぶ》の馬《うま》五疋《ひき》を奉《たてまつ》る。一疋《ぴき》は田鶴《たづ》の料《りよう》の駒也《こまなり》。

源頼信は、やがて源頼朝を産み出すことになる河内《かわち》源氏《げんじ》の祖であって、貴族の身分を持つ武士であった。ただし、武士とはいっても、頼信の場合、いざ合戦となると先陣を切って駆け出すような最前線の戦闘員ではなく、大勢の武士たちを郎等《ろうどう》とする棟梁《とうりよう》クラスの武士である。彼は、紛れもなく、昨今の歴史学者たちが「軍事貴族」と呼ぶ存在であった。

そして、平安時代中期の軍事貴族たちが好んで務めたのが、概ね現在の関東地方にあたる坂東《ばんどう》諸国の受領国司《ずりょうこくし》である。それは、坂東諸国には、駿馬《しゅんめ》をはじめとする武士には必須の資源が溢れていたからであり、また、郎等とするに足る優れた武士たちがひしめき合っていたからである。さらに、当時は、朝廷の側でも、意図して軍事貴族たちを東国の受領に任命していたが、それは、坂東諸国が多くの武士たちが盤踞《ばんきょ》する危険地帯だったからである。

したがって、源頼信が上野国《こうずけのくに》の受領国司に任命されたのは、当然の人事であったが、その折の彼の官職は、『御堂関白記』に見える上野守《こうずけのかみ》ではなく、上野介《こうずけのすけ》であったろう。平安時代には、正しくは「上野大守《こうずけのたいしゅ》」と呼ばれる上野国の長官《かみ》は、親王でなければ就くことのできない特別な官職であり、かつ、遙任《ようにん》を前提とする名誉職であったから、上野国の受領国司は、上野介の官職を帯びて同国に赴任するものだったのである。が、道長にとっては、中級貴族たちの帯びる官職の正確な名称など、どうでもよかったのかもしれない。

それはともかく、かねてより懇望していたであろう上野介に任官できた頼信は、おそらくは上野国で入手した駿馬を、朝廷を主導する道長に献上したわけである。そして、これは、頼信に限らず、当時の受領国司たちに一般的な行為であった。長保元年の『御堂関白記』をざっと見ただけでも、八月二十二日には越後守道経《えちごのかみみちつね》が三頭の馬を、同月二十八日には越後介《えちごのすけ》の某《なにがし》が二頭の馬を、そして、九月五日には前駿河守《さきのするがのかみ》の藤原家斉《いえなり》が二頭の馬を、それぞれ道長に献上している如くである。もちろん、こうした献上には、受領国司拝命への感謝の意味が籠められているとともに、将来も都合のいい任官をさせてもらうための胡麻《ごま》擂《す》りの意味が籠められていた。

なお、同年九月七日の『御堂関白記』には、美作守《みまさかのかみ》の大中臣輔親《おおなかとみのすけちか》から道長へと牛一頭の献上があったことが記されているが、この牛の献上も、右の馬の献上と同様の意味を持っていた。東国の受領国司たちが馬を献上品にしたのに対して、西国の受領国司たちは牛を献上品とすることが、当時の社会常識になっていたのである。

したがって、受領国司たちからの馬や牛の献上は、道長にとって、特別なことではなくなっていたかもしれない。が、道長本人のみならず、その愛息の頼通をも献上の対象にした上野介頼信は、これによって殊更に道長の歓心を買うことができたのではないだろうか。

馬好きで競馬好きの道長

地方諸国の受領国司たちが競うようにして道長に馬や牛を献上しはじめたのは、道長が政権担当者となった長徳元年（九九五）以降のことであろう。もちろん、それ以前にも、それなりに高い地位にあった道長には、受領国司たちの一部から馬・牛が贈られることはあっただろう。が、それは、あくまでも一部の受領国司たちに留まる動きだったはずである。

したがって、道長三十歳の長徳元年以降のこととなるが、毎年毎年、全部で六十六もある地方諸国

図８　馬場（右近馬場、『年中行事絵巻』個人蔵）

の受領国司たちが、道長への献上にせっせと励んだわけだから、道長のもとにもたらされた馬・牛は、とんでもない数になったに違いない。『御堂関白記』を見ると、処世術を心得る道長は、受領国司たちから献上された馬や牛を、他の上級貴族たちへの贈り物にしたり、配下の中級貴族たちへの褒美にしたりと、盛んに貴族社会にばら撒いてはいた。が、それでもなお、道長の手元には、常にたいへんな数の馬や牛がいたはずである。しかも、受領国司たちが道長に贈った馬・牛は、いずれも選りすぐりの逸物であったろうから、道長のもとには、名馬・名牛が集まっていたことだろう。

そして、こうした環境があったためであろうか、少なくとも長徳元年以降においては、道長は、大の馬好きであり、かつ、大の競馬《くらべうま》好きであった。

ただし、平安貴族たちが好んだ競馬は、十数頭の馬が一斉にスタートする現代の競馬《けいば》とは大きく異なり、わずか二頭の馬で競うものであり、かつ、その二頭が順々にスタートするというものであった。この競馬では、先行する馬は逃げきれば勝ちになり、追走する馬は先行する馬を追い抜けば勝ちになる。また、この競馬が行われる馬場《うまば》は、現代の競馬が行われる周回可能な楕円形のものではなく、ただただ真っ直ぐな直線的なものとなる。

そして、馬が好きで競馬も大好きな道長は、自宅に馬場を設けていた。『中外抄』の上巻に久安四年（一一四八）五月二十三日のものとして見える忠実の談話は、「上東門院《じょうとうもんいん》に競馬《くらべうま》の有《あ》りケル日《ひ》」の出来事を語ったものであり、ここから、道長の最も主要な居宅には競馬ができるような立派な馬場があったことが知られる。右に「上東門院」と呼ばれているのは、道長の娘の彰子ではなく、道長が最も頻繁に居所としていた土御門殿第《つちみかどどの》である。

ちなみに、土御門殿第の名称は、同第が大内裏の東土御門《ひがしつちみかど》から東に延びる土御門大路《つちみかどおおじ》に面していたことに由来する。また、この邸宅は、東土御門に「上東門《じょうとうもん》」の別名があったため、「上東門第」とも呼ばれたが、さらに、同第が「上東門院」の呼称を得たのは、女院《にょいん》（女性の准太上天皇）となった彰子が、里第である同第に因んで「上東門院」と呼ばれたためであった。

また、『中外抄』下巻が仁平《にんぴょう》元年（一一五一）十二月八日のものとする忠実の昔語りは、「御堂《みどう》、早旦《つとめて》ニ、人々《ひとびと》ニ秘《かく》しテ、法興院《ほこいん》の馬場《うまば》にて、公時《きんとき》ニ競馬《くらべうまの》に乗らしめ給《たま》ひケルニ」と、道長が早朝から密かに競馬を楽しむほどの競馬好きであったことを明かす。しかも、右の談話は、「法興院《ほこいん》の馬場《うまば》ハ、御堂《みどう》の作《つく》らしめ給《たま》ふ也《なり》」とはじまり、道長の競馬好きが寺院にも馬場を作るほどのものであったことを洩らす。確かに、法興院は摂関家の寺であったが、それでも、寺院に馬場を作る道長の競馬好きは、もはや、病的な域に到達していよう。

死後を見据えた話

父親のために九体の阿弥陀如来像を造る道長家の御曹司たち

ここで、道長と彼の家族との話に戻るとして、道長の息子は、長男で嫡男となった頼通だけではない。はっきりと道長が認知した男子だけでも、合わせて六人もいる。

そして、長男の頼通が道長に代わって摂政に就任した寛仁《かんにん》元年（一〇一七）三月十六日の時点で、頼通以外の道長の息子たちも、その過半数が、朝廷の意思決定を担う議政官《ぎせいかん》にまで出世している。すなわち、頼通が二十八歳にして摂政を兼ねる内大臣《ないだいじん》となったとき、頼通の同母弟《どうぼてい》の教通《のりみち》は、二十四歳の左近衛大将《さこのえのたいしょう》を兼ねる権中納言《ごんのちゅうなごん》となっていて、また、頼通の異母弟《いぼてい》の頼宗《よりむね》も、二十七歳の左衛門督《さえもんのかみ》と検非違使別当《けびいしべっとう》とを兼ねる権中納言となり、同じく頼通の異母弟の能信《よしのぶ》も、二十五歳の権中納言となっていたのである。

当時において議政官とされたのは、左・右・内の三人の大臣の他には、定員四名の大納言・定員六名の中納言・定員八名の参議《さんぎ》であった。したがって、頼通が摂政となったときには、二十人余りしかいない議政官のうち、四人までが道長の息子であったことになる。

さらに、治安《じあん》三年（一〇二三）の二月十六日、この兄弟の末弟の長家《ながいえ》が十九歳の権中納言として議政官に加わったときには、三十四歳の頼通は関白を兼ねる左大臣《さだいじん》に、三十歳の教通は左近衛大将を兼ねる内大臣に、そして、三十三歳の頼宗および三十一歳の能信はともに権大納言《ごんのだいなごん》に、という具合に、さらに出世していた。これで、議政官の四分の一ほどが、道長の息子たちによって占められることになり、かつ、大臣および大納言という上位の議政官に限っては、その過半数に道長の息子たちを迎えることになったのであった。

しかも、その息子たちの出世とは無関係に、治安三年の時点においてさえ、実質的に朝廷を牛耳っていたのは、他でもない道長であった。寛仁二年（一〇一八）二月に太政大臣《だじょうだいじん》の職を辞して、寛仁三年三月には出家を遂げた道長だが、彼は、治安三年には、「行覚《ぎょうかく》」という法名《ほうみょう》を名告《なの》る僧侶の身ながら、依然として権力を握り続けていたのである。

こうした状況であったから、行覚〔道長〕が「自分の臨終の場とする阿弥陀堂を建てたい」と望めば、それは、容易に実現された。そのことは、『中外抄』上巻が久安四年（一一四八）五月二十三日のものとする次の忠実の談話からも、十分に窺い知られよう。

仰《おお》せて云《い》ふやう、「法成寺《ほうじようじ》の阿弥陀堂《あみだどう》の九体仏《くたいぶつ》ハ、宇治殿以下《うじどのいげ》の公達《きんだち》の各《おのおの》に相《あ》ひ分《わ》かれテ造立《ぞうりゅう》せしめ了《お》はんぬ。……」

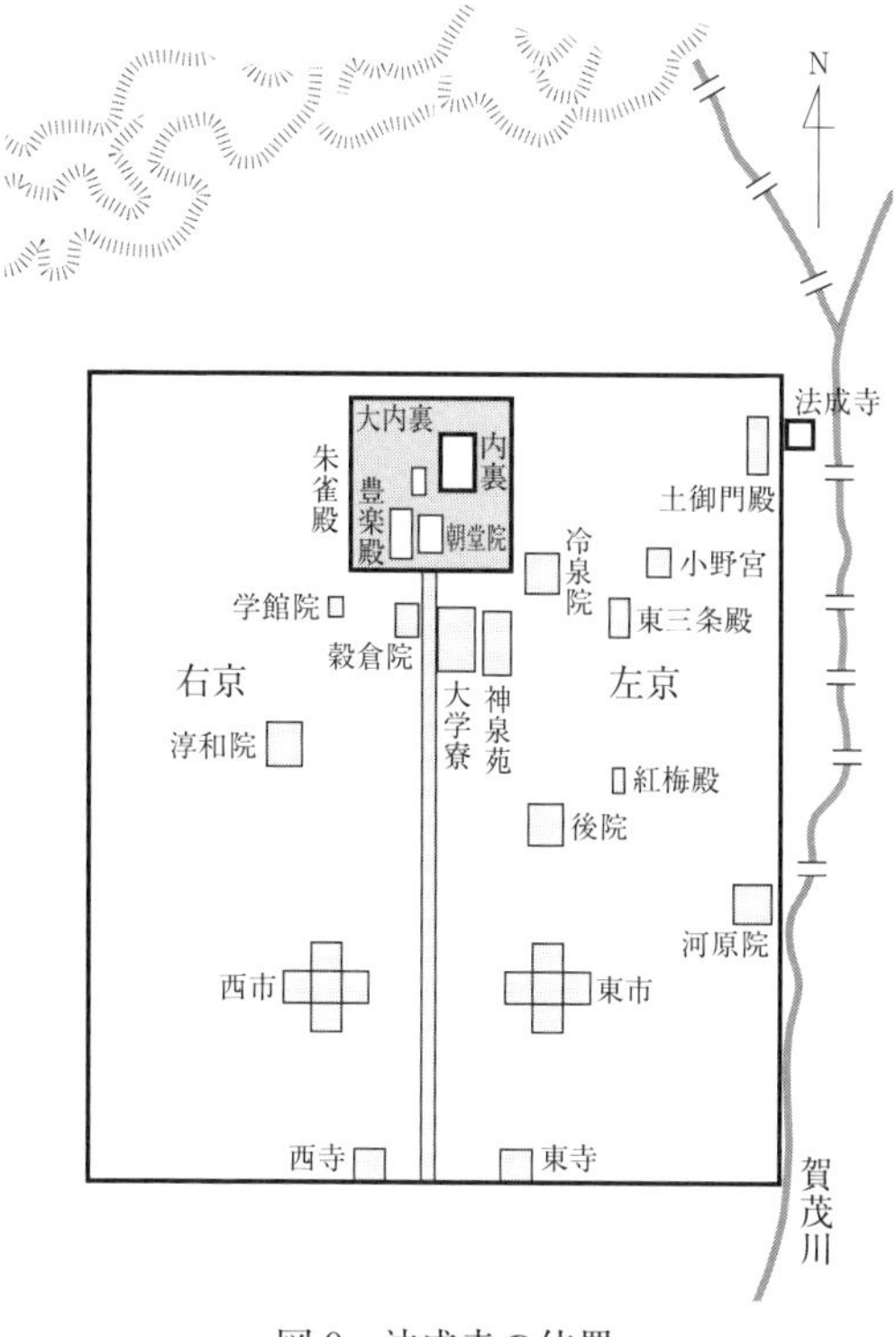

図９　法成寺の位置

（忠実さまがおっしゃるには、「法成寺の阿弥陀堂である無量寿院《むりようじゆいん》に本尊として安置されている九体の阿弥陀如来像《あみだにょらいぞう》は、頼通さまをはじめとする道長さまのご子息たちが、それぞれに分担してお造りになったのだ。……」）

道長が「御堂関白」「御堂」などと呼ばれるのは、彼が晩年を法成寺で過ごし、かつ、同寺の中核であり「無量寿院《むりょうじゅいん》」の号を持つ阿弥陀堂で最期を迎えたためである。そして、その無量寿院には、一丈《じょう》六尺《しゃく》（約四・八メートル）の大きさの阿弥陀如来像が、九体も安置されていたが、忠実が語るところ、それらは、道長の息子たちが手分けして造立したものであった。

道長の息子たちは、どれだけ出世しようと、父親の意向には従うしかなかったのである。

道長の子孫が繁栄した理由

ときに、天台宗の修行に「法華三昧《ほっけざんまい》」と呼ばれるものがある。これは、『法華経《ほけきょう》』を通じて悟りを開くために、昼となく夜となく絶えることなく『法華経』を読み上げ続けるというものである。そして、この行のための道場は、「常行三昧堂《じょうぎょうざんまいどう》」「三昧堂《さんまいどう》」などと呼ばれたが、『中外抄』の下巻には、その常行三昧堂をめぐる忠実の談話が見える。それは、久安六年（一一五〇）七月十七日のもので、現代語訳とともに紹介すると、次の如くとなる。

又《また》も仰《おお》せて云《い》ふやう、「我《われ》ハ、『三昧堂《さんまいどう》ヲ立《た》てム』ト思《おも》ふナリ。其《そ》の願《がん》は未《いま》だ遂《と》げず。未《いま》だ其《そ》の文《ふみ》を見《み》ずと雖《いえど》も、其《そ》の例《ためし》を勘《かんが》ふるニ、三昧堂《さんまいどう》を造《つく》る人《ひと》は、子孫《しそん》の繁昌《はんじょう》する也《なり》。件《くだん》の事《こと》は、尤《もっと》も然《しか》るべき事也《ことなり》。他《ほか》の行法《ぎょうほう》は、自《おの》づと断絶《だんぜつ》する有《あ》りと雖《いえど》も、三昧《さんまい》に於《お》いては昼夜《ひるよる》に断《た》えざる事也《ことなり》。九条《くじょう》殿《どの》は楞厳院《りょうごんいん》を立《た》つ。御堂《みどう》は木幡《こはた》の三昧《さんまい》を立《た》つ。後三条院《ごさんじょういん》は円宗寺《えんしゅうじ》を立《た》つ。宇治殿《うじどの》は平等院《びょうどういん》を立《た》つ。仍《よ》りて、御子孫《ごしそん》は繁昌《はんじょう》する也《なり》。而《しか》るに、我《われ》の件《くだん》の願《がん》を遂《と》げざるは遺恨《いこん》也《なり》。但《ただ》し、ソコタチ左大臣《さだいじん》殿也《どのなり》、其《それ》を造《つく》らるべき也《なり》」と。

〈さらに忠実さまがおっしゃるには、「私は、『常行三昧堂を建てたい』と思っている。しかし、この願《がん》はまだ果たしていない。今のところ、その根拠となる書物を見付けてはいないが、前例から考えてみるに、常行三昧堂を建立した者は、子孫が繁栄するのだ。このことは、最も当然のことである。というのも、法華三昧以外の仏事は、どうしてもひっきりなしに行うことはできないが、法華三昧だけは、昼も夜も途切れない仏事だからである。お祖父さまのお祖父さまのお祖父さまの師輔《もろすけ》さまは、比叡山《ひえいざん》の横川《よかわ》に首楞厳院《しゆりようごんいん》を建てた。お祖父さまのお祖父さまの道長さまは木幡《こはた》に三昧堂《さんまいどう》を建てた。後三条《ごさんじよう》天皇さまは円宗寺を建てた。お祖父さまのお父上の頼通さまは平等院を建てた。それで、この皆さまはご子孫が繁栄しているのである。それなのに、私が常行三昧堂を建てたいという願を果たしていないのは、残念なことである。なお、そなた〈左大臣頼長《さだいじんよりなが》さまのことである――師元註〉は、そなたとして独自に常行三昧堂を建てるのがよいはずだ」とのことであった。〉

道長の建立した寺院として、まず最初に名前が挙がるのは、おそらく、平安京の東隣に位置した法成寺であろう。同寺は、道長が自己の極楽往生への願いを具現化したものであったから、この寺の存在感が大きいのも、当然のことと言えよう。

これに対して、右の『中外抄』に「木幡の三昧」と見える浄妙寺は、藤原氏の全ての人々の来世のために建てられた寺院である。藤原氏の墓所となっていた平安京南東郊の木幡の地に浄妙寺の中核となる常行三昧堂を建てたとき、ようやく四十歳になったところであった道長は、信仰の面において、まだまだ、藤原氏の長として氏の全ての人々の来世を考えるだけの余裕があったのだろう。
そして、忠実の言葉からすると、道長の子孫たちは、道長の祖父の師輔が比叡山横川に建てた首楞厳院や道長の息子の頼通が宇治に建てた平等院とともに、道長が木幡に建てた浄妙寺が、道長の家系に繁栄をもたらした、と考えていたらしい。

浄妙寺創建をめぐる逸話

道長が木幡に浄妙寺を建立したことをめぐっては、忠実は、仁平四年（一一五四）三月十一日にも、興味深いことを語っている。その談話を、『中外抄』下巻から引用しよう。

仰《おお》せて云《い》ふやう、「御堂《みどう》の木幡《こはた》の三昧《さんまい》を始《はじ》めしめ給《たま》ふの日、法螺《ほら》ヲ禅僧等《ぜんそうら》の吹《ふ》く能《あた》はざりケレバ、御堂《みどう》の御手《おんて》ヅカラ取《と》らしめ給《たま》ヒテ吹《ふ》かしめ給《たま》ひケルに、高《たか》くなりたりければ、時《とき》の人《ひと》、感《かん》じてののしりけり」と。

（忠実さまがおっしゃるには、「やがて浄妙寺《じょうみょうじ》へと発展する常行三昧堂《じょうぎょうさんまいどう》を道長さまが木幡《こはた》に建てて、その落慶供《らっけいく》養《よう》が行われた日のこと、僧侶たちが法螺《ほら》貝《がい》を上手く吹けずにいると、道長さまが法螺貝をお手に取られてお吹きになり、すると、法螺貝は高らかに鳴ったのであった。その当時の人々の間では、このことは大いに評判になったのだそうな」とのことであった。）

どうやら、道長というのは、殊更に仏の加護を受けていた人物らしい。実のところ、全く同じ話が、道長自身の日記である『御堂関白記』にも記されているのであり、右に忠実が語ったところについては、これを史実と見做さなければならないようなのである。

なお、『御堂関白記』には、浄妙寺の落慶供養が行われた寛弘《かんこう》二年（一〇〇五）十月十九日のこととして、右の奇瑞の他に、もう一つの小さな奇瑞も記録されている。それを要約して紹介するならば、凡そ、次のようになるだろう。

仏に捧《ささ》げる灯《あかり》を点《つ》けようと火打石《ひうちいし》を手にした道長が、「仏さまに捧げる灯を点すのに、わざわざ火打石を使うのは、清浄《せいじょう》な火で灯を点そうとしてのことです。ですから、簡単《かんたん》に火が点いたなら、よろこぶことにしますが、なかなか火が点かなくても恨《うら》んだりはしません。それでも、お願いできますなら、火打石を二回以上も打たなくて済《す》みますように」と言ってから火打石を打ったところ、すぐに火が点いたのであった。

この点灯の奇瑞譚は、先の法螺貝の奇瑞譚よりも、広く貴族社会に知れ渡っていたのかもしれない。というのも、点灯の奇瑞のことは、『栄花物語』巻第十五にも見えるからである。

しかも、『栄花物語』では、火打石を手にした道長の祈りが、かなり詳しく紹介される。それを現代語訳で紹介すると、こんな感じとなる。

私の祈りが聞《き》き容《い》れられて、この木幡《こはた》の墓所に遺骨を埋めたり遺体を埋めたりした人々が、私のご先祖さまをはじめとして、血縁《けつえん》の近い人々も、血縁の遠い人々も、遠い過去の人々も、これから生まれる人々も、悟《さと》りを啓《ひら》くことができるのなら、そして、私自身も、現世《げんせ》を幸せに生き、かつ、来世《らいせ》には仏となれるのなら、火打石を打つことは一度だけで火が点き、ずっと消えずにいますように。私の子孫たちも篤《あつ》い信仰心を持って、この三昧堂の常行三昧が続くように努めるなら、すぐに火が点きますように。

道長が藤原氏の墓所である木幡に浄妙寺を建てた理由は、ここに明らかであろう。彼は、一つの氏族の長として、全ての氏人《うじびと》が仏になれることを切望していたのである。

しかし、それだけに、この話が『中外抄』に見えないことは、不思議でならない。

道長の正妻の墓所

木幡は藤原氏の墓所であるが、ここに「墓所」と言うのは、火葬の後に残った骨を埋める場所である。これに対して、火葬を行う場所は、平安時代には、「葬所《そうじょ》」と呼ばれていた。

そして、平安貴族たちは、親族が亡くなった場合、所謂「野辺送《のべおく》り」の行列を組んで、火葬の場である葬所に行くことはあっても、埋骨《まいこつ》の場である墓所へと向かいはしなかった。たとえ愛妻や愛息といった最も大切な親族が亡くなった場合でも、火葬から先のことは、僧侶たちに委ねてしまうことが、平安貴族たちには当たり前になっていたのである。

しかも、平安貴族たちは、故人を悼《いた》むときに、故人と縁の深い寺院で仏事を行うことはあっても、故人の骨が納められた墓所へと足を運ぶことがなかった。平安貴族たちには、所謂「墓参り」の習慣はなかったのである。したがって、最も大切な家族の墓であっても、それを実際に眼にすることはないというのが、平安貴族たちには当たり前のことであった。

それゆえ、摂関家を擁する藤原氏の墓所でさえ、かなり荒れていた。『栄花物語』によれば、道長の甥《おい》の伊周《これちか》は、謀反《むほん》の罪で都《みやこ》から放逐されることになったとき、亡き父親の墓に参ろうとするが、彼が向かった木幡の墓所は、雑草に覆い尽くされていたのである。

そして、墓所が荒れ放題であることに心を痛めたのが、道長であった。彼が木幡に常行三昧堂を建てることを考えたのは、木幡の実情を知る機会を得たためであった。

しかし、この木幡の墓所に道長の妻の源倫子の墓はない。なぜなら、彼女は、源氏の氏人であって、藤原氏の一員ではないからである。こうした事情については、『中外抄』上巻が康治《こうじ》二年（一一四三）九月二十五日のものとする、次の忠実の談話が参考になるだろう。

仰《おお》せて云《い》ふやう、「我《われ》の、先年《せんねん》に故殿《ことの》の御共《おんとも》ニ法輪寺《ほうりんじ》に参《まい》るの時《とき》、小松《こまつ》ノ有《あ》リシニ、馬《うま》を打《う》ち寄《よ》せテ手《て》ヲ懸《か》けムトセシカバ、故殿の仰《おお》せて云《い》ふやう、『あれハ、鷹司殿《たかつかさどの》の御葬所《ごそうじょ》なり。抑《そもそ》も、墓《ぼ》所《しょ》にハ御骨《おんほね》を置《お》く所也《ところなり》。放《はな》つ所也《ところなり》。葬所《そうしょ》ハ烏呼《おこ》の事也《ことなり》。又《また》、骨《ほね》をバ先祖《せんぞ》ノ骨《ほね》を置《お》く所《ところ》ニ置《お》ケバ、子孫《しそん》ノ繁昌《はんじょう》する也《なり》。鷹司殿《たかつかさどの》の骨《ほね》をバ雅信大臣《まさのぶのおとど》ノ骨《ほね》ノ所《ところ》ニ置《お》く後《のち》に繁昌《はんじょう》す』と云々《うんぬん》」と。

（忠実さまがおっしゃるには、「私は、かつて亡きお祖父さまの師実さまのお供として法輪寺に参詣したとき、

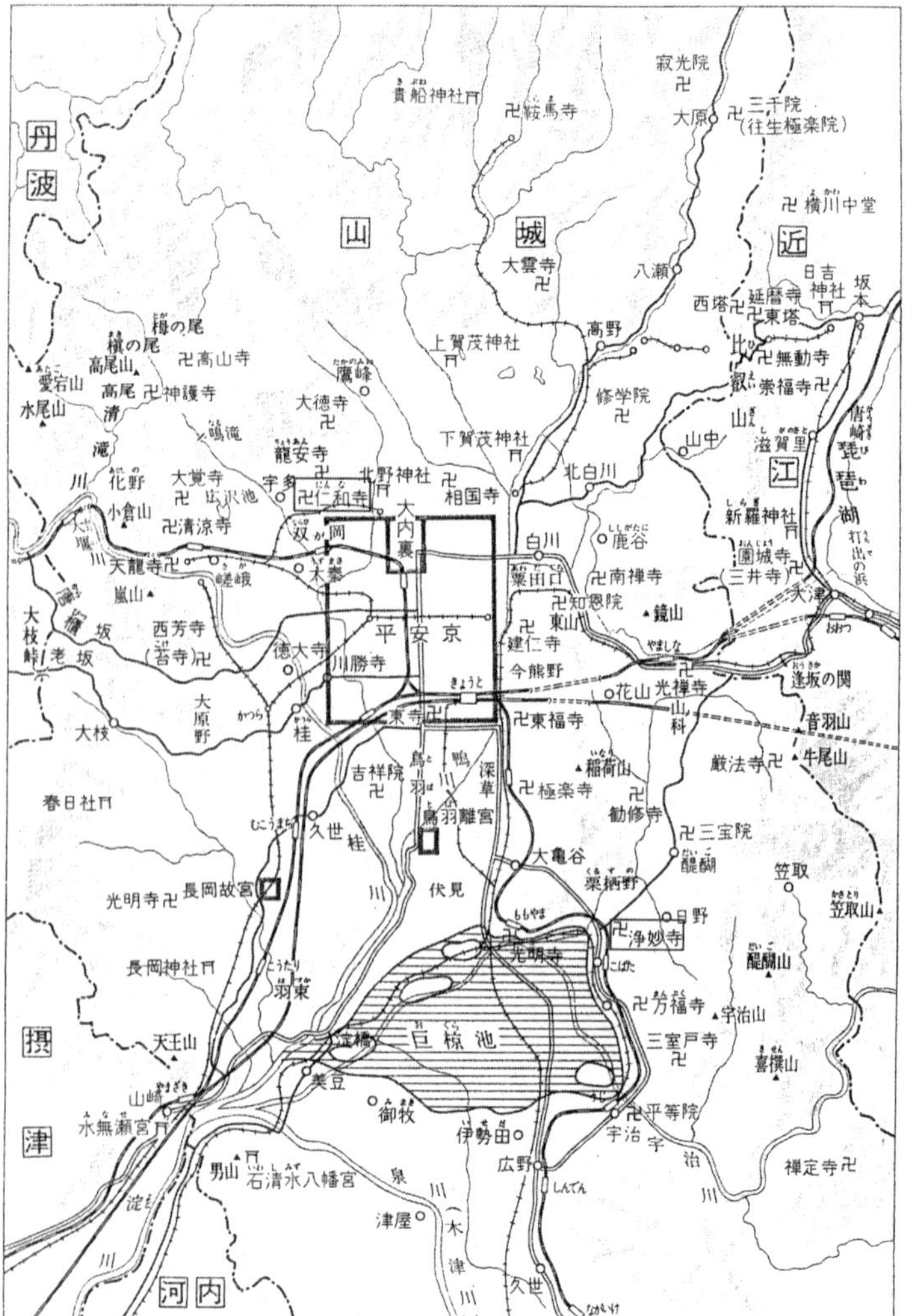

図10　仁和寺・浄妙寺の位置

途中に松の若木を見付けたので、それを引き抜こうと馬を寄せたのだが、お祖父さまがおっしゃるには、『その小松が生えているところは、道長さまの正妻の源倫子さまの葬所である。遺骨は墓所に埋めるので、葬所は放置されているのだ。葬所に意味はない。それに、遺骨を先祖の遺骨が眠る地に埋めれば、子孫が繁栄するものである。倫子さまの遺骨も、そのお父上の左大臣源雅信さまの遺骨が眠る宇多源氏の墓所に納められたので、その後、われわれの一族が繁栄している』とか何とか」とのことであった。)

道長と倫子とは仲のいい夫婦であったが、時代が時代であったために、墓所は別々となった。しかし、道長には孫にあたる師実に言わせれば、道長と倫子とが、それぞれにそれぞれの祖先と同じ墓に入ったからこそ、二人の子孫たちに繁栄がもたらされたのである。

第四章　有職故実家としての道長

――道長をめぐる昔語り　その四

恩師の話

儀式の前の柿浸

われわれ現代人には理解し難いところであるが、平安時代において、朝廷の存在意義は、神事をはじめとするさまざまな儀式を執り行うことにあった。そして、朝廷に仕える貴族たちも、当時においては、恙《つつが》なく各種の儀式を執行するための存在であった。

それゆえ、平安貴族たちは、朝廷の儀式に参列するにあたっては、儀式の順調な進行のために、あれこれの事前準備を欠かすわけにはいかなかった。特に、多くの儀式において重要な役割を担うことが多い上級貴族たちは、儀式の中の役割をみごとに務めきることで、後世にまで語り継がれるほどの名誉を得ることになり、また、儀式の中で失態を演じることで、末代までの笑《わら》い種《ぐさ》になるほどに面目を失うことになったのである。

当然、藤原道長にしても、儀式の中で大きな役割を演じるときには、万全の準備をしたものであった。そして、その準備のほどは、少なくとも彼の玄孫《やしやご》の代まで語り継がれたりもしたのである。その一例を、『富家語《ふけご》』が平治《へいじ》元年（一一五九）のものとする藤原忠実《ただざね》の談話に見てみよう。

仰《おお》せて云《い》ふやう、「御堂《みどう》の入道殿《にゅうどうどの》の、内弁《ないべん》を勤仕《ごんし》せしめ給《たま》ふトテハ、柿《かき》ヒタシヲ聞《き》コシ食《め》しケリ。是《これ》は、舎人《とねり》を召《め》すニ御音《おんこえ》を出《い》だす為也《ためなり》」と。

（忠実さまがおっしゃるには、「道長入道さまは、宮中の儀式で進行役をお務めになるにあたっては、柿浸《かきひたし》をお飲《の》みになったそうな。これは、下役をお喚《よ》びになるときに、大きな声を出さなければならなかったためである」とのことであった。）

ここで「柿浸」と呼ばれているのは、干柿《ほしがき》を細かく刻んだものを入れた酒である。柿という果物は、便秘や二日酔いに効く他、身体の中から喉を潤す作用をも合わせ持つ。したがって、儀式の進行役として大きな声を出さなければならなかった道長が、準備として柿浸を飲んだことには、十分に合理性があったことになろう。

ちなみに、「柿が赤くなれば、医者が青くなる」という諺《ことわざ》は、柿の栄養を喧伝するものではない。この諺が意味するのは、本来、〈柿がみごとに赤く色付くほどに天候のいい秋には、体調を崩す人も少なく、医者は商売にならない〉ということである。だから、この諺には、「橙《だいだい》が赤くなれば、医者が青くなる」というヴァリエーションがあったりもする。

とはいえ、柿が栄養の豊富な果実であることは確かであり、また、イガイガして声を出しにくくなっている喉に柿が有効であることも間違いない。平安時代の医師《くすし》たちが熟した柿を見て青ざめたかどうかは不明ながらも、道長の柿浸の話からすると、柿の効能は、平安貴族たちにも、それなりに知られていたことになる。

ともかく、平安貴族たちの間では、儀式の中で道長の柿浸のような工夫があると、それを次の時代へと伝え、次の時代の人々に取捨選択させる、ということが、延々と行われていたのであった。そして、そうして培われていったのが、所謂「有職故実《ゆうそくこじつ》」なのである。

また、そんな有職故実をめぐっても、その玄孫によってしばしば話題にされたのが、藤原道長であった。

道長の有職故実の師

では、道長は、有職故実を、つまり、宮中の儀式の作法などを、誰に習ったのだろうか。

これを知るうえで重要な手がかりとなるのが、次に引用する忠実の談話である。なお、この談話を、『中外抄《ちゅうがいしょう》』上巻は、保延《ほえん》三年（一一三七）正月五日のものとする。

其《そ》の次《つ》いでに仰《おお》せて云《い》ふやう、「宣命使《せんみようし》は、タビゴトニ揖《ゆう》の有《あ》り。大略《たいりやく》は、朝賀《ちようが》の了《お》はりの様《さま》ナル事也《ことなり》。御堂《みどう》ハ、件《くだん》の事《こと》ヲ、一条摂政《いちじようせつしよう》ニ習《なら》はしめ給《たま》ふ。其《そ》の後《のち》、我等《われら》の一家《いつか》は、沙汰《さた》せず。……」

（そのついでに忠実さまがおっしゃるには、「儀式の中で陛下のお言葉である宣命《せんみよう》を読《よ》み上《あ》げる役割を担う宣命使は、宣命を読み上げた後、同じ宣命を再び読み上げることになっているが、宣命を読み上げるごとに参列者たちに会釈《えしやく》〈「揖《ゆう》」〉をするものである。この作法の概略は、正月元日の儀礼である朝賀《ちようが》の終わりに宣命を読み上げる宣命使の作法と同じである。道長さまは、このことを、一条摂政さまからお習いになった。ただし、道長さま以後、道長さまの子孫たちは、宣命使を務めていない。……」）

これによると、道長の有職故実の師は、「一条摂政」と呼ばれる人物であったらしい。とすれば、あとは、道長が生きた時代に「一条摂政」と呼ばれていた人物を特定しさえすれば、道長の有職故実の師を明らかにできるはずである。

ということで、平安時代中期に「一条摂政」と呼ばれた人物であるが、これは、藤原伊尹《これまさ》に決まっている。

この伊尹が「一条摂政」と呼ばれたのは、彼が、冷泉《れいぜい》天皇の摂政《せつしよう》を務め、かつ、一条大路《いちじようおおじ》に面した邸宅を居所としたからである。なお、彼は、一流の歌人であったうえに、物語を作り出すだけの才覚をも持ち合わせていて、自身の詠んだ数多の和歌を、大蔵史生《おおくらししよう》の官職を持つ倉橋豊蔭《くらはしのとよかげ》という下級貴族を主人公とする歌物語《うたものがたり》のようにまとめ上げて、特異な私家集《しかしゅう》を残している。『一条摂政集《いちじょうせっしょうしゅう》』として世に知られるのが、その私家集である。

また、伊尹は、道長の伯父《おじ》であった。伊尹の父親は、道長には祖父にあたる藤原師輔《もろすけ》であって、この師輔の長男が伊尹であり、同じく三男が道長の父親の兼家《かねいえ》なのである。

そんな伊尹であれば、彼が道長に有職故実を教えたというのは、ありそうな話であろうが、少し調べただけで、この話には無理があることが判明する。すなわち、道長が元服するとともに従五位下《じゅごいげ》に叙《じょ》されて有職故実を気にしなければならない身となったのは、数え年で十五歳になる天《てん》元《げん》三年（九八〇）のことであったが、伊尹はといえば、既に天禄《てんろく》三年（九七二）に四十九歳で薨《こう》じていたのである。道長が数え年の七歳になるまでに伯父のもとで有職故実の勉強をはじめていたなどということは、凡そあり得まい。

系図6　藤原道長を中心とする人物関係図③

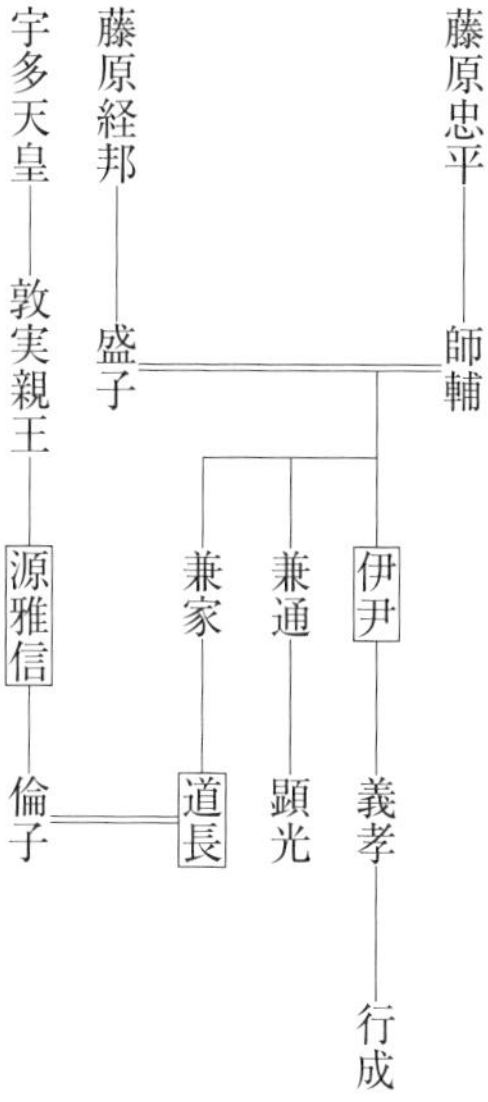

ちなみに、道長の父親の兼家が一条天皇の時代に摂政になり得たのは、長兄の伊尹がやや早過ぎる死に見舞われたからこそであった。もし伊尹がもう十年でも長生きしていたなら、道長が「この世をば」などと詠む日は、永久に訪れなかったのではないだろうか。

一条左大臣源雅信

とはいえ、その直系の子孫たちの間に伝わる話であることからすれば、道長が「一条摂政」から有職故実を学んだという話には、何かしらの史実が含まれているに違いない。

そもそも、平安時代中期の貴族男性たちは、普通、有職故実に造詣が深い先人を師として、有職故実を学ぶものである。そして、その先人とは、多くの場合、一つには、実の父親（ときに祖父）であり、また、もう一つには、義理の父親（妻の父親）であった。

その点、道長の場合には、その実父の兼家は、お世辞にも「有職故実に造詣が深い」などと言えるような人物ではない。『大鏡《おおかがみ》』によれば、彼は、天皇や皇太子の御前で下着姿になりさえしたのである。また、この兼家の父親で道長の祖父の師輔はというと、道長が生まれたときには、もうこの世にはなかった。したがって、道長の有職故実の師は、彼の父方の尊属ではあり得ない。

となると、道長に有職故実を教えた人物として想定できるのは、義理の父親だけ、すなわち、彼の妻の父親だけである。そして、道長の正妻として知られる源倫子《ともこ》の父親の源雅信《まさのぶ》は、当時において有職故実に最も精通していた人物の一人であった。

この雅信の父親は、宇多《うだ》天皇皇子の敦実《あつざね》親王であり、雅信は、二世源氏《にせいげんじ》である。そのため、彼は、皇族の籍を離れて、源朝臣《みなもとのあそん》の姓を持つ一人の貴族として朝廷に仕える身となるにあたっても、賜姓《しせい》源氏《げんじ》の特例として、初めから従四位下《じゅしいげ》という高い位階を与えられた。

が、親王を父親とする皇族として少年期を過ごした雅信には、朝廷に仕える貴族としての有職故実の素養など、ほとんど備わっていなかった。それゆえ、『大鏡』によれば、若き日の雅信は、儀式があるときには、誰よりも早く出仕するとともに、誰よりも遅く引き上げるようにして、熱心に儀式の次第や作法などを学んだらしい。そして、その甲斐あって、左大臣に昇った頃には立派な有職故実家になっていたのが、雅信という人物であった。

ただ、これも『大鏡』の言うところであるが、村上《むらかみ》天皇は、雅信をおもしろみのない堅物と評していたようである。村上天皇の知る雅信は、いつも儀式の話ばかりしているような、まじめ過ぎる人物であったらしい。

とすれば、この雅信こそを道長の有職故実の師と見て、まず間違いはないだろう。いや、雅信の他には、道長に有職故実を教えた人物など、想定することができないのである。

また、雅信は、「一条左大臣《いちじょうさだいじん》」と呼ばれていた。これは、一条大路《いちじょうおおじ》に面する邸宅に住んだ彼が、左大臣を極官《ごくかん》としたためである。とすれば、忠実が「一条摂政」と伝え聞いた道長の有職故実の師は、実のところ、世に「一条左大臣」として知られた源雅信であったろう。

右の説を補強するには、『中外抄』上巻に保延三年（一一三七）十二月七日のものと見える次の忠実の談話を紹介した方がいいかもしれない。

仰《おお》せられて云《い》ふやう、「御堂《みどう》と帥内大臣《そちないだいじん》と同車《どうしや》にて一条摂政《いちじようせつしよう》の許《もと》一条摂政ハ御堂の親御《おやご》にして御《おわ》するなり
に向《む》かはしむるの間《あいだ》、……」

忠実は、「一条摂政」と呼ばれる人物を、道長の父親だと思い込んでいたのである。

衣裳の話

更衣に頓着しない道長

ところで、「有職故実」と呼ばれる知識体系において特に重要な位置を占めるのは、衣裳に関する知識であるが、われらが藤原道長は、衣裳というものをめぐって、なかなか興味深い考えを持っていたらしい。すなわち、彼は、衣裳に関して、おそろしく鷹揚に考えていたようなのである。

そのことは、『中外抄』上巻が康治《こうじ》二年（一一四三）五月七日のものとする、次のような問答に端的に表れている。ここで問いを発しているのは、『中外抄』の筆録者の中原師元《なかはらのもろもと》に他ならず、その問いに答えているのは、忠実に他ならない。

御前《ごぜん》に祗候《しこう》す。雑事《ぞうじ》を仰《おお》せらるるの比《ころ》、言上《ごんじよう》して云《い》ふやう、「陰陽師道言《おんみようじみちとき》の四月二日に冬《ふゆ》の束帯《そくたい》を着《ちやく》す由《よし》を、承《うけたまわ》り候《さぶら》ふは、如何《いかん》」と。

（忠実さまの御前に控えていた。その折、忠実さまがいろいろな話をなさったときに、この私〈師元〉が忠実さまに申し上げて言ったのは、「『陰陽師の賀茂道言《かものみちとき》が、夏の更衣《ころもがえ》の翌日の四月二日になっても、冬物の束帯《そくたい》を着ていた』という話を耳にしたのですが、これをどう思われますか」と。）

仰《おお》せて云《い》ふやう、「急速《いそぎ》の召《め》しの有《あ》らば、衣装《いしょう》は夏冬《なつふゆ》を論《ろん》ずべからざる也《なり》。御堂《みどう》の不例《ふれい》ニ御坐《おわ》したる十月一日、宇治殿《うじどの》ハ夏《なつ》の直衣《なおし》のなえたるにて参入《さんにゅう》せしめ御《おわ》しけり。二条殿《にじょうどの》ハ冬《ふゆ》の直衣《なおし》にて参《さん》入《にゅう》せしめ給《たま》ひければ、『不例《ふれい》の人《ひと》ノ傍《かたわ》らにかくて見《み》ゆる白物《しれもの》や有《あ》ル』トゾ、仰《おお》す事《こと》ありける。……」と。

（忠実さまがおっしゃるには、「目上の相手から大至急ということで喚《よ》び出《だ》されたときには、夏物の衣裳を着て行くか冬物の衣裳を着て行くかなど、気にしてはならないものである。昔、道長さまが体調を崩していらっしゃった冬の更衣《ころもがえ》の十月一日のこと、頼通《よりみち》さまは、夏物の直衣で着古《きふる》したものを着て、道長さまの見舞いに参上なさったのだとか。これに対して、教通《のりみち》さまは、冬物の直衣を着て、道長さまの見舞いに参上なさったところ、道長さまは、教通さまに向かって、『病人を見舞うのに、そのように身だしなみをきちんとしてくる馬鹿者《ばかもの》があるか』とおっしゃったことがあったそうだ。……」とのことであった。）

ある年の十月一日、にわかに病《や》み臥《ふ》した道長を、彼の正妻腹《ばら》の息子たちが見舞う。が、兄の頼通が更衣をせずに夏服のままで即座に駆け付けたのに対して、弟の教通はしっかりと更衣を済ませて冬服をまとった姿でのんびりと現れた。すると、道長は、緊急事態に臨んでも更衣にこだわった教通を、

「白物《しれもの》（馬鹿者）」と叱責《しっせき》したのだという。

平安貴族たちにとって、四月一日および十月一日は、更衣の日であった。もちろん、冬服を夏服に改めるのが四月一日であり、夏服を冬服に改めるのが十月一日である。そして、この年に二回の更衣は、衣裳をめぐる有職故実の基本中の基本であった。

しかし、道長はといえば、そんな更衣にも、必ずしもこだわらない。いや、それどころか、彼は、緊急時にまで更衣に拘泥することを、愚かしいことと見做しさえしたのである。

白を着る道長

なお、『中外抄』上巻に康治二年（一一四三）五月七日のものとして見える忠実の談話には、次に改めて引用するように、もう少し続きがある。

仰《おお》せて云《い》ふやう、「急速《いそぎ》の召《め》しの有《あ》らば、……。又《また》、御堂《みどう》は、四月一日に白重《しろのかさね》ヲおかせたまひて、極熱《ごくねち》の時《とき》にハ取《と》りいだして着《ちゃく》せしめ御《おわ》しけり。凡《おおよ》そ、白重《しろのかさね》は、老《お》いたる者《もの》のとおもふ時《とき》に着《ちゃく》する也《なり》。件《くだん》の時《とき》ハ、只《ただ》に綾《あや》ヲ白《しろ》くて着《ちゃく》するなり。又《また》、上袴《おもてばかま》・冠《かん》なども有文也《うもんなり》。……」と。

（忠実さまがおっしゃるには、「目上の相手から大至急ということで喚び出されたときには、……。また、道長さまは、夏の更衣《ころもがえ》の四月一日になると、白い袷《あわせ》の着物を用意させて、酷暑の日にも、それを取り出してお召しになったものであった。一般論として、白い袷の着物なら、老人は、季節に関係なく着ていいものなのである。

道長さまの場合、真っ白な綾織物《あやおりもの》の袷を着ていらしたのであった。また、道長さまが夏物として用意させたのは、上袴も、冠も、紋《もん》が織り込まれたものである。……」とのことであった。）

これによると、道長は、夏の更衣から冬の更衣までの間、好んで白い衣裳をまとったらしい。そして、ここでも、道長の衣裳をめぐる有職故実は、独特のものとなっている。

『枕草子』の「小白河《こしらかわ》といふ所《ところ》は」とはじまる一段で語られるのは、夏の暑い盛り、右近衛大将《うこのえのたいしょう》を兼ねる権大納言《ごんのだいなごん》であって世に「小一条大将《こいちじょうたいしょう》」と呼ばれた藤原済時《なりとき》が、平安京北東郊の小白河（今の北白河）の別荘で催した法会《ほうえ》（仏事）の様子である。そして、清少納言によれば、この法会に参列した上級貴族層の男性たちの衣裳は、次の如くであった。

二藍《ふたあい》の指貫《さしぬき》・直衣《なおし》・浅葱《あさぎ》の帷子《かたびら》どもぞ透《す》かし給《たま》へる。少《すこ》し大人《おとな》び給《たま》へるは、青鈍《あおにび》の指貫《さしぬき》・白《しろ》き袴《はかま》もいと涼《すず》しげなり。……。……、唐《から》の羅《うすもの》の二藍《ふたあい》の御直衣《おんなおし》・二藍《ふたあい》の織物《おりもの》の指貫《さしぬき》・濃蘇芳《こすおう》の下《した》の御袴《おんはかま》に、張《は》りたる白《しろ》き単衣《ひとえ》のいみじう鮮《あざ》やかなるを着《き》給《たま》ひて、……

右の法会に参列した上級貴族たちの全員が、上着としては二藍の直衣をまとっていたらしい。また、彼らのほとんどが、袴として二藍の指貫《さしぬき》を履いてさえいたという。

平安貴族たちが「二藍」と呼んだのは、藍と紅花《べにばな》とを染料として生まれる色味であり、われわれの知る青紫に近い色合いである。そして、王朝時代の最上級の貴公子たちにとっては、この二藍こそが、夏の私服の定番の色彩であった。

ただし、その二藍も、若いうちには赤みの強いものを用い、年を重ねるほどに赤みの弱いものを用いることが、平安貴族たちの間では暗黙裡に了解されていた。また、右の『枕草子』にも見えるように、彼らは、年配者（「大人び給へる」）ともなると、袴の色に関しては、二藍ではなく、「青鈍」と呼ばれる青みがかった暗い灰色や白を用いたのである。

これに対して、道長は、夏になると、上着にも、袴にも、好んで白を用いた。白は、老人（「老いたる者」）の色であったにもかかわらず。

ここに、道長の衣裳をめぐる有職故実の独自性を見てもいいのではないだろうか。

赤・赤・赤紫の着こなし

しかし、そんな道長も、けっして地味な服装を好んでいたわけではなかったらしい。いや、むしろ、彼は、はっきりと派手好きだったようなのである。

次に紹介するのは、『富家語』に収録された忠実の談話のうち、応保《おうほ》元年（一一六一）三月十五日の日付を持つものであるが、ここには、若作りとも見える道長の派手な服装のことが語られている。

仰《おお》せて云《い》ふやう、「御堂《みどう》ハ、直衣《なおし》の布袴《ほうこ》ニテ、紅梅《こうばい》の織物《おりもの》の直衣《なおし》ニ、紫《むらさき》の織物《おりもの》の指貫《さしぬき》、皆練重《かいねりがさね》を著《き》せしめ給《たま》ひテゾ、ツキマゼ給《たま》ひケル」と。

〈忠実さまがおっしゃるには、「道長さまは、直衣に指貫〈「布袴」〉を合わせる直衣布袴姿のとき、紋が織り込まれた生地の紅梅の直衣を着て、赤紫色で紋が織り込まれた生地の指貫を履き、内着としては表地《おもてじ》も裏地《うらじ》も光沢のある紅色の生地の掻練襲《かいねりがさね》の袷《あわせ》の下襲《したがさね》を着込むという着こなしで、しばしば着用していらしたそうだ」とのことであった。）

ここに登場する「紅梅の織物の直衣」であるが、その「紅梅」が単純に色を意味するのだとすれば、道長は、くすみのあるやや濃い目のピンクの直衣を着ていたことになる。これは、われわれ現代人の感覚では、成人男性の着衣として、なかなか派手な部類に入るだろう。

また、右の「紅梅の織物の直衣」の「紅梅」が襲《かさね》を意味するのだとすれば、道長の直衣は、紅色の表地と蘇芳色の裏地とから成る、真っ赤な直衣であったことになる。それは、われわれ現代人の眼には、成人男性が身に着けるものとして、あまりにも派手に過ぎるのではないだろうか。

そして、その内着として着ていたのが、「掻練襲」と呼ばれる、表地も裏地も光沢のある紅色の生地の袷の下襲であったことからすれば、件の「紅梅の織物の直衣」は、より派手な紅梅襲の直衣であったに違いない。真っ赤な下襲を内着としておきながら、その上に着るのが紅梅色（くすみのあるやや濃い目のピンク）の直衣では、直衣が内着に負けてしまうというものである。

とすれば、道長が好んで用いた服装は、真っ赤な内着を着込んだ上に、真っ赤な上着をまとって、さらに、赤紫の袴を合わせる、というものであったことになろう。それは、真っ赤の上に真っ赤を着て、その真っ赤の裾から赤紫が覗く、という着こなしであった。

思い浮かべてみてほしい。真っ赤なシャツを着込んだ上に、真っ赤なジャケットを羽織って、さらに、赤紫のパンツを合わせた服装を。もし、そんな着こなしで出かけたとしたら、現代の日本においては、かなり目立つことは間違いない。しかも、それは、文句なしに、悪目立ちとなることであろう。

しかし、この、現代の日本人には無理筋な、派手過ぎるほどに派手な色合わせも、王朝時代には、現に道長が好んで用いたように、それほど奇異なものではなかったのである。

若作りする道長

とはいえ、右に見たような着こなしは、さすがに、王朝時代においてさえ、誰が用いてもかまわなかったわけではない。

先ほど、二藍の衣裳をめぐって、「その二藍も、若いうちには赤みの強いものを用い、年を重ねるほどに赤みの弱いものを用いることが、平安貴族たちの間では暗黙裡に了解されていた」と述べたが、この暗黙裡の了解は、もちろん、赤い衣裳に関しても存在していた。すなわち、同じ赤・赤・赤紫の色合わせでも、それを身に着ける人の年齢が上がれば、赤も、赤紫も、淡いものとならなければならなかったのである。

したがって、本当に真っ赤な下襲・本当に真っ赤な直衣・濃い赤紫の袴という服装は、王朝時代の社会通念においても、あくまでも、若者のみに似合いの服装であった。それは、平安貴族たちにとってさえ、いい年をした大人の服装ではあり得なかった。

とすれば、もし、それなりの年齢に達した者が、鮮やかな色合いの赤・赤・赤紫の着こなしを好んだとすれば、それは、完全に若作りであったことになる。

そして、われらが道長はといえば、まさに、その若作りをしていたのであった。次に現代語訳とともに引用するのは、右に紹介した『富家語』の談話に続く問答であるが、ここに明らかなように、好んで赤・赤・赤紫をまとっていた頃の道長は、どうやら、三十歳ほどにもなっていたようなのである。

予《よ》の申《もう》して云《い》ふやう、「時《とき》に御年齢《おんよわい》は如何《いかん》」と。

（私〈中原師元《なかはらのもろもと》〉が申し上げて言ったのは、「そのとき、道長さまのご年齢は、いかほどだったのでしょうか」とのことであった。）

仰《おお》せて云《い》ふやう、「卅許《さんじゅうばかり》トゾオシハカル。但《ただ》し、一定《いちじょう》は知《し》らず」と。

（忠実さまがおっしゃるには、「三十歳ほどと思われる。ただし、正確には知らない」とのことであった。）

現代の三十歳は、「青年」と呼ばれて、若者に数えられたりするが、四十歳からが老人として扱われた王朝時代において、三十歳というのは、間違いなく、「いい年」と見做される年齢であった。しかし、道長は、その三十歳になってもなお、本当に真っ赤な下襲・本当に真っ赤な直衣・濃い赤紫の袴という着こなしを好んでいたのだという。忠実の語り口からして、道長の赤・赤・赤紫は、けっして、淡い色合いのものなどではなさそうである。

ただ、この赤好みの若作りは、道長には、見慣れたものであった。というのも、彼の兄の道隆《みちたか》が、次に『枕草子』の「関白殿《かんぱくどの》、二月廿一日《きさらぎのはつかあまりついたち》に」と書き出される一段から引用する一節に見えるように、いつでも好んで赤い衣裳をまとっていたからである。

殿《との》、渡《わた》らせ給《たま》へり。青鈍《あおにび》の固紋《かたもん》の御指貫《おんさしぬき》・桜《さくら》の御直衣《おんなおし》に、紅《くれない》の御衣《おんぞ》三つばかりを、ただ御《おん》直衣《なおし》に引《ひ》き重《かさ》ねてぞ奉《たてまつ》りたる。

ここに「関白殿」あるいは「殿」として登場する藤原道隆は、このとき、既に四十二歳にもなっており、当時においては、「翁《おきな》」と呼ばれる身であった。

童随身の話

謎の童随身

しかし、道長に由来する有職故実で、最も多く彼の子孫たちの関心を集めたのは、おそらく、童随身《わらわずいじん》に関するものであったろう。

そもそも、随身というのは、天皇が一部の臣下たちに護衛役として貸し与える兵員に他ならない。天皇から随身を貸し与えられるというのは、本来ならば天皇を警護するはずの兵員たちの一部を分け与えられるということなので、当該の臣下にとっては、たいへんな名誉となる。

なお、摂政・関白・内覧《ないらん》といった朝廷の要の臣下の随身を務めたのは、近衛《このえ》たちであった。そして、天皇の親衛隊として組織された軍事官司が近衛府《このえふ》であって、その近衛府の兵員が近衛である。したがって、摂政・関白・内覧は、天皇の親衛隊の隊員たちの一部を、随身として貸し与えられたことになる。これが名誉なことであったことについては、殊更に説明を必要としないだろう。

ところが、道長の孫の孫の時代にまで語り伝えられた話として、道長には、近衛府の兵員である近衛たちが務める随身とは別に、「童随身」と呼ばれる随身がいたらしいのである。

この童随身は、その名称からすると、まだ元服していない少年の随身であったろうから、これが近衛府の兵員でないことは、確かであろう。が、そのような随身は、前例のないものであったらしく、道長の玄孫《やしやご》である忠実の周辺を、幾らか混乱させたのであった。

次に現代語訳とともに引用するのは、『中外抄』下巻に久安《きゆうあん》四年（一一四八）八月二十四日および二十五日のものとして見える問答のうち、同書の筆録者たる中原師元から忠実の息子の頼長への問いである。

予《よ》の申《もう》して云《い》ふやう、「御堂《みどう》の童随身《わらわずいじん》の事《こと》は、如何《いかん》。『皇帝記《こうていき》』に見《み》ゆと雖《いえど》も、勘書《かんがえぶみ》幷《なら》びに日記《にっき》には見《み》え候《さぶら》はず。又《また》、入道殿《にゆうどうどの》に言上《ごんじよう》せしむるの処《ところ》、知《し》ろし食《め》さず、『見《み》る所《ところ》は無《な》し』の由《よし》の仰《おお》せ事《ごと》の候《さぶら》ふ」と。

（この私〈師元〉が頼長さまに申し上げて言ったのは、「道長さまの童随身のことは、どのようにご承知でしょうか。童随身のことは、『皇帝記』には書かれていますものの、有職故実の調査書および先人たちの日記には書かれていないのです。また、以前に忠実さまにお尋ねしましたところ、ご存じなく、『童随身について文献で読んだことはない』という旨のお返事をいただきました」ということであった。）

どうやら、師元の知る限り、道長の童随身の話の根拠は、『皇帝記』という書物であったらしい。が、この『皇帝記』がどのような書物であるのかは、今となってはわからない。そして、師元が調べた限りでは、さまざまな有職故実の調査書にも、おそらくは道長の『御堂関白記《みどうかんぱくき》』をも含む貴族たちの日記にも、童随身のことは書かれていなかったらしい。

実のところ、朝廷において外記《げき》の官職を与えられていた師元は、有職故実に関する調査の専門家であった。それだけに、師元が調べあぐねるとなると、童随身というのは、かなり得体の知れないものであるようにも思われてしまう。

藤原教通の日記と『文殿御記』

では、忠実の息子であって自身も有職故実に造詣のあった頼長は、右の師元の問いかけに対して、どう答えたのだろうか。これも、現代語訳を添えて引用しよう。

仰《おお》せて云《い》ふやう、「件《くだん》の事《こと》は、二条殿《にじょうどの》の御記《おんき》に見《み》えタルナリ。七条《しちじょう》ノ細工《さいく》ヲ召《め》しテ雑事《ぞうじ》を問《と》はるる時《とき》、件《くだん》の細工《さいく》の申《もう》して云《い》ふやう、『我《われ》ハ、童《わらわ》ナリシ時《とき》、「ミメヨシ」トテ、御堂《みどう》ノ召《め》シテ、童随《わらわずい》身《じん》ニ仕《つか》はしめ御《おわ》しケルナリ』と。而《しか》るに、入道殿《にゅうどうどの》に申《もう》すの処《ところ》、『知《し》らず』の由《よし》を仰《おお》せらるる也《なり》。サリトモ、大二条殿《おおにじょうどの》の僻事《ひがごと》を書《か》かしめ御《おわ》すヤハ。但《ただ》し、御堂《みどう》に『文殿御記《ふどのおんき》』トテ、イミジキモノアリ。其《それ》ニハ件《くだん》の事《こと》は見《み》えざる也《なり》。……」と。

（頼長さまがおっしゃるには、「道長さまの童随身のことは、教通さまの日記に書いてあったようだ。教通さまが七条大路《しちじょうおおじ》のあたりに住む細工職人《さいくしょくにん》をお喚《よ》びになっていろいろとお尋ねになったときに、その細工職人が申し上げて言うには、『私は、童《わらわ》であったときに、「見た目が悪くない」とのことで、道長さまのお側に置かれまして、童随身としてお仕えしたものでした』とのことであった。しかしながら、これを忠実さまに申し上げたところ、『知らない』ということをおっしゃったのである。とはいえ、教通さまが日記にでたらめをお書きになるだろうか。ただ、道長さまには、『文殿御記《ふどのおんき》』という、道長さまの周辺のことを書き留めた貴重な記録があるのだが、この『文殿御記』にも童随身のことは書かれていないのだ。……」とのことであった。）

頼長によれば、道長には童随身がいたという話の出処の一つは、道長の息子の一人である教通の日記であった。そして、このことから、教通もまた、父親の道長のように日記を書いていたことが知れるのであり、これも、童随身に負けず劣らず、実に興味深い事実であるように思われる。だが、残念ながら、教通の日記そのものは、今に伝わっていない。

それはともかく、頼長が教通の日記から読み取ったところ、道長に童随身として仕えた者たちの一人は、七条大路のあたりに住む細工職人の幼き日の姿であったらしい。この細工職人が金工の職人であったか木工の職人であったかはわからないが、幼い頃の細工職人が道長の童随身になったのは、その優れた容姿が道長の眼に留まったためであったという。

ところが、われらが忠実は、その息子の頼長が道長の童随身を話題にしたときにも、つれなく「知らず」と答えたのであった。頼長は、きちんと教通の日記に証拠を見付けていたにもかかわらずである。頼通の曾孫にして摂関家の嫡流を嗣いだ忠実にしてみれば、頼通の弟で摂関家の傍流に過ぎない教通の日記は、信頼するに値しないものだったのだろうか。頼長は頼長で、教通が日記にでたらめを書くはずがない、と確信していたようだが。

ただ、道長の童随身のことは、道長周辺の記録である『文殿御記《ふどのおんき》』にも書かれていなかったという。ここに『文殿御記』と呼ばれているのは、道長家の書庫（「文殿」）の職員たちによって日々に書き留められた記録であるが、その『文殿御記』に記録されていないとなると、やはり、童随身などというものは存在しなかったのだろうか。

童随身の正体

では、どうして、童随身などという奇妙なものが、道長との関係で取り沙汰されることになったのだろうか。また、教通の日記に書かれていたとされる童随身は、結局のところ、どのような存在だったのだろうか。

この件をめぐって、道長の孫の孫である忠実は、愛息の頼長の前でも、『中外抄』の筆録者である師元の前でも、一度は、全く取り合わないかのような否定的な態度を見せていた。が、その忠実が、不意に、道長の童随身についての真相を明かしはじめる。それは、頼長と師元とが、右に紹介した如き問答を交わしてより、凡そ九ヵ年も後のことであった。

『富家語』には、保元《ほげん》二年（一一五七）のものとして、忠実の次のような談話が書き留められている。いよいよの種明かしとなるので、この引用にも、現代語訳を付けるとしよう。

仰《おお》せて云《い》ふやう、「御堂《みどう》に童随身《わらわずいじん》四人《よたり》の仕《つか》ひ給《たま》ふと云々《うんぬん》。然《しか》り而《しか》るに、見《み》る所《ところ》は無《な》き歟《か》。真実《しんじつ》ニハ、随身《ずいじん》を辞《や》めしめ給《たま》ふの後《のち》、中隔《なかへだて》ノ内《うち》ニ人《ひと》の従者《じゅしゃ》ヲ入《い》れられざるの時《とき》、『童部《わらわべ》ヨカリナン』トテ、童部《わらわべ》ヲ御共《おんとも》ニ相《あ》ひ具《ぐ》せしめ給《たま》ふ也《なり》。是《これ》ヲ『童随身《わらわずいじん》』ト云《い》ふ也《なり》。日記《にっき》ニモ補任《ぶにん》ニモ見《み》えざる事《こと》也《なり》」と。

（忠実さまがおっしゃるには、「道長さまは、四人の『童随身』と呼ばれる従者を置いていらしたのだとか。しかしながら、その証拠を文献に見付けることはできないのではないだろうか。真相としては、道長さまは、出家するために朝廷の官人を引退して、陛下に随身を返上なさった後、自室の簾《す》の内側で大人の従者を召し使うのが不都合となったので、『童の従者ならば、簾の中で召し使っても問題あるまい』ということで、童の従者を傍らに置くようになられたのである。そして、この童の従者たちを、『童随身』と呼んだのであった。このことは、誰かの日記にも、人事の記録にも、書かれていないことである」とのことであった。）

これによれば、道長の童随身というのは、要するに、未成年の従者であったらしい。そして、簾の内側で仕えたという彼らは、道長の最も身近な世話を仕事としたのだろう。

ただ、平安時代、最も身近なところで貴人の身の回りの世話をしたのは、本来、「侍《さぶらい》」と呼ばれる成人男性の従者であった。これについては、奇しくも、『富家語』に応保元年（一一六一）三月十五日のものとして収録されている忠実の談話に明らかである。

仰せて云ふやう、「侍《さぶらい》は、湯殿《ゆどの》・樋殿《ひどの》・御清目《おんきよめ》、以上の三つの事には必ず之《これ》に勤仕《ごんし》す。……。御堂《みどう》の侍《さぶらい》も之《これ》に召《め》し仕《つか》ふ歟《か》」と。

（忠実さまがおっしゃるには、「侍は、主人の入浴・主人の排泄・主人の私室の掃除、この三つのことには、必ず奉仕しなければならない。……。道長さまの侍たちも、この三つのことを務めとしていたのではないだろうか」とのことであった。）

とすると、道長が童随身を置いたのは、天皇に随身を返上したからではなく、出家の身で侍を召し使うのを不都合に思ったからであったことになる。また、この童随身は、本来の随身とは全く関係がなく、「童侍《わらわさぶらい》」とでも呼ばれるべき存在だったことになろうか。

『文殿御記』のはじまり

ところで、先に紹介した道長の童随身をめぐる頼長・師元の問答には、もう少し続きがある。そして、その続きの部分では、頼長が言及した『文殿御記』のことが掘り下げられることになる。『中外抄』下巻が久安四年（一一四八）八月二十四日・二十五日のものとする問答は、師元の次の如き発言によって結ばれるのであった。

予《よ》の申《もう》して云《い》ふやう、「『二東御記《にとうおんき》』の文《もん》は、今日《きょう》に初《はじ》めて承《うけたまわ》る。太《おお》いに興《きょう》の有《あ》りて候《さぶら》ふ。但《ただ》し、日記《にっき》幷《なら》びに『柱下類林《ちゅうかるいりん》』には見《み》えず。さばかりのこと、何《いか》で注《しる》し落《お》とすべけん哉《や》。文殿《ふどの》の日記《にっき》と云《い》ふ事《こと》は、指《さ》して知《し》り候《さぶら》はず。但《ただ》し、又《また》、文殿《ふどの》は、大入道殿《おおにゅうどうどの》・御堂《みどう》の間《あいだ》ニ始《はじ》まり候《さぶら》ふ歟《か》。『外記《げき》日記《にっき》』に云《い》ふやう、『直講頼隆《ちょくこうよりたか》を大殿《おおとの》の文殿《ふどの》に召《め》す。是《これ》は、『論語《ろんご》』の外題《げだい》を書《か》かしむる為也《ためなり》』と。又《また》、『東三条《ひがしさんじょう》の寝殿《しんでん》の北面《きたおもて》の西《にし》ニ北さまなるは、文殿《ふどの》なり』と云々《うんぬん》。文殿衆《ふどのしゅう》を近辺《ちかべ》に置《お》き御《おわ》して、日記《にっき》を書《か》かしめ御《おわ》す歟《か》」と。

（この師元が頼長さまに申し上げて言ったのは、「教通さまの日記である『二東御記』に道長さまの童随身のことが書かれていることは、本日、初めてお聞きしました。たいへん興味深いことでございます。ただし、そのことは、『外記日記』〈外記による朝廷の公式の記録〉や『柱下類林』〈内記の職務の手引書〉には書かれていません。これほど重要なことを、どうして書き漏らしていいものでしょうか。また、道長さまの家の書庫である文殿が記録を残していたことは、よく存じません。ただ、もしや、文殿は、道長さまの父君の兼家さまの時代から道長さまの時代にかけて設けられたのでしょうか。『外記日記』には、『ある日、道長さまが直講〈大学寮の教員〉である清原頼隆《きよはらのよりたか》を道長さまのご自宅の文殿にお喚びになった。これは、新たに書写した『論語』の巻物の表題を書かせるためである』と見えます。また、同じく『外記日記』には、『摂関家の本宅である東三条《ひがしさんじょう》殿《どの》第の寝殿の北側の西の一角に北向きに設けられているのが、摂関家の文殿である』とも見えます。そして、道長さまは、その文殿の職員を身近にお置きになって、ご身辺のことを記録させていらっしゃったのかもしれません」といったことであった。）

彼の漢学の才のほどからすると、道長が熱心な読書家であったとは思えない。が、それでも、少なくとも政権担当者となって以降の彼は、書籍の収集に力を入れていた。それは、一つには、世間に対する体裁を繕うためであったろうが、いま一つには、やはり、有職故実をめぐる失態を防ぐためであったろう。道長の私宅の文殿（書庫）には、有職故実の典拠となる先祖代々の日記や儀式書の類が、大量に集積されていたらしいのである。

また、それらの書籍を管理する人員として、道長家の文殿には、「文殿衆《ふどのしゅう》」と呼ばれる職員が置かれた。これに採用されたのは、右の引用に登場する清原頼隆のような学者や、師元のような朝廷の外記の経験者である。そして、そうした人材から成る文殿衆は、書籍の管理の他、道長周辺の日々の出来事の記録をも、主要な仕事としていたのであった。

第五章　堂々たる関白としての頼通

――道長の子供たちをめぐる昔語り　その一

堂々たる話

憧れの曾祖父

藤原忠実《ただざね》にとっての憧れの存在はというと、実のところ、高祖父《こうそふ》（祖父の祖父）の道長ではなく、曾祖父《そうそふ》の頼通《よりみち》であったらしい。

次に紹介するのは、『中外抄《ちゅうがいしょう》』が久安《きゅうあん》四年（一一四八）四月十八日のものとして伝える、忠実と中原師元《なかはらのもろもと》との問答であるが、ここでの忠実の発言からは、彼が頼通に対して強い憧憬の念を抱いていたことが読み取られよう。

又《また》も云《い》ふやう、「現《うつつ》に存《あ》りて忌日《きにち》を修《しゅ》すべからざる様《よう》は、如何《いかん》」と。

（忠実さまがさらにおっしゃるには、「まだ生きているうちに自身の命日の法事を行うべきではないというのは、いかがなものか」とのことであった。）

申《もう》すやう、「逆修《ぎやくしゆう》せしむるも同《おな》じき事《こと》に候《さぶら》ふ歟《か》。『李部王記《りほうおうき》』の如《ごと》きハ、『寛平《かんぴよう》の法皇《ほうおう》の、見《うつつ》に存《あ》る御時《おんとき》ニ、没後《もつご》の御法事《ごほうじ》は皆《みな》も修《しゆ》せられ了《お》はんぬ』の由《よし》、見《み》えて候《さぶら》ふ」と。

（この私〈師元〉が忠実さまに申し上げて言ったのは、「生前の追善供養《ついぜんくよう》である逆修法《ぎやくしゆほう》を行うことも、同様に憚るべきでしょうか。醍醐《だいご》天皇さまの皇子さまの重明《しげあきら》親王さまの日記である『李部王記』などには、『宇多《うだ》法皇さまは、ご存命の間に、ご自身が亡くなってからの法事を全て済ませていらっしゃった』といったことが見えてございます」とのことであった。）

仰《おお》せて云《い》ふやう、「寛平《かんぴよう》の法事《ほうじ》は、只今《ただいま》は覚えず。故四条宮《しじようのみや》ハ、女人《によにん》と雖《いえど》も、宇治殿《うじどの》・上東門院《じようとうもんいん》に遇《あ》ひ奉《たてまつ》る止《や》んごと無《な》き人也《ひとなり》。而《しか》るに、御見存《ごけんぞん》の時《とき》、忌日《きにち》を修《しゆ》せしめ御《おわ》し了《お》はんぬ。彼《か》の例《ためし》を存《ぞん》じて示《しめ》し合《あ》はする所也《ところなり》」と。

（忠実さまがおっしゃるには、「宇多法皇さまのご生前の法事のことは、今すぐにはわからない。それはともかく、お亡くなりになった四条宮寛子《しじようのみやひろこ》さまは、女性とはいえ、頼通さまや上東門院彰子《じようとうもんいんあきこ》さまとも面識のあった、文句なしにすばらしい方である。しかし、その寛子さまも、ご存命のときに、命日の法事を行っていらっしゃった。その先例を承知したうえで、そなたに相談したのだ」とのことであった。）

ここで注目したいのは、忠実の「故四条宮ハ、女人と雖も、宇治殿・上東門院に遇ひ奉る止んごと無き人也」という一言である。ここで、忠実は、彼には大叔母《おおおば》にあたる四条宮寛子を「止んごと無き人（文句なしにすばらしい方）」と評するのであるが、この評価は、寛子が「宇治殿・上東門院に遇ひ奉る（頼通さまや上東門院彰子さまとも面識のあった）」ことを根拠とする。すなわち、忠実にとっては、頼通と面識があったというのは、それだけで、たいへんにすばらしいことだったのである。

おそらく、忠実は、既に七十一歳にもなっていた久安四年の時点においてさえ、「たとえ一日でも頼通さまにお会いしてみたかった」という思いを抱いていたのだろう。彼にとっては、頼通こそが、藤原摂関家の父祖を代表する存在だったのかもしれない。

これに対して、道長への憧憬となると、それは、『中外抄』からも、『富家語《ふけご》』からも、ほとんど感じられないのである。

華麗なる高陽院第

頼通の京中での主要な居所となったのは、「高陽院《かやのいん》（賀陽院）」と呼ばれる大邸宅であった。それは、西洞院大路西《にしのとういんおおじにし》・大炊御門大路北《おおいみかどおおじきた》の四町《ちょうし》を占める豪壮な邸宅であり、もともとは桓武《かんむ》天皇第七皇子《おうじ》の高陽《かや》親王（賀陽親王）の御所であったが、頼通の手に渡ってからは、彼の栄華の象徴となっていた。

そして、頼通に憧れる忠実は、その高陽院第についても、憧憬に溢れた談話を残している。例えば、『中外抄』によれば、仁平《にんぴょう》元年（一一五一）七月七日の忠実は、次のように語ったのであった。

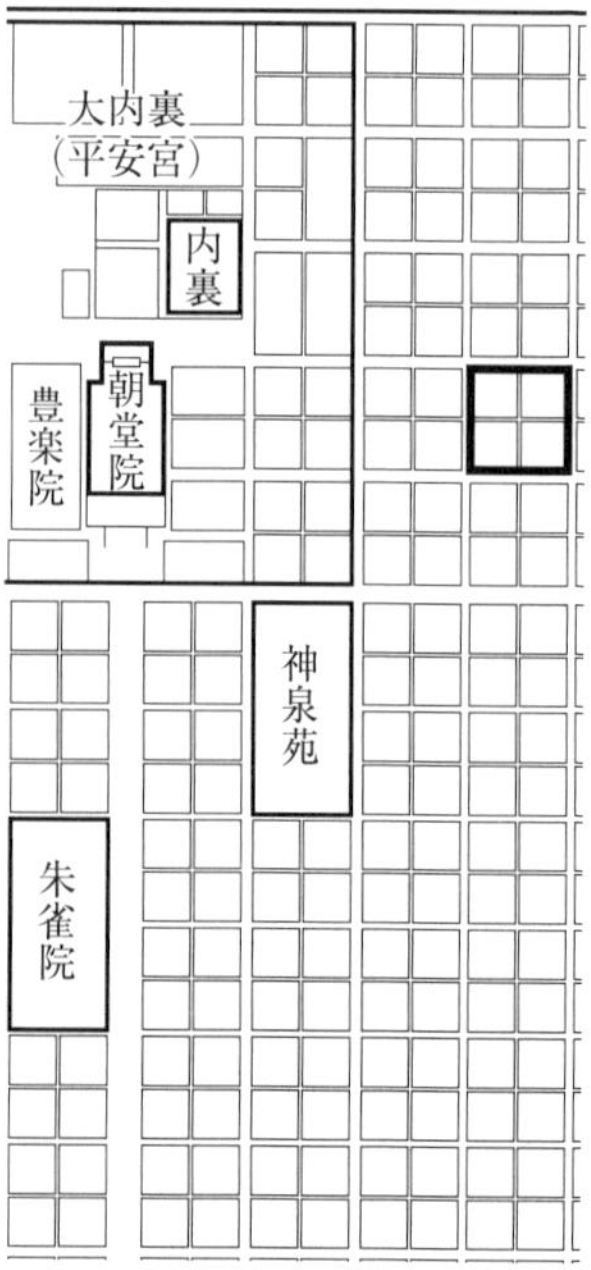

図11　高陽院第の位置

仰《おお》せて云《い》ふやう、「高陽院《かやのいん》ノ本《もと》ノ作《つく》りは、中嶋《なかじま》ニ寝殿《しんでん》を立《た》てテ、北対《きたのたい》ヲ他所《よそ》ニ立《た》テヲリ、渡殿《わたどの》ヲツクリタリケルナリ。大饗《おおあるじ》の日《ひ》、船楽《ふながく》ヲ寝殿《しんでん》ノ後《しり》ヨリ東西《ひがしにし》へまはしたりけるなり。めでたかりけり」と。

（忠実さまがおっしゃるには、「高陽院第の頼通さまの時代の構成は、庭の池の中島に寝殿を建て、北対を寝殿から離して池の畔に建てて、寝殿と北対とをつなぐ渡殿を水上に建てる、というものであった。そして、正月の大臣大饗《だいじんだいきょう》の日には、楽人《がくにん》たちを乗せた二艘の小舟を、寝殿の北側から、東側と西側とへ回らせたりしたものであった。それは、すばらしい趣向であったそうな」とのことであった。）

これによれば、頼通の高陽院第は、水上の豪邸であったらしい。平安時代の上級貴族の邸宅といえば、庭に舟遊びができるほどの大きな池があるのが定番であるが、頼通の高陽院第の場合、中島を利用して、その池の中に寝殿が営まれていたというのである。それは、「水閣《すいかく》」と呼ぶにふさわしい邸宅であった。

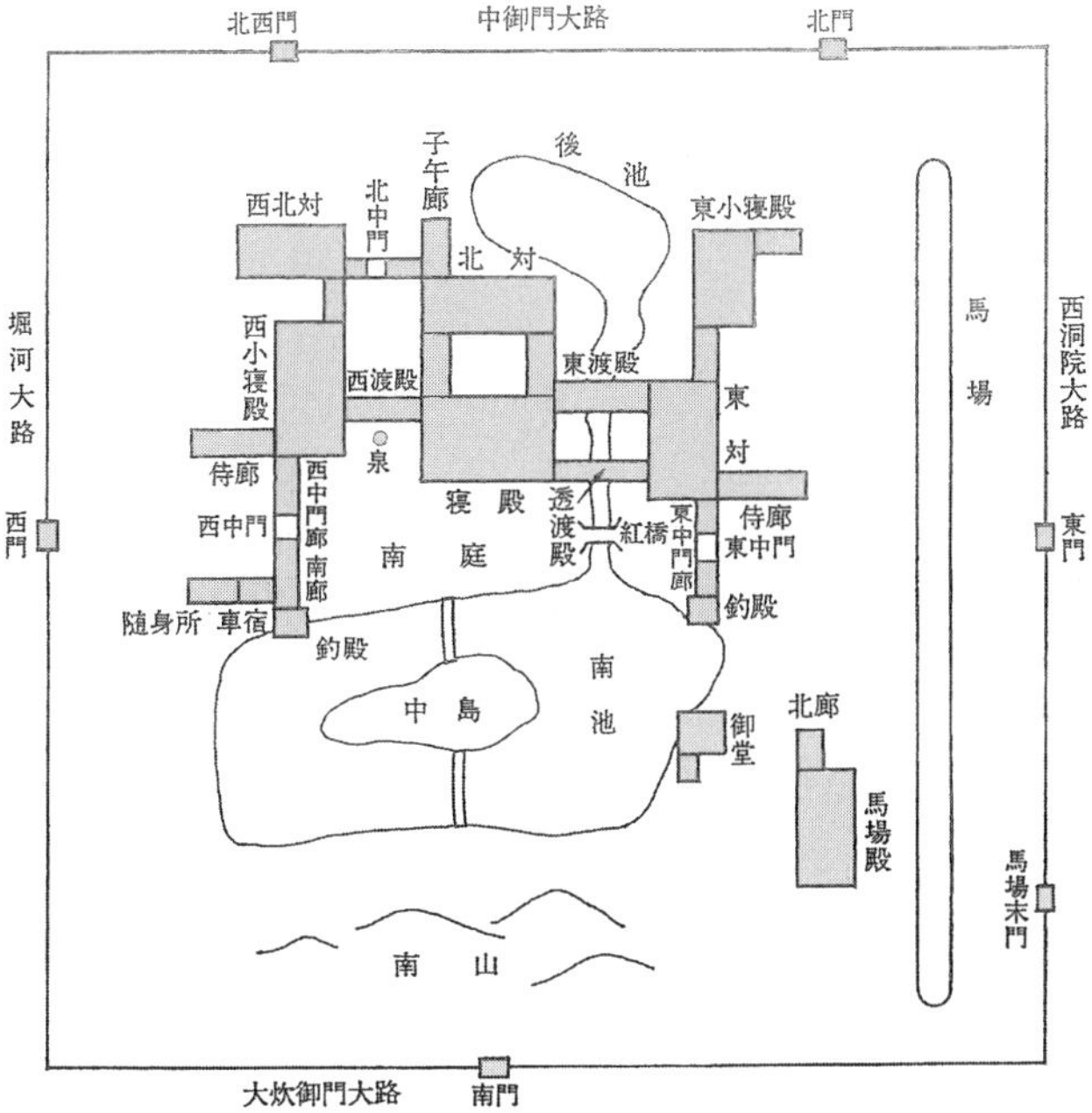

図 12　高陽院推定復元図（太田静六『寝殿造の研究』吉川弘文館、1987 より転載）

もちろん、そんな造りの邸宅であるから、必ずしも暮らしやすくはなかっただろう。

まず何より、その主である頼通でさえ、寝殿から牛車に乗り込むことは不可能であり、また、牛車で寝殿に乗り付けることも不可能であった。寝殿が中島に位置している以上、牛車では寝殿に近付けないことは、当然であろう。したがって、頼通は、どこに出かけるにしても、わざわざ水上の渡殿を経て北対へと足を運び、そこから牛車に乗らなければならなかったのであり、また、どこから帰宅したにしても、北対で牛車を降りて、そこから水上の渡殿を通って寝殿まで歩かなければならなかったのである。

もっとも、平安貴族たちは、日常生活の中では、寝殿から牛車に乗ったり寝殿に牛車を乗り付けたりはしないものであった。そうしたことをするのは、貴賓《きひん》が出入りするときや、重病人が出入りするときなど、かなり特別な場合に限られていたのである。とはいえ、頼通の高陽院第では、貴賓であれ、重病人であれ、出入りするにあたって、寝殿と北対との間の移動を強いられたのであった。

また、池の中島に位置して周囲を池の水に囲まれた寝殿は、夏には、たいへん涼しくて快適であったに違いないものの、冬には、どうしようもないほどに寒かったのではないだろうか。京都名物の一つである川床《かわどこ》料理が、夏季のみの名物である如くである。

高陽院第に象徴される権力

しかしながら、高陽院第という邸宅は、頼通にとって、その栄華の象徴であるとともに、その権力の象徴でもあった。というのも、この大邸宅の造営は、頼通が関白として保持していた圧倒的な権力がなければ、けっして実現し得なかったからである。

このあたりのことは、『富家語』が応保《おうほ》元年（一一六一）のものとして伝える、忠実の次のような談話より詳しく知られようか。

仰《おお》せて云《い》ふやう、「賀陽院《かやのいん》ノ石《いし》ハ、絵阿闍梨《えあじやり》の立《た》つる所也《ところなり》。滝《たき》の辺《べ》ナル大石《おおいし》ハ、土御門《つちみかどう》右大臣殿《だいじんどの》の引《ひ》かしめ給《たま》ふ也《なり》。件《くだん》の石引《いしひき》の間《あいだ》、人夫《にんぷ》一人《ひとり》の石《いし》ニ敷《し》かれて跡形《あとかた》も無《な》くナリニケリ。滝《たき》ノ南《みなみ》ナル次《つぎ》の大石《おおいし》ハ、宇治殿《うじどの》の右大将殿《うだいしようどの》の曳《ひ》かるる也《なり》。一家《いつか》の人々《ひとびと》の曳《ひ》かしめ給《たま》ふ也《なり》。滝《たき》ハ、本《もと》の滝《たき》ハ放《はな》ちテ落《お》ちタリ。又《また》の滝《たき》ハ副《そ》ひテ落《お》つる也《なり》」と。

（忠実さまがおっしゃるには、「賀陽院第の庭石は、絵画や造園に優れて「絵阿闍梨《えあじゃり》」と呼ばれた延円《えんえん》阿闍梨が配置を考えたものである。そして、滝のあたりにある最も大きな石は、頼通さまの養子の土御門右大臣源師房《もろふさ》殿が運ばせなさったのである。その石の運搬をめぐっては、人夫の一人が石の下敷きになって跡形もないほどに潰れてしまったそうな。また、滝の南側にある二番目に大きな石は、頼通さまのご子息の右近衛大将《うこのえのたいしよう》通房殿が運搬を手配なさったのである。こんな感じで、高陽院第の庭の石は、頼通さまの一門の方々が運搬なさったのであった。なお、庭の滝は、昔からあった滝は、岩から離れて水が落ちていた。しかし、もう一つの頼通さまが新たに造らせた滝は、岩を伝って水が落ちるのである」とのことであった。）

今でも、日本庭園には大きな石の存在が欠かせないものであるが、そうした大きな庭石は、普通、初めから人里に転がっているものではない。ましてや、「都《みやこ》」と呼ばれるような地では、庭石にふさわしいほどの巨石など、そうそう簡単に見付かるわけがない。庭石は、多くの場合、山からであったり、河からであったり、どこかしら遠くから運ばれてくるものなのである。

それゆえ、現代の造園業者の多くは、大きな庭石を運ぶべく、トラックを持っていたりクレーンを持っていたりする。しかし、トラックやクレーンが存在しなかった王朝時代においては、どんなに大きな石であろうとも、それを運ぶのは、人間であった。もちろん、王朝時代にも、梃子《てこ》は使われていたし、また、コロも使われていた。が、それでも、当時において、大きな石を運ぶのに最も必要とされたのは、たくさんの人手であった。

とすれば、王朝時代においては、それぞれの邸宅の庭石の大きさは、邸宅の主の権力の大きさに比例していたかもしれない。より大きな石を運ぶには、より多くの人々を動員する必要があり、そのためには、より大きな権力を持っていなければならなかったからである。

その下敷きになった人間を跡形もなく潰してしまうほどの大石を運ばせた土御門右大臣源師房の権力は、さぞや大きなものであったろう。しかし、その師房が巨石を運ばせた先の高陽院第の主は、さらに大きな権力を有していたことになるのではないだろうか。

憧れの背景

ところで、なぜ、忠実の憧れの存在は、道長ではなく、頼通なのだろうか。

忠実に高祖父（祖父の祖父）の道長との面識がなかったことは言うまでもないが、忠実と曾祖父の頼通との間にも面識はない。忠実が生まれたのは、承暦《じょうりゃく》二年（一〇七八）三月であり、頼通が世を去ったのは、それ以前の延久《えんきゅう》六年（一〇七四）三月だったからである。

それにもかかわらず、忠実が頼通だけに憧れたのは、忠実の祖父であって頼通には嫡男となった師《もろ》実《ざね》の影響を強く受けてのことかもしれない。実の父親の師通《もろみち》とは縁の薄かった忠実は、祖父の師実のもとで成長し、祖父の師実こそを人生の師と仰いでいたのであったが、その師実は、かなりしばしば、忠実に頼通のことを話して聞かせたのである。そうした事情は、『富家語』が応保元年（一一六一）のものとする次の談話からも読み取られよう。

仰《おお》せて云《い》ふやう、「故殿《ことの》の仰《おお》せて云《い》ふやう、『夏《なつ》の比《ころ》、宇治殿《うじどの》に参《まい》るに、瓜《うり》を賜《たまわ》るに、暑気《しょけ》に依《よ》りて甚《はなは》だ多《おお》く之《これ》を食《く》ふ。宇治殿《うじどの》の、先々《さきざき》は何《なに》トナクフスベ、勘当《かんどう》ガチニテ有りシニ、御気色《みけしき》の吉《よ》くテ、御頭《おんかしら》ヲ擡《もた》げテ御覧《ごらん》じて、「吉《よ》く食《く》ひタリ」ト仰《おお》せられる』てへり。又《また》、宇治殿《うじどの》ハ、瓜《うり》を御料《ごりょう》に成《な》さず」と云々《うんぬん》。

（忠実さまがおっしゃるには、「お亡くなりになったお祖父さまの師実さまがおっしゃるには、『夏頃に、父上の頼通さまのもとをお訪ねしたところ、瓜をご馳走になったのだが、その日は暑かったので、その瓜を、私は、ずいぶんとたくさん食べたのであった。すると、頼通さまは、それまで、何やらご機嫌が悪く、癇癪《かんしゃく》を発《おこ》しがちでいらしたのが、ふとご機嫌を直されて、顔をお上げになり、私の方をご覧になって、「よく食べたな」とおっしゃったのだ』とのことであった。なお、そのとき、頼通さまご自身は、瓜を召し上がらなかった」とか何とかいうことであった。）

ここに語られているのは、有職故実でも何でもなく、ただ単なる思い出である。しかし、師実が忠実に語って聞かせたのは、師実自身の思い出であり、それだけに、情感の籠った、生きた話であった。

そして、そうした生命感のある思い出話は、聞き手である忠実の心に、頼通の活き活きとした人物像を植え付けたことだろう。忠実の頼通への憧れの背後にあったものは、師実によって育まれた頼通への親しみであったに違いない。

それゆえ、忠実は、頼通をめぐっては、本当に日常的な、実に些細なことさえも、周囲の人々に語って聞かせていた。『中外抄』が仁平元年（一一五一）七月十五日のものとして伝える次の談話など、まさに、そうした語りの一つである。

又《また》も仰《おお》せて云《い》ふやう、「故殿《ことの》の御《おわ》し出《い》づるニ供奉《ぐぶ》せし犬《いぬ》のアリキ。名《な》ハ、手長丸《ておさまる》なり。白毛《しろげ》の犬《いぬ》也《なり》。宇治殿《うじどの》の御時《おんとき》ニありける犬《いぬ》ハ、足長丸也《あしおさまるなり》」と云々《うんぬん》。

（忠実さまがさらにおっしゃるには、「お亡くなりになった師実さまが外出なさるときには、お供をする犬がいた。その犬の名前は、『手長丸』である。それは、白毛の犬である。また、頼通さまが飼っていらした犬は、『足長丸』という名前であった」とか何とかいうことであった。）

荘園の米を吟味する頼通

王朝時代当時において反道長派の領袖《りょうしゅう》と目されていた藤原実資《さねすけ》は、万寿《まんじゅ》二年（一〇二五）七月十一日、自身の日記である『小右記《しょうゆうき》』に、次のような記述を残した。

天下《てんげ》の口地《こうち》は悉《ことごと》く一家《いっか》の領《りょう》と為《な》れば、公領《こうりょう》は錐《きり》を立つる地《ち》も無《な》き歟《か》。悲《かな》しむべきの世也《よなり》。

この一節は、王朝時代の荘園《しょうえん》の状況を示すとして頻繁に引用されるが、言わんとするのは、要するに、全国の農地（「口地」）のほとんどが摂関家（「一家」）の荘園になってしまって、公有の農地（「公領」）など、錐の先ほどの面積も残っていない、ということである。

もちろん、ここには、かなりの誇張があって、実資の言うところをそのまま受け容れるわけにはいかない。が、摂関家が荘園を数多く持っていたというのは、周知の事実であろう。そして、摂関家が数多の荘園を領有することになった事情については、『愚管抄《ぐかんしょう》』という歴史書に登場する頼通が、後《ご》三条《さんじょう》天皇を相手に、次のように説明している。

「所領《しょりょう》持《も》ちて候《さぶら》ふ者《もの》の、『強縁《ごうえん》にせん』なんど思《おも》ひつつ寄《よ》せ給《た》び候《さぶら》ひしかば、『さにこそ』なんど申《もう》したるばかりにて罷《まか》り過《す》ぎ候《さぶら》ひき」

つまり、諸国の荘園の持ち主たちが、「後《うし》ろ盾《だて》を得たい（「強縁にせん」）」と考えて、次々と摂関家に荘園を寄進して、摂関家は摂関家で、「好きにせよ（「さにこそ」）」と言って、特に拒《こば》みもせずにいたところ、いつの間にか膨大な数の荘園を領有することになっていた、というのである。もちろん、『愚管抄』というのは、頼通には来孫《きしやご》（孫の孫の子）にあたる天台座主《てんだいざす》慈円《じえん》の著作であるから、右の頼通の発言をそのまま史実と見做すわけにはいかない。が、『愚管抄』の頼通が主張するところは、概ね、史実を反映しているに違いあるまい。

では、大荘園領主であった頼通は、一つ一つの荘園に関心を払うことはなく、自身がどのような荘園を持っているかも、ろくろく把握していなかったのだろうか。

このあたりをめぐっては、『中外抄』が保延《ほえん》三年（一一三七）十一月十四日のものとして伝える、次の談話が実に興味深い。

御物語《おんものがたり》の次《つ》いでに仰《おお》せて云《い》ふやう、「宇治殿《うじどの》の、平等院《びょうどういん》を建立《こんりゅう》するの後《のち》、御庄々《みしょうしょう》を以《もっ》て寄《よ》せ進《まいら》さるるの日《ひ》、各《おのおの》の庄《しょう》の米《よね》ノ本様《ほんよう》ヲ少々《しょうしょう》ヅツ砂《いさご》を立《た》てタル様《よう》ニ中持《なかもち》ノ蓋《ふた》ニ立《た》てテ、小《ちい》さき札《ふだ》を作《つく》りテ『其《そ》の所《ところ》の米《よね》』と書《か》きテ立《た》てテ、御覧《ごらん》ジケルニ、河内国《かわちのくに》の玉櫛《たまぐし》の御庄《みしょう》の米《よね》ゾ、第一《だいいち》にて、神妙《しんみょう》の者《もの》ニハ有《あ》りける」と。

（雑談の折に忠実さまがおっしゃるには、「頼通さまは、平等院を建立した後、数々の荘園が年貢《ねんぐ》を納める日に、それぞれの荘園が納めた米の見本を、少しずつ、砂山を作るように、櫃の蓋に盛って、小さい札を作ると、『どこそこの荘園の米』と書いて見本の米の小山に突き立てて、そうしてご覧になったところ、河内国の玉櫛荘《たまぐしのしょう》の米《よね》こそ、最も品質がよく、すばらしいものであったそうだ」とのことであった。）

どうやら、頼通は、数多く領有する荘園のそれぞれについて、その生産物の品質を自ら吟味するほどに、深い関心を持っていたのであった。

頼通のお気に入りの絹

自家の荘園の生産物として、頼通が強い関心を示したのは、米ばかりではない。次に引用するのは、

『富家語』が応保元年（一一六一）のものとする忠実の語りであるが、これによれば、摂関家領荘園のそれぞれで作られる絹織物もまた、頼通の有力な関心対象の一つだったようなのである。

仰《おお》せて云《い》ふやう、「宇治殿《うじどの》ハ、平田庄《ひらたのしょう》の絹《きぬ》シテ張袴《はりばかま》ニモ生《すずし》ノニモ用《もち》ゐしめ給《たま》ふ。定《さだ》まれる事也《ことなり》。下袴《したばかま》も平田庄《ひらたのしょう》の絹《きぬ》を以《もつ》て用《もち》ゐる」てへる也《なり》。

（忠実さまがおっしゃるには、「頼通さまは、平田荘の絹織物を使って、張袴を仕立て、生絹《すずし》の袴をも仕立てなさった。それが、頼通さまには定番のことだったのだ。さらに、頼通さまは、下袴にも平田荘の絹を使われたのである」とのことである。）

張袴というのは、固めに織られた生地で仕立てられた袴であり、これは、平安貴族たちにとっては、冬の服装の一部であった。それに対して、平安貴族たちが夏に好んで着用したのは、夏向きの素材である生絹《すずし》で仕立てられた袴であった。また、下袴というのは、下着として着用される袴である。したがって、忠実の語るところによれば、頼通の着用する袴は、いずれも平田荘《ひらたのしょう》の絹織物で作られていたことになる。そして、それは、米と同様に、多くの荘園から納められた数多の絹織物を、じっくりと見比べた末のことであったろう。

なお、頼通は、上着をめぐっては、素材に関して強くこだわるところはなかったようだが、その代わり、彼は、束帯《そくたい》の上着である袍《ほう》（表衣《うえのきぬ》）として、「雲立湧《くもたてわく》」あるいは「立湧雲《たてわきぐも》」と呼ばれる文様の織り込まれた生地で仕立てられたものを好んで着用していたらしい。次に紹介する忠実と高階仲行《たかしなのなかゆき》との

図13　雲立湧（立湧雲）

問答は、これも応保元年のものとして『富家語』が伝えるものであり、ここから、頼通が雲立湧（立湧雲）を愛用していたことが読み取られよう。

仰《おお》せて云《い》ふやう、「表衣《うえのきぬ》の文《もん》の立湧雲《たてわきぐも》ハ、宇治殿《うじどの》の著《き》給《たま》ひケルトテ、其《そ》の後《のち》、一《いち》ノ人《ひと》の之《これ》を著《き》る也《なり》。而《しか》るに、吾《われ》は、件《くだん》の文《もん》を、関白《かんぱく》ニ譲《ゆず》る後《のち》に初《はじ》めテ著《き》給《たま》ふ歟《か》」と。

（忠実さまがおっしゃるには、「束帯の上着の文様の雲立湧〈立湧雲〉は、頼通さまが着用なさったことで、その後、摂関がこれを着るようになったのである。しかし、私は、その文様を、今の関白である息子の忠通に関白を譲った後に初めて着たのではなかったかな」とのことであった。）

申《もう》して云《い》ふやう、「件《くだん》の立湧雲《たてわきぐも》は、宇治殿《うじどの》の初《はじ》めて著《き》給《たま》ふか」と。

（これに対して、私〈仲行〉が忠実さまに申し上げて言ったのは、「問題の雲立湧〈立湧雲〉は、頼通さまが最初に着用なさったのでしょうか」とのことであった。）

仰《おお》せて云《い》ふやう、「其《そ》の事《こと》は知《し》らず。先例《せんれい》ナドヲ以《もっ》テ著《き》せしめ給《たま》ふ歟《か》」と。

（忠実さまがおっしゃるには、「それはわからないな。やはり、頼通さまも、何かしら先例があったので、着用なさったのではないだろうか」とのことであった。）

頼通の単なる個人的な好みが、やがては、摂関のステータスシンボルとして後世に受け継がれていったというのだから、有職故実というのは、何ともおもしろいものである。

関白らしい話

摂政・関白の席次

摂政や関白というのは、本来、大臣が現職の大臣でありつつ兼任するものであった。道長の父親にして破天荒さで知られる兼家《かねいえ》などは、そうした原則を無視して、彼には外孫《そとまご》にあたる一条《いちじょう》天皇が即位してすぐ、右大臣《うだいじん》として摂政を兼ねることになるや、右大臣を辞任して、ただの摂政になるという無理を通したりもしたが、これは、あくまでも例外中の例外である。しかも、それは、あまり芳しくない例外であった。

したがって、ときには、内大臣《ないだいじん》が摂政や関白を兼ねるという事態も発生したわけだが、こうした場合、大きな問題となったのが、その摂政内大臣もしくは関白内大臣の席次《せきじ》であった。なぜなら、摂政や関白を兼ねる内大臣であっても、内大臣は、左大臣・右大臣よりも格下だったからである。

席次など、われわれ現代人にとっては、どうでもいい事柄の一つに過ぎない。いや、あるいは、同じ現代人であっても、永田町界隈の「先生」と呼ばれる方々なら、この席次の問題をめぐって、平安貴族にも負けないくらいに、目くじらを立てたりするのだろうか。席次というのは、社会的地位を眼に見えるかたちにしたものであるから、現代においても、所謂「お偉《えら》いさん」たちであれば、譲れない問題であったりするのかもしれない。

いずれにせよ、身分社会であった王朝時代において、席次というのは、とてつもなく重要なものであった。それは、平安貴族たちにとって、自身のアイデンティティーにも関わる、最重要問題だったのである。

次に引用するのは、『中外抄』が久安四年（一一四八）八月の二十四日または二十五日のものとする問答であるが、ここからは、関白の席次をめぐって意見を交わす忠実と師元との真剣さが、十分に伝わってくるのではないだろうか。

又《また》も仰《おお》せて云《い》ふやう、「関白《かんぱく》の、上﨟《じょうろう》の大臣《だいじん》の上《かみ》に列《れつ》するは、何《いか》ナル時《とき》ニ宣下《せんげ》せらるべき哉《や》」と。

（忠実さまがさらにおっしゃったのは、「右大臣あるいは内大臣を兼ねる関白が、左大臣あるいは右大臣といった格上の大臣よりも上座《かみざ》に着くことについては、どのような折に宣旨《せんじ》が下されるものであろうか」とのことであった)。

予《よ》の申《もう》して云《い》ふやう、「委《くわ》しくは知《し》り給《たま》はず候《さぶら》ふ。但《ただ》し、仮令《たとえ》、左右大臣《さゆうだいじん》ハ従一位《じゅいちい》、関白《かんぱく》は正二位《しょうにい》の時《とき》は、此《こ》の宣《せん》は無《な》し。同《おな》じき位《くらい》の時《とき》は候《さぶら》ふ歟《か》」と。

(これに対して、私〈筆録者の中原師元〉が忠実さまに申し上げて言ったのは、「詳細はわかりません。ただ、例えば、左大臣あるいは右大臣が従一位の位階にあって、右大臣あるいは内大臣を兼ねる関白は正二位の位階にある場合には、そのような宣旨は下りません。両者が同じ位階にあるときに、そうした宣旨があるのではないでしょうか」とのことであった。)

仰《おお》せて云《い》ふやう、「然《しか》ナリ」と。

(すると、忠実さまがおっしゃるには、「その通りである」とのことであった。)

摂政・関白と太政大臣

右に見たような席次の問題は、摂政になって間もない頃の頼通にとって、重要な事案の一つであった。わずか二十六歳にしてその父親の道長から摂政の地位を譲られたとき、頼通の本来の官職は、まだ内大臣に過ぎなかったからである。摂政内大臣として新しい摂政になった頼通は、天皇の大権を代行する摂政ではあっても、内大臣でもあったために、左大臣と右大臣とを格上として仰がなければならなかったのであった。

そして、この新摂政頼通をめぐっての席次の問題は、やがて、有職故実となって、貴族社会に共有されるところとなったらしい。次に紹介する問答は、右に見た問答の続きであるが、ここに見る限り、頼通には曾孫となる忠実の時代には、摂関の席次に関する問題には、全て模範解答が用意されていたようなのである。

仰《おお》せて云《い》ふやう、「『其《そ》の人《ひと》の上《かみ》ニ列《れつ》せよ』と云《い》ふ宣旨《せんじ》ハ常《つね》の事也《ことなり》。『其《そ》の人《ひと》ノ下《しも》に列《れつ》せよ』と云《い》ふ宣旨《せんじ》は、如何《いかん》」と。

（忠実さまがまたもおっしゃるには、「『誰それの上座に着け』という宣旨は、通常のものである。一方、『誰それの下座《しもざ》に着け』という宣旨も、あったりするのか」とのことであった。）

予《よ》の申《もう》して云《い》ふやう、「覚《おぼ》えず候《さぶら》ふ。但《ただ》し、宇治殿《うじどの》は、大臣《だいじん》たるの時《とき》、摂政《せっしょう》たるに依《よ》りて左右大《さゆうだい》臣《じん》の上《かみ》に列《れつ》す。而《しか》るに、公季《きんすえ》の太政大臣《だじょうだいじん》に任《にん》ずるに、『太政大臣《だじょうだいじん》の下《しも》に列《れつ》せよ』の由《よし》の宣旨《せんじ》の候《さぶら》ふも、未《いま》だ正文《しょうもん》を見《み》ず」と。

（これに対して、私〈師元〉が忠実さまに申し上げて言ったのは、「そのような宣旨は、記憶にございません。ただ、頼通さまは、内大臣でいらしたときに摂政になられましたので、内大臣でありながら、左大臣・右大臣よりも上座に着きました。ところが、道長さまの叔父さまの公季さまが太政大臣に就任しますと、『太政大臣より下座に着け』という宣旨がございましたものの、まだそのことを記した記録を自分の眼で見てはいません」とのことであった。）

仰《おお》せて云《い》ふやう、「尤《もっと》も然《しか》ナリ。法成寺《ほうじょうじ》の供養《くよう》の日《ひ》、公季《きんすえ》ハ太政大臣《だじょうだいじん》ニテ随身《ずいじん》を賜《たまわ》りテ宇治《うじ》の上《かみ》に列《れっ》せらるる也《なり》」と。

（すると、忠実さまがおっしゃったのは、「まさにその通りである。法成寺の落慶供養《らっけいくよう》の日のこと、公季殿は、太政大臣であるとのことで、陛下より随身をいただいたうえで、頼通さまよりも上座に着かれたのである」とのことであった。）

摂政または関白を兼ねる太政大臣である、摂政太政大臣または関白太政大臣は、文句なしに、朝廷の最上位者であって、最上の席次を占めたことだろう。しかし、摂政・関白と太政大臣とが別人である場合、摂関と太政大臣とでは、どちらが上座に着いたのだろうか。

そうしたとき、より高い席次を占めたのは、右に忠実と師元との言うところに従うならば、太政大臣の方であったらしい。すなわち、朝廷において常に最上位に置かれたのは、太政大臣だったのである。

関白頼通の人材活用術　その一

いつの時代でも、人の上に立つ者には、人材を有効に活用する能力が必須であろう。そして、藤原頼通という人物は、この点において、なかなか優れていたと見える。

次に引用するのは、『中外抄』が康治《こうじ》元年（一一四二）十月二十三日のものとする忠実の談話である

図 14　東三条殿第　復元模型（京都文化博物館蔵）

が、ここに語られているのは、要するに、頼通の人材活用術の一例なのである。

語《かた》り御《おわ》して云《い》ふやう、「故大殿《おおとの》ハ、東三条《ひがしさんじょう》の東蔵人所《ひがしくろうどどころ》の障子《しょうじ》の上《かみ》を御所《ごしょ》にしテ御坐《おわ》したる也《なり》。三位《さんみ》の後《のち》ハ、御簾《みす》をぞ懸《か》けられたりける。納言《なごん》の時《とき》ハ、対《たい》ニ遷《うつ》り居《い》さしめ給《たま》ふ歟《か》。而《しか》るに、蔵人所《くろうどどころ》の御所《ごしょ》ニ御坐《おわ》しケル時《とき》、早旦《つとめて》、宇治殿《うじどの》の渡《わた》り御《おわ》すの間《あいだ》、故清原定康《きよはらのさだやす》の、冠者《かんじゃ》にて箒《ははき》を取《と》りテ出《い》で来《き》たりてありけれバ、『誰《た》ぞ』と問《と》ひ給《たま》ひけれバ、大殿《おおとの》の『かうかう』と申《もう》さしめ御《おわ》しけれバ、『大外記《だいげき》・大夫史《たいふのし》の一族《いちぞく》は、箒《ははき》を取《と》るべからず』とぞ、仰《おお》す事《こと》の在《あ》りける」と。

（忠実さまがおっしゃるには、「お亡くなりになったお祖父さまの師実さまは、摂関家の本宅である東三条殿第の東の侍所《さぶらいどころ》〈「東蔵人所」〉の襖《ふすま》〈「障子」〉の上手《かみて》を寝所にしていらっしゃったものである。そして、師実さまは、従三位《じゅさんみ》へと昇進なさった後には、その寝所に御簾をお懸けになったのだとか。また、師実さまは、権中納言《ごんのちゅうなごん》へと昇任なさったときには、東対《ひがしのたい》へと寝所をお移しになられたのであったろうか。しかし、その師実さまがまだ侍所を寝所となさっていた頃、早朝に、お父上の頼通さまが侍所の方へといらっしゃった折、今は亡き清原定康が、五位の位階を持つ身ながら、箒《ほうき》を手に掃除をしようとしており、すると、頼通さまが『これは誰だ？』とお尋ねになったので、師実さま〈「大殿」〉が『これこれの者です』とお答えなさると、頼通さまは、『大外記や大夫史を務める一族の者は、箒を手に掃除をしたりなどしてはならない』とばかり、おっしゃったことがあったのだとか」とのことであった。）

ここに登場する清原定康は、摂関家の侍の一人であろう。ここに言う「侍《さぶらい》」は、武士ではなく、王朝時代の存在としてはお馴染みの女房《にょうぼう》の男性版である。侍は、掃除をはじめとする主人の身の回りの世話を役目として、ときに「男房《だんぼう》」とも呼ばれたのであった。

が、その侍の定康に、頼通は、「掃除などしてはならない」と言う。そして、それは、定康の清原氏が、世襲的に大外記や大夫史を務める名誉ある一族であったからに他ならない。

外記《げき》といい、史《し》といい、太政官《だじょうかん》の主典《さかん》に過ぎず、制度上は、全くの端役でしかない。しかし、外記・史は、太政官の文書行政の要という、その実質のゆえに、王朝時代には、世に重んじられ、公卿《くぎょう》たちからさえも一目を置かれていた。特に、下から少外記《しょうげき》・大外記といった外記の筆頭である大外記と、やはり下から右少史《うしょうし》・左少史《さしょうし》・右大史《うだいし》・左大史《さだいし》といった史の筆頭である左大史とは、律令の官位相当の規定にかかわりなく、従五位下《じゅごいげ》に叙《じょ》されることを常とした。「大夫史」というのは、従五位下の位階を持つ左大史のことである。

右に定康が頼通から掃除を免除されたのは、頼通が外記や史に敬意を払っていたからであろうが、この措置は、定康の忠誠心や士気を、大いに高めたことだろう。

関白頼通の人材活用術　その二

次に『中外抄』から引用する忠実の談話は、康治二年（一一四三）七月二十七日のものであるが、ここにも、頼通の人材活用術のあり方を見ることができる。

仰《おお》せて云《い》ふやう、「泰憲《やすのり》ハ、ぶわいの者也《ものなり》。泰通《やすみち》の子也《なり》。宇治殿《うじどの》の多年《たねん》に召《め》し仕《つか》ふ。而《しか》るに、一度《ひとたび》も定文《さだめぶみ》を書《か》かず。泰憲《やすのり》の申《もう》して云《い》ふやう、『定文《さだめぶみ》を書《か》かしめざるは、尤《もっと》も心《こころ》を得《え》ず』と。仰《おお》せて云《い》ふやう、『ソレコソ吉《よ》くシタレ。さる無拝《ぶわい》の者《もの》ニ物云《ものい》ひ懸《か》くるニ、「をしをしならバ、頸突《くびつき》」などいはば、彼《かれ》が為《ため》に不便也《ふびんなり》』と仰《おお》せられけれバ、申《もう》して云《い》ふやう、『そは、さかし』とぞ申《もう》しける」と。

（忠実さまがおっしゃるには、「藤原泰憲は、粗忽《そこつ》な男であった。それは、藤原泰通の息子である。そして、そんな泰憲を、頼通さまは、長年、家司《いえづかさ（けいし）》として召し使っていた。とはいえ、その泰憲は、ただの一度も、頼通家の家司たちの会議の議事録を書いたことがなかった。すると、泰憲が頼通さまに申し上げて言ったのは、『この私に議事録を書かせないことについては、全く納得がいきません』とのことであった。これに対して、頼通さまがおっしゃったのは、『それは、わざとそうしているのだ。おまえのように粗忽な者に議事録を書くことを命じておいて、「失敗したら、叱責《しっせき》」などと言ったら、おまえが気の毒であろう』とのことであったので、泰憲が申し上げて言ったのは、『それは、そうですな』とのことであった」とのことであった。）

右に登場した藤原泰憲は、紫式部《むらさきしきぶ》の夫の藤原宣孝《のぶたか》の弟の孫にあたるが、その泰憲は、近江守《おうみのかみ》や播磨守《はりまのかみ》を歴任した後、蔵人頭《くろうどのとう》を経て参議《さんぎ》にまで昇り、権中納言《ごんのちゅうなごん》として世を去っている。が、その父親の泰通《やすみち》は、美濃守《みののかみ》や播磨守を歴任する受領国司《ずりょうこくし》として一生を終えた、しがない中級貴族に過ぎない。それでも、泰憲が中堅どころの公卿にまで出世し得たのは、親の代からの摂関家の家司であったからこそであった。貴族家の家司については既に触れたが、頼通の時代の摂関家の家司ともなると、二代目という者も少なくなかったのである。

摂関家の家司を務める中級貴族たちは、家司の務めの見返りに、摂関家の差配によって、優先的に受領国司に就任することができた。しかも、摂関家の家司たちが受領国司を務めるのは、近江国や播磨国など、生産力が高いうえに都《みやこ》から近い国々と決まっていた。また、王朝時代ともなると、かなり稀なことになってはいたものの、中級貴族層の出身者であっても、幾つもの国の受領国司を歴任すると、その功績によって、三位《さんみ》に叙《じょ》されたり参議に任命されたりし得たから、優先的に受領国司を歴任できる摂関家の家司たちは、公卿の末席に加わることを狙うこともできた。とすれば、摂関家の家司は、当時の中級貴族たちにとって、羨望の的であったに違いない。

とはいえ、そんな摂関家の家司も、道長の時代あたりから、世襲されることが増えていったために、頼通の時代には、その能力のほどは、かなり怪しいものであった。すなわち、右の泰憲の如く、どうかすると、召し使う側の摂関が、恥をかかせないよう、かなり気を使わないといけないような、どうにも使い勝手の悪い人材も混じっていたのである。

第六章　意外性に満ちた人物としての頼通

――道長の子供たちをめぐる昔語り　その二

傍若無人な話

他人の牛車を乗り回す頼通

『紫式部日記《むらさきしきぶにっき》』には、次のような一節が見える。

しめやかなる夕暮れに、宰相《さいしょう》の君《きみ》と二人、物語して居《い》たるに、殿《との》の三位《さんみ》の君《きみ》、簾《す》の端引《はしひ》き開《あ》けて、居給《いたま》ふ。年《とし》のほどよりは、いと大人《おとな》しく、心憎《こころにく》きさまして、「人《ひと》はなほ、心映《こころば》へこそ難《かた》きものなめれ」など、世《よ》の物語《ものがたり》しめじめとして御《おわ》する気配《けはい》、「『稚《おさな》し』と人《ひと》の侮《あなづ》り聞《き》こゆるこそ悪《あ》しけれ」と、恥《は》づかしげに見《み》ゆ。

うち解《と》けぬほどにて、「おほかる野辺《のべ》に」とうち誦《じゅ》じて、立《た》ち給《たま》ひにしさまこそ、物語に誉《ほ》めたる男《おとこ》の心地《ここち》し侍《はべ》りしか。

ここに「殿の三位の君」として登場するのは、十七歳の頃の藤原頼通《よりみち》である。そして、紫式部《むらさきしきぶ》によれば、その十七歳の頼通は、年齢よりも大人びていて、見ているこちらが恥ずかしくなるほどに立派であり、まるで物語に登場する素敵な貴公子のようであったとか。

そんな「殿の三位の君」は、当然、落ち着いた大人に成長するというのが、大方の見方であろう。そして、われわれ現代人にとっては、藤原頼通といえば、苦労知らずであるだけに、上品で物静かな優男《やさおとこ》、といったところなのではないだろうか。

ところが、すっかり大人になってからの頼通は、むしろ、しばしば、年齢にも地位にもふさわしからぬ、ずいぶんなやんちゃぶりを見せることがあったらしい。

次に『中外抄《ちゅうがいしょう》』から引用するのは、久安《きゅうあん》六年（一一五〇）十一月十二日の藤原忠実《ただざね》の談話であるが、ここに語られているのは、関白さまの何とも言えないやんちゃぶりである。

又《また》も仰《おお》せて云《い》ふやう、「故殿《ことの》の仰《おお》せて云《い》ふやう、『宇治殿《うじどの》ハ、御門《みかど》ニ有《あ》る人《ひと》の車《くるま》などを取《と》りて、乗《の》らしめ給《たま》ひテ、御行《おんありき》のありし時《とき》も、移馬《うつしうま》をバ引《ひ》かせて御坐《おわ》シキ。……』と」と。

（忠実さまがさらにおっしゃるには、「亡くなったお祖父さまの師実《もろざね》さまがおっしゃるには、『頼通さまは、お屋敷の門前に並んでいる訪問者の牛車を取り上げて、それにお乗りになって、お出かけになったときにも、従者に乗り換え用の馬を引かせていらっしゃった。……』とのことであった」とのことであった。）

図15　高陽院第の門前（『駒競行幸絵巻』模本、東京国立博物館蔵、Image: TNM Image Archives）

関白として朝廷を牛耳る頼通の私邸には、連日、数多の貴族たちがご機嫌伺《きげんうかが》いのために詰めかけていたが、頼通は、ときに、そんな訪問者たちの牛車を勝手に乗り回して楽しんでいたのだという。これはまた、何とも傍迷惑《はためいわく》なお楽しみようである。

なお、この頼通のやんちゃぶりは、忠実にとっても、かなり印象的であったらしく、『富家語《ふけご》』にまで、保元《ほげん》三年（一一五八）のものとして、次のような語りが見えている。

仰《おお》せて云《い》ふやう、「宇治殿《うじどの》は、御《おわ》し出《い》づるニハ、門《かど》の外《そと》ナル参入《さんにゅう》の人《ひと》の車《くるま》ナドニテ御出御《ごしゅつぎょ》の有《あ》りと雖《いえど》も、随身《ずいじん》の移馬《うつしうま》に乗《の》りテ胡籙《やなぐい》を帯《お》びテ必《かなら》ず候《さぶら》ひケリ」と。

（忠実さまがおっしゃるには、「頼通さまは、お出かけになるにあたって、お屋敷の門前に並ぶ訪問者の牛車などに乗って出かけられることがあったものの、必ず随身《ずいじん》が乗り換え用の馬に乗って武装してお供をしていたのだそうな」とのことであった。）

癇癪持ちの頼通

他人の牛車を乗り回して楽しむというのは、確かに、傍迷惑なことであった。が、それで頼通が愉快そうにしているのであれば、周囲の人々は、まだ平和でいられたことだろう。というのも、長じてからの頼通は、かなりの癇癪持《かんしやくも》ちだったようだからである。

次に『富家語』から引用する忠実の応保《おうほ》元年（一一六二）の談話によれば、頼通の癇癪は、かなり質《たち》の悪いものであったらしい。

仰《おお》せて云《い》ふやう、「宇治殿《うじどの》の、内《うち》の御宿所《ごしゆくしよ》に御座《おわ》す時《とき》、御前《おまえ》より下り御《おわ》しテ、物《もの》ヲマイラセスヱテ、御陪膳《ごばいぜん》ノナカリケレバ、殿上人《てんじようびと》の送《おく》りヲキマイラセテ帰《かえ》りタリケルヲ召《め》しケレドモ、オソク参《まい》りケルニ腹立《はらだ》ちテ、物《もの》ヲハクト踏《ふ》ミナラサセ給《たま》ひタリケリ。人《ひと》ドモ恐《おそ》れを成《な》シタルニ、小《すこ》し猿《さる》楽気《ごうげ》の有《あ》るモノニテ、冠《かん》ノ纓《えい》ヲ打《う》ち上《あ》げテ紙《かみ》シテ懸《か》けテ、希衣帯《ほそぬのおび》シテ、衣冠《いかん》ノ腋帯《わきおび》ニシテイデキテ、『希有《けう》ノ』ト云《い》ひテ、拾《ひろ》ひ取《と》りケルニ、御腹《おんはら》ヰテ、咲《わら》ひ給《たま》ひニケリ」と。

（忠実さまがおっしゃるには、「頼通さまが、内裏内の摂関の控室〈直廬《じきろ》〉である淑景舎《しげいしや》〈桐壺《きりつぼ》〉にいらっしゃったとき、今《いま》し方《がた》、清涼殿《せいりようでん》の陛下の御前からお下がりになったところで、お腹が空いていたので、お食事の用意をさせたものの、その場には給仕《きゆうじ》〈「陪膳《ばいぜん》」〉を務めるのに適切な者がいなかったため、清涼殿から淑景舎ま

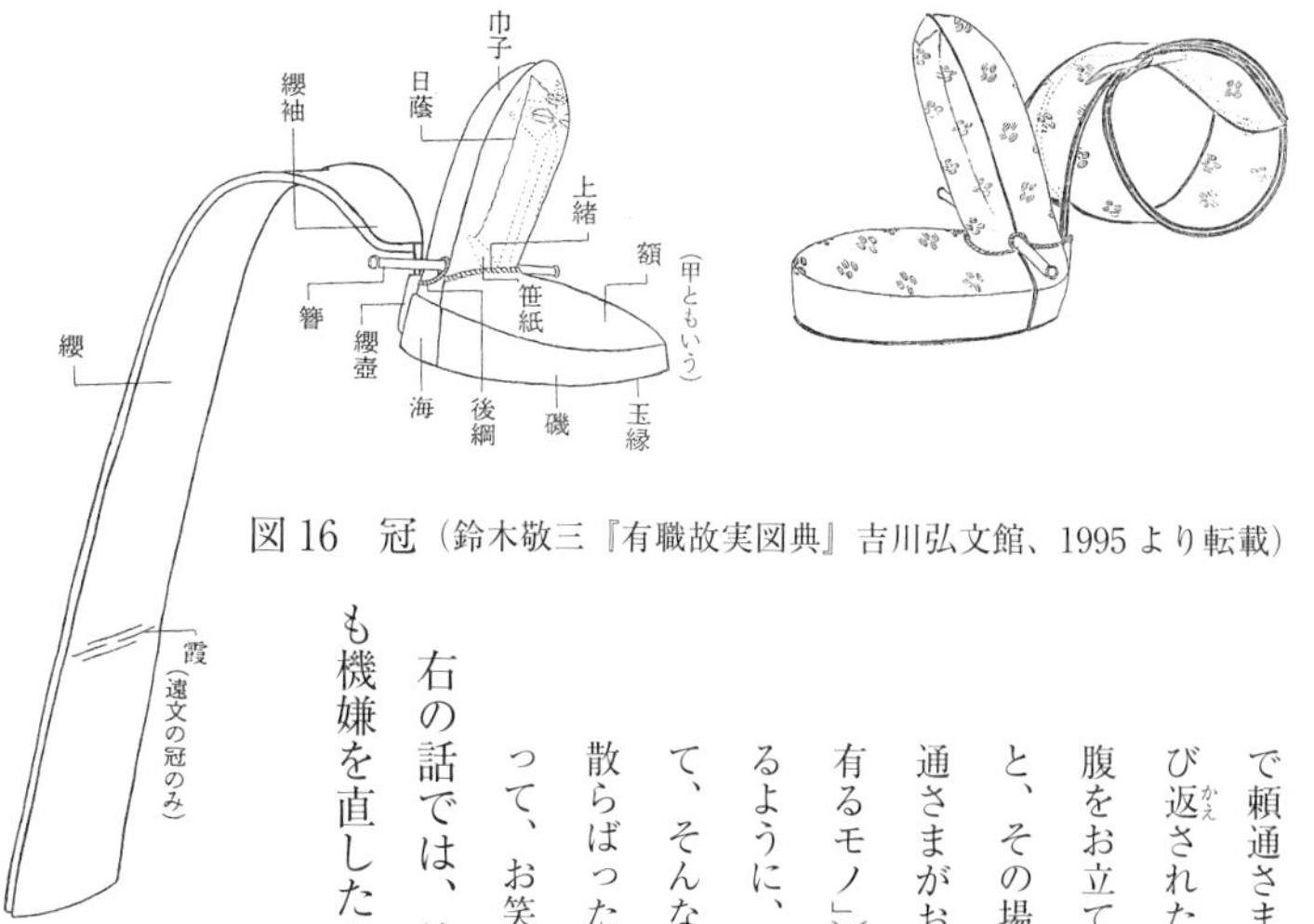

図16　冠（鈴木敬三『有職故実図典』吉川弘文館、1995より転載）

で頼通さまをお送りした後、清涼殿へと帰りかけていた殿上人を、途中で喚《よ》び返《かえ》されたのであったが、その殿上人がなかなかやって来ず、頼通さまは、腹をお立てになって、用意されていた食事を蹴散《けち》らされたのであった。すると、その場にいた女房《にょうぼう》たちは、そんな頼通さまを怖がったのであったが、頼通さまがお喚びになっていた殿上人は、なかなか剽軽《ひょうきん》な男〈「小し猿楽気の有るモノ」〉で、頼通さまの荒れ狂う淑景舎に参上するや、非常時にそうするように、纓を巻き上げた冠を紙縒《こよ》りで頭に固定し、細布の帯で襷掛《たすきが》けをして、そんな姿で頼通さまの前に現れると、『一大事ですな！』と言いながら、散らばった料理を拾《ひろ》い上げたのであり、これを見た頼通さまは、怒りが鎮まって、お笑いになったそうな」とのことであった。）

右の話では、結果として、一人の剽軽な殿上人の機転によって、頼通も機嫌を直したようだが、それでも、給仕がいないというだけで用意された食膳《しょくぜん》を蹴散らすとは、なかなかの暴君ぶりである。こんな頼通は、先に『紫式部日記』に見た若き日の頼通と、ずいぶんイメージを異にしていよう。

しかし、この癇癪持ちの一面もまた、藤原頼通とい

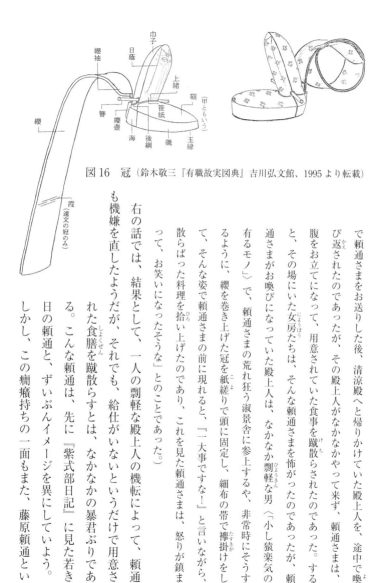

う人物をめぐる歴史的事実の一つなのである。

ちなみに、頼通の父親の道長はといえば、これもまた、かなりの癇癪持ちであった。例えば、藤原実資《さねすけ》の『小右記《しょうゆうき》』は、治安《じあん》三年（一〇二三）六月十九日、既に政界を退《しりぞ》いたはずの道長が、現職の関白の頼通を公衆の面前で叱責《しっせき》したことを伝えている。この叱責は、朝廷の官人たちの風紀が乱れていることへの苛立《いらだ》ちに発するものであったようだが、それでも、天下の関白を衆人環視《しゅうじんかんし》の中で叱責するなど、けっして穏当なことではあるまい。

頼通の陪膳を務めることを許された者たち

ところで、宮中の控室（直廬）において食事を摂ろうとした関白頼通が、用意された食膳を蹴散らすほどに腹を立てたのは、給仕がいなかったためであったが、忠実の語るところからは、その場には確かに女房たちがいたことが知られるのであって、当然、ある疑問が浮かぶことになるだろう。その疑問とは、もちろん、どうして女房たちが給仕を務めなかったのだろうか、というものに他ならない。

王朝時代において、天皇の正式な食事は、朝と夕との二回であった。それらは、それぞれ、「朝御膳《あしたのおもの》」「夕御膳《ゆうべのおもの》」と呼ばれたが、この正式の食事では、殿上人たちが天皇の給仕を務めることになっていた。その多くが摂関家や大臣家をはじめとする上級貴族家の御曹司であった殿上人たちであるが、彼らは、朝御膳および夕御膳の折に給仕を務めることになっていたのである。

そして、これをまねたのが、摂関家であった。いつの頃からかはわからない。が、少なくとも、頼通の時代には、摂関の給仕を務める者は、かなり血統のいい貴公子でなければならないことになっていたようなのである。その詳細については、『富家語』が応保元年（一一六一）のものとして伝える次の忠実の談話に譲った方がいいだろう。

仰《おお》せて云《い》ふやう、「陪膳《ばいぜん》ハ、公達《きんだち》の打《う》ち任《まか》せテスレドモ、諸家《しょけ》へ行くヤ、落《お》ちブレヌルニハ、キタナキ事也《ことなり》。諸大夫《しょたいふ》ノ四位《しい》以上《いじょう》ナルヤ、又《また》オトナシキナドハ、常《つね》の事也《ことなり》。サナラネドモ、又《また》、清《きよ》めの事《こと》ハ、諸大夫《しょたいふ》モ蔵人《くろうど》をヘヌモノモスル也《なり》。兵庫助《ひょうごのすけ》スケシゲト云《い》ふ者《もの》ハ、御陪膳《ごばいぜん》の人《ひと》の候《さぶら》はざる時ハ、宇治殿《うじどの》の御料《ごりょう》ハ取《と》り居《す》ゑナドシケリ。是《これ》は王孫《おうそん》なり」と云々《うんぬん》。

（忠実さまがおっしゃるには、「摂関が食事をするときの給仕は、上級貴族家の御曹司たちが自分たちで当番を決めて務めることになっているが、上級貴族家に生まれた者であっても、中級貴族家の養子になった者や零落した者では、摂関の給仕を務めるのは見苦しいものである。しかし、中級貴族であっても、中級貴族としては上等な四位に昇った者や年齢を重ねた者ならば、摂関の給仕を務めるのは当たり前のこととなっている。それ以外にも、また、食事の後片付けについては、普通の中級貴族で蔵人を務めたことがない者でも、その務めに就くものである。兵庫助を官職とした源資重《すけしげ》という中級貴族は、頼通さまの給仕を務めるのにふさわしい者がいなかったときに、頼通さまのお食事の配膳を務めたことがあるようだ。これは、彼が皇族の血統に列なる者であるがゆえの特例である」とか何とか。）

忘れてはならないこととして、一口に「王朝貴族」と言ったり「平安貴族」と言ったりしても、そこにも、上中下の区分が存在していたのである。そして、その最上級の王朝貴族あるいは平安貴族であった摂関ともなると、同じ貴族たちに食事の給仕をさせていたのであった。しかも、そんな摂関は、ずいぶんと傲慢な選り好みをして、上級貴族家の御曹司たちか一部の特別な中級貴族たちかにしか、給仕をすることを許さなかったのである。

御願寺をめぐって後朱雀天皇に意地悪を言う頼通

世に「四円寺《しえんじ》」と呼ばれるのは、王朝時代の後半に平安京北西郊の仁和寺《にんなじ》の周辺に建立された、円《えん》融寺《ゆうじ》・円教寺《えんきょうじ》・円乗寺《えんじょうじ》・円宗寺《えんしゅうじ》の四つの寺院である。これら四ヵ寺が「四円寺」とまとめられるのは、寺号に「円」の字を共有するからに他ならないが、これらの寺院には、さらに二つ、共通することがあった。すなわち、円融寺・円教寺・円乗寺・円宗寺のいずれもが、仁和寺の子寺であるとともに、天皇の御願寺《ごがんじ》だったのである。

四円寺の最初となった円融寺を建てたのは、その寺号から容易に推測されるように、円融天皇であった。これに続けて円教寺を建てたのは、円融天皇を父親とする一条天皇であり、その次の円乗寺を建てたのは、一条天皇を父親とする後朱雀《ごすざく》天皇である。そして、その後朱雀天皇を父親とする後三条《ごさんじょう》天皇によって建立されたのが、円宗寺であった。

ただ、最後の円宗寺は、その創建の初めから「円宗寺」と号していたわけではない。同寺の最初の寺号は、「円明寺《えんみようじ》」だったのである。そして、後三条天皇の御願寺が「円明寺」から「円宗寺」へと寺号を改めたのは、次に『中外抄』から引用する康治《こうじ》二年（一一四三）五月七日の忠実の語りによれば、頼通の意地の悪い一言があってのことであったらしい。

又《また》も仰《おお》せて云《い》ふやう、「仏事《ぶつじ》ニハ、辛未日《かのとひつじのひ》ハ故殿《ことの》ハ用《もち》ゐしめ御《おわ》しき。我《われ》ハ用《もち》ゐざる也《なり》。庚午日《かのえうまのひ》ハ、一切《いつさい》も用《もち》ゐず。円宗寺《えんしゆうじ》の名《な》ハ、本《もと》ハ『円明寺《えんみようじ》』也《なり》。故宇治殿《うじどの》の仰《おお》せて云《い》ふやう、『「円明寺《えんみようじ》」ハ、松崎寺《まつがさきでら》の名《な》也《なり》。同《おな》じクハ、庚午日《かのえうまのひ》にぞ、供養《くよう》せらるべし』ト仰《おお》せられければ、天下《てんげ》のさわぎて『円宗寺《えんしゆうじ》』とハ改《あらた》められ了《お》はんぬ」と。

（忠実さまがさらにおっしゃるには、「仏事を行うにあたって、辛未日は、亡きお祖父さまの師実さまが、これをお使いになっていらっしゃった。私は使わないのだが。庚午日は、摂関家では絶対に仏事に使わない。後三条天皇さまの御願寺である円宗寺の寺号は、最初は「円明寺」であった。しかし、今は亡き頼通さまがおっしゃったのは、『「円明寺」というのは、源保光《やすみつ》が創建した松崎寺の正式な寺号である。だから、後三条天皇さまの御願寺も、松崎寺と同じく、庚午日に落慶供養《らつけいくよう》を行えばよかろう』ということであったために、人々があれこれと取り沙汰して、後三条天皇さまの御願寺の寺号は、『円宗寺』に改められたのであった」とのことであった。）

庚午日は、現代において、一説に「神吉日《かみよしにち》」と呼ばれて、神事にふさわしい日とされるが、王朝時代には、仏事にふさわしくない日とされていた。したがって、当時の人々にしてみれば、寺院の落慶供養を庚午日に行うというのは、あり得ないことであった。

ところが、かの藤原行成《ゆきなり》の外祖父《そとおおじ》（母方の祖父）にあたる中納言《ちゅうなごん》源保光は、彼の願によって平安京北東郊の松崎の地に建立した円明寺（松崎寺）の落慶供養を、どうしたつもりか、庚午日に行ったのだという。そして、これが故事となって、「円明寺」という寺号は、平安貴族たちにとって、あまり芳しくないものになってしまったようなのである。

それにしても、右の逸話の中の頼通は、同じことを言うにしても、もう少し棘《とげ》のない言い方を選べなかったものだろうか。

琵琶の扱いをめぐって後朱雀天皇に意地悪を言う頼通

王朝時代の宮中には、数々の宝物《ほうもつ》が保管されていて、その中には、名器とされる楽器も含まれていたが、そうした楽器には、一つ一つ、素敵な名前が付けられているものであったという。次に引く『枕草子《まくらのそうし》』に見える如くである。

「無名《むみょう》」といふ琵琶《びわ》の御琴《おんこと》を、上《うえ》の持《も》て渡《わた》らせ給《たま》へるに、……。御前《おまえ》に候《さぶら》ふものは、御琴《おんこと》も、御《おん》笛《ふえ》も、皆《みな》、めづらしき名付《なつ》きてぞある。「玄上《げんじょう》」「牧馬《ぼくば》」「井手《いで》」「渭橋《いきょう》」「無名《むみょう》」など。

さて、ここに「めづらしき名」として名前を挙げられた宮中保管の楽器のうち、「玄上」と呼ばれる琵琶は、単なる名器ではなく、『今昔物語集《こんじやくものがたりしゆう》』が巻第二十四第二十四語として「玄象《げんじよう》といふ琵琶《びわ》の鬼《おに》の為《ため》に取《と》らるる語《こと》」という話を伝えているように、鬼に盗まれたとの逸話を持つ、所謂「わけあり」の宝器である。そして、次に『中外抄』から康治二年（一一四三）八月一日のものとして紹介する忠実の談話には、その玄上と頼通とが登場する。

御物語《おんものがたり》の次《つ》いでに仰《おお》せられて云《い》ふやう、「琵琶《びわ》ハめでたけれども袋《ふくろ》ニ入《い》るるニ、玄上《げんじよう》ハ、本《もと》より袋《ふくろ》に入《い》れざる也《なり》。而《しか》るに、後朱雀院《ごすざくいん》の御時《おんとき》ニ、袋《ふくろ》に入《い》れられたりけれバ、宇治殿《うじどの》の御覧《ごらん》じて、『あれハ争《いか》でか』と仰《おお》せられけれバ、袋《ふくろ》を取《と》り寄《よ》せられ了《お》はんぬ。又《また》、宝物《ほうもち》の袋《ふくろ》ハ、えぞいはぬ錦《にしき》などを袋《ふくろ》に用《もち》ゐるべきニ、下品《げほん》の生絹《すずし》を袋《ふくろ》ヲ縫《ぬ》ひて入《い》れたるなり」と。

（忠実さまが雑談のついでにおっしゃるには、「琵琶は、見た目もすばらしい楽器ではあるけれども、弾かないときには袋に入れておくものであるが、『玄上《げんじよう》』と名付けられた琵琶だけは、昔から袋に入れないものなのである。しかしながら、後朱雀天皇の時代に、その玄上が袋に入れられていたので、頼通さまが、それをご覧になって、『あれは、どうして玄上が袋に入っているのか』とおっしゃって、袋を棄ててしまわれたのであった。また、宝物を入れる袋というのは、言葉にできないほどにすばらしい錦などで作られなければならないのに、玄上は、粗悪な安物の絹織物を縫って作った袋に入れてあったのである」とのことであった。）

平安貴族たちの常識として、琵琶は、袋に入れて保管されるべきものであったらしい。が、件の玄上だけは、袋に入れてはならなかったという。その理由のほどは、右に忠実の語るところからではわからないが、あるいは、『今昔物語集』の伝える、村上《むらかみ》天皇の時代に羅城門《らじょうもん》の鬼によって盗み出されたという一件と、何か関係があったりするのだろうか。

それはともかく、ここにおいても、頼通の言動は、何とも刺々《とげとげ》しい。後朱雀天皇が玄上を袋に入れたことを露骨に批判しただけでなく、玄上が入っていた袋を勝手に棄ててしまったというのである。しかも、彼は、後朱雀天皇が玄上を入れていた袋が宝器には不相応な安物であったことを、わざわざ後世に伝えるようなことまでしたのであった。

実のところ、後朱雀天皇の蔵人頭《くろうどのとう》を務めた藤原資房《すけふさ》の日記である『春記《しゅんき》』などから窺い見るに、頼通と後朱雀天皇とは、そもそも、かなり仲が悪かったようなのである。

偏屈な話

頼通の度を超した寒がりぶり

ここまでに紹介してきた忠実の語りからすると、藤原頼通というのは、ずいぶんと気難しく、どうにも扱いづらい人物であったようだが、彼の厄介さは、彼が異常なまでに寒がりであったところにも見られたらしい。次に引用するのは、『中外抄』が久安五年（一一四九）七月二十五日のものとする忠実の談話である。

御物語《おんものがたり》の次《つ》いでに仰《おお》せられて云《い》ふやう、「宇治殿《うじどの》ハ、いみじくところせく御坐《おわ》シケル人也《ひとなり》。小袖《こそで》をバ召《め》さずして、敷物《しきもの》トテ練絹《ねりぎぬ》ニ綿《わた》を入《い》れて御坐《おまし》の上《うえ》に敷《し》きて、薄衣《うすぎぬ》を十四五許着《ばかりちゃく》シテ、其《そ》の御衣《おんぞ》をバ下《した》より次第《しだい》ニ取《と》りテ、火《ひ》ニアブリテキセマイラセケリ。件《くだん》の御衣《おんぞ》は、歳《とし》の末《すえ》には常《つね》に召《め》し仕《つか》ふ諸大夫《しょたいふ》などに給《たま》ひければ、裏《うら》ハ火《ひ》ニコガレテ、物《もの》□□□叶《かな》はずゾ在《あ》りける。又《また》、御湯殿《おゆどの》ニも、両面《ふたおもて》なる練絹《ねりぎぬ》を敷《し》かしめ給《たま》ひタリケリ。四五度許《どばかり》ゾよかりける。久《ひさ》しク成《な》りけれバ、かへせさせおはしましけり。やがて御身《おんみ》も両面《ふたおもて》の練絹《ねりぎぬ》を着御《きおわ》して、湯《ゆ》ハ浴《あ》ましめ御《おわ》しけり。御《おん》あかなども、いとすらせ御《おわ》さざりけり」と。

（忠実さまが雑談のついでにおっしゃるには、「頼通さまは、ひどく神経質でいらっしゃる方であった。小袖を内着《うちぎ》として着用なさらず、敷物として、光沢のある高級な絹織物を縫い合わせて中に真綿《まわた》〈蚕《かいこ》の繭《まゆ》〉を詰めた座布団を、お座りになるところに敷いたうえに、薄手の絹でできた着物を十四枚も十五枚も羽織って、しかも、その薄手の着物の最も下に重ねてある一枚を順々に脱いでは、それを火で炙《あぶ》ってから再び羽織っていらしたのだそうな。ちなみに、そうして火で炙りつつ着用なさった薄手の着物を、頼通さまは、毎年の年末、日常の身の回りのことをさせている中級貴族たちにお与えになったのであったが、それらの着物は、内側が火で焦《こ》げていて、もう着用には耐えなかったのだとか。また、そんな頼通さまは、お風呂にも、両面に模様があって光沢もある高級な絹織物を敷かせていらしたそうな。その敷物の絹織物は、四回や五回の入浴には耐えたとか。しかし、頼通さまは、幾度かの入浴に使った敷物の絹織物は次々に交換させていらっしゃったそうな。そして、これに合わせて、頼通さまご自身も、光沢のある高級な絹織物の袷《あわせ》の着物をご着用になって、入浴なさったのだとか。当然、頼通さまがお風呂できちんと垢《あか》を落とされることはなかったそうだ」とのことであった。）

冬場、衣類をストーブで軽く炙ってから着用した経験は、多くの人によって共有されているのではないだろうか。正直に言えば、これは、著者にも身に覚えのあるところである。

しかし、頼通の場合、ちょっと常軌《じょうき》を逸《いっ》していよう。これに付き合わされた女房たちは、さぞや面倒に思ったことだろう。しかし、頼通の異常な寒がりのとばっちりで本当に困惑したのは、焦げ焦げの古着を下げ渡された中級貴族たちであったかもしれない。

また、寒がりの度が過ぎて袷の着物を着たまま風呂に入り、当然のことながら、満足に身体を洗うことがなかったという頼通を、当時の人々は、どう見ていたのだろうか。

夏でも厚着をする頼通

しかし、頼通もまた、絢爛華麗《けんらんかれい》で知られる王朝時代の貴公子の一人であって、おしゃれに関心がなかったわけではない。次に『富家語』から引く久寿《きゅうじゅ》二年（一一五五）正月十七日の忠実の談話は、頼通の服装に関するこだわりをめぐるものである。

左大臣殿《さだいじんどの》の大饗《おおあるじ》の次いでに仰《おお》せて云《い》ふやう、「故大殿《おおとの》の仰《おお》せて云《い》ふやう、『晴《はれ》ニハ紫緂《むらさきだん》の平緒《ひらお》を用《もち》ゐるべき也《なり》。誠《まこと》に美々《びび》しくはればれしき物也《ものなり》』と仰《おお》せの有《あ》りキ。宇治殿《うじどの》ハ、紺地《こんじ》の平緒《ひらお》ヲ好《この》ましめ給《たま》ひケリ。度々《たびたび》の大饗《おおあるじ》ニ定《さだ》めて用《もち》ゐしめ給《たま》ふ歟《か》。御記《ぎょき》を御覧《ごらん》ずべき也《なり》。……」てへり。

（ご子息の左大臣頼長《さだいじんよりなが》さまが正月の大臣大饗を行われることに関連して忠実さまがおっしゃるには、「亡くなられたお祖父さまの師実《もろざね》さまが、『儀式の折には、紫緂〈白と紫との配色の組紐《くみひも》〉の平緒《ひらお》〈太刀《たち》を吊るす帯〉を着用するものである。それは、実にうつくしく晴れやかなものなのである』とおっしゃったことがあった。しかし、頼通さまは、紺地〈紺色の絹織物〉の平緒をお好みでいらしたそうな。頼通さまは、それを、幾度もの大饗に決まって着用なさったのだろうか。これについては、頼通さまの日記を見なければならないことである。……」とのことであった。）

右に忠実が言及する頼通の日記は、残念なことに、その写本さえ、今に伝わっていない。もし頼通の日記が現代に残っていたなら、たいへん貴重な史料となったことだろうに。

それはともかく、頼通もまた服装にこだわりを持っていたことは、右に見た通りである。とはいえ、度を超した寒がりの頼通である、やはり、彼にとってより重要なのは、おしゃれであることよりも、寒くないことであった。次に紹介するのは、『富家語』が応保元年（一一六一）のものとする忠実の語りであるが、これによれば、寒がりの頼通は、夏場においてさえ、厚着をしていたらしい。

仰《おお》せて云《い》ふやう、「更衣《ころもがえ》の事《こと》は、公卿《くぎょう》は四月一日に必《かなら》ず衣《きぬ》を更《か》ふ。但《ただ》し、若《わか》き人《ひと》は指貫許《さしぬきばかり》ハ著《き》改《あらた》めざる事《こと》モ有《あ》るナリ。然《しか》り而《しか》るに、大略《たいりやく》ハ著《き》改《あらた》むべき也《なり》。帷《かたびら》ハ五月ナドノ暑気《しよけ》の比《ころ》に之《これ》を著《き》る。其《そ》の以前《いぜん》ハ一重《ひとえ》を著《き》るべき也《なり》。又《また》、オトナナドニ成《な》りヌルレバ、身《み》ノ透《す》きテ見《み》ユルモ見苦《みぐる》しケレバ、単《ひとえ》ヲ帷《かたびら》にも重《かさ》ねテ著《き》る也《なり》。故宇治殿《うじどの》ハハラハラト張《は》りタル合《あわせ》ノ衣《きぬ》ノ綿《わた》モ入《い》れざるニ、帷《かたびら》を重《かさ》ねテ著御《きおわ》すと云々《うんぬん》。……」と。

（忠実さまがおっしゃるには、「更衣というと、公卿ならば、四月一日に必ず冬服から夏服へと着替える。ただし、若者は、指貫だけは冬服のままであることもあるものである。しかしながら、概ねは着替えるものである。薄手の下着である帷は、暑さがひどい五月などにこれを着る。それ以前には、単衣《ひとえ》を下着として着るものである。また、それなりの年齢になれば、肌が透けて見えるのも見苦しいので、帷の上に単衣を重ねて着るのである。お亡くなりになった頼通さまは、パリッと糊《のり》の効いた袷《あわせ》で中に真綿《まわた》を入れていない着物を、帷の上に着ていらしたのだとか。……」とのことであった。）

頼通の訴訟に裁定を下すときの心得

長暦《ちようりやく》三年（一〇三九）十月七日、後朱雀天皇の蔵人頭を務める藤原資房の妻の父親の源経相《つねすけ》が、現職の三河守《みかわのかみ》のまま急死すると、その遺財をめぐり、遺族の間で訴訟沙汰となった。

この折のことは、資房の日記の『春記《しゆんき》』に詳しく、同記によれば、経相には、資房の妻を含め、既に亡き先妻との間の子供が数人いたにもかかわらず、後妻となっていた女性が、経相の遺産を独り占めしてしまったのである。彼女は、経相の現在の北の方《きたのかた》（正妻）として、経相家の蔵の鍵を預かる立場にあったため、いとも簡単に遺産を独占し得たのであった。

ただ、これだけなら、経相と前妻との間の子供たちにとっても、さして深刻な問題ではなかったかもしれない。彼らも、既にいい歳になっていたからである。

しかし、その後妻は、とんでもなく強欲であったらしく、三河守であった経相が、三河守として三河国《みかわのくに》において税として徴収して、三河国の蔵に入れていた莫大な財をも、早々に三河国から都へと運ばせて、その全てを自分のものにしてしまう。そして、これこそが、経相と前妻との子供たちにとっての大問題であった。なぜなら、結果として、経相は、三河守として三河国から朝廷へと上納しなければならない税を未納としたまま没してしまったことになり、それゆえ、経相と前妻との間の子供たちが、朝廷への税の上納の義務を負わされることになったからである。それは、彼らには全く手に余る負担であった。

そして、このとき、朝廷は、経相が三河国に遺した財を横領した経相の後妻には、少しも責任を負わせようとしなかったのだが、そんな裁定を下したのは、関白の藤原頼通であった。実は、経相の後妻は、かつては頼通家の女房であったらしく、そのコネを活かして、頼通から自分に都合のよい裁定を引き出していたのである。そもそも、この後妻が三河国の蔵にあった財を都に運ばせたとき、その運搬を手配したのも、頼通であったという。

そんな依怙贔屓《えこひいき》を平然と実行する頼通であるが、その息子に対しては、訴訟に裁定を下す者の心得というものを、もっともらしく指導することもあった。次に『中外抄』から引用する久安六年（一一五〇）七月二十七日の忠実の談話から知られる通りである。

仰《おお》せて云《い》ふやう、「故殿《ことの》の仰《おお》せて云《い》ふやう、『宇治殿《うじどの》の仰《おお》せて云《い》ふやう、「訴訟《そしょう》の道《みち》は、左右《さゆう》の申《もう》し状《じょう》の分明《ぶんみょう》ならざるの時《とき》ハ、暫《しばら》く事《こと》ヲ切《き》るべからざる也《なり》」と』と」と。

（忠実さまがおっしゃるには、「亡きお祖父さまの師実さまがおっしゃるには、『頼通さまがおっしゃったのは、「訴訟を裁くときの心得として、訴える側と訴えられる側との双方の言い分が食い違っているようなときには、急いで結論を出してはならないのである」とのことであった』とのことであった」とのことであった。）

ここに頼通の言うところは、要するに、「裁定は急がず慎重に下さなければならない」ということであって、実に明快であるとともに、実に正当である。どんな訴訟であっても、その裁定は、さまざまな証拠を見極めたうえで、慎重に下されるべきであろう。

しかしながら、頼通が実際に関白として下した裁定は、ときに、全く慎重さを欠くものであるばかりか、少しの公平さもないものであったりしたのである。

罪人の生首を見ようとしない頼通

次に紹介するのは、『富家語』が永暦《えいりゃく》元年（一一六〇）のものとする忠実の談話である。

仰《おお》せて云《い》ふやう、「義親《よしちか》の首《くび》を渡《わた》さるる日《ひ》、故殿《ことの》ニ『人々《ひとびと》の多《おお》く見物《けんぶつ》すれば、之《これ》を見《み》るべし』の由《よし》を申《もう》すの処《ところ》、故殿の仰《おお》せて云《い》ふやう、『貞任《さだとう》の首《くび》を渡《わた》さるる日《ひ》、此《こ》の旨《むね》ヲ宇治殿《うじどの》に申《もう》すの処《ところ》、仰《おお》せて云《い》ふやう、「死人《しにん》の首《くび》は見《み》る能《あた》はず」てへり。仍《よ》りて、御覧《ごらん》ぜず』と。又《また》、我《われ》モ見《み》ざりキ」と義親《よしちか》の事《こと》は僻事也《ひがごとなり》。分明《ぶんみよう》ならず。

（忠実さまがおっしゃるには、「朝敵として討伐された源義親の生首が、追討軍によって都《みやこ》に持ち込まれた日のこと、私が、亡くなったお祖父さまの師実さまに、『大勢の人々が見物していますので、私たちも見物しませんか』ということを申し上げると、師実さまがおっしゃるには、『前九年《ぜんくねん》の役《えき》で討たれた安倍貞任の生首が都に持ち込まれた日、私が同じことを父上の頼通さまに申し上げると、頼通さまがおっしゃるには、「死人の首は見てはならない」とのことであった。それで、私は、貞任の生首を見なかったのだ』とのことであった。そして、私も、義親の生首を見なかったのだ」とのことであった〈義親の件は事実誤認である。詳細ははっきりしない〉。）

しばしば、「平安時代には死刑制度が凍結されていた」と言われるが、実のところ、平安時代においても、武装蜂起をした者たちは、朝廷が派遣した追討軍によって、その生命を奪われていた。しかも、そうして朝敵として誅殺《ちゆうさつ》された者たちは、首を刎《は》ねられ、その首を都で晒《さら》されたりもしたのであった。

討った相手の首を刎ねて持ち帰ることは、われわれ現代人には、中世の武士たちの慣行としてお馴染みであろう。が、史実として、既に平安時代から、武士たちは生首に執着していた。例えば、平将門の生首のことは、さまざまな伝承とともに、広く知られていよう。

そもそも、朝敵として誅殺された者に限って言えば、その生首を都に持ち帰ることは、朝廷の方針でもあったのかもしれない。坂上田村麻呂《さかのうえのたむらまろ》に敗れた阿弖流為《あてるい》の生首が都にもたらされたことも、よく知られているのではないだろうか。確かに、ビデオ録画の技術はもちろん、写真撮影の技術もなかった時代においては、朝敵の生首こそが、追討軍が役目を果たしたことの最も信頼性の高い証拠であったに違いない。

しかし、所謂「前九年の役《ぜんくねんのえき》」の折、当時の朝廷の事実上の最高責任者であった頼通は、朝敵として討たれた貞任の生首を見ることを拒んだのだという。これは、われわれ現代人の感覚では、責任者による責任の放棄でしかあるまい。が、怨霊《おんりょう》やら穢《けがれ》やらがひどく恐れられていた当時を生きた人々からすれば、これも、やむを得ない反応なのかもしれない。

なお、右の『富家語』からの引用の末尾に、「義親の事は僻事也。分明ならず（義親の件は事実誤認である。詳細ははっきりしない）」と見えるが、これは、筆録者の高階仲行《たかしなのなかゆき》による注記である。実は、源義《よし》家《いえ》の嫡男であった義親が、九州で反乱を起こした末に、平清盛《たいらのきよもり》の祖父である正盛《まさもり》によって討たれ、その生首が都にもたらされた嘉承《かじょう》三年（一一〇八）には、忠実の敬愛する師実は、既に故人となっていたのであった。

禊祓のために河原に出るのを億劫がる頼通

王朝時代の貴族層の人々の間では、毎年の三月一日と九月一日とに禊祓《みそぎはらえ》を行うことが、年中行事の一つとして習慣化していた。その禊祓は、「御燈由祓《みあかしのよしのはらえ》」と呼ばれたが、これには、燈明《とうみょう》を捧げないことをめぐっての妙見菩薩《みょうけんぼさつ》への謝罪という意味があった。

図17　妙見菩薩（『精選版 日本国語大辞典』小学館、2006より転載）

「北辰《ほくしん》菩薩」とも「尊星王《そんしょうおう》菩薩」とも呼ばれた妙見菩薩は、北極星が神格化された仏である。この妙見菩薩を最初に受け容れたのは、庶民たちであった。平安時代の初期、庶民たちの間において、この新来の仏に燈明を奉献することがはじまったのである。

すると、朝廷は、初めは庶民層の新しい信仰を取り締まろうとしたものの、やがて、妙見菩薩に燈明を捧げることを、三月一日および九月一日の宮中行事として取り入れる。そして、三月一日・九月一日の妙見菩薩への燈明の奉献は、貴族たちの間にも広まっていく。

しかし、この新しい信仰習俗は、やがて大きく変容してしまう。すなわち、王朝時代には、宮中でも、各貴族家でも、毎年の三月一日と九月一日とに、妙見菩薩に対して燈明を奉献しない旨を謝罪するための禊祓を行う、というものとして定着していたのである。

なお、この御燈由祓に限らず、禊祓の際には、都に暮らす貴族たちであれば、普通、それを執り行う陰陽師《おんみょうじ》とともに、賀茂川《かもがわ》の河原へと出向くものであった。これは、女性でも、牛車に乗ったままというかたちではあれ、やはり、同様だったようである。

が、次に『中外抄』から引用する天養《てんよう》元年（一一四四）三月三日の忠実の談話によれば、頼通には、禊祓のために賀茂川の河原に出ることを面倒がるところがあったらしい。

重《かさ》ねて仰《おお》せて云《い》ふやう、「宇治殿《うじどの》ハ、此《こ》の殿《との》ニ御坐《おわ》す時《とき》ハ、寝殿《しんでん》に於《お》いて河《かわ》に向《む》かひテ之《これ》を行《おこな》ふ。此《こ》の宇治《うじ》に御坐《おわ》す時《とき》ハ、宇治河《うじがわ》に御車《おんくるま》を引《ひ》き向《む》けテ之《これ》を行《おこな》ふ。御烏帽子《おんえぼし》ナドニテありけるにや。上達部《かんだちめ》ナド参《まい》り入《い》るの時《とき》ハ、車《くるま》を引《ひ》き並《なら》ベテ候《さぶら》ひけり。然《しか》れば、尤《もっと》も此《こ》の辺《べ》にても行《おこな》はるベカリケル事也《ことなり》。又《また》、今《いま》より以後《いご》も河原《かわら》に出《い》でられざるの時《とき》ハ、只《ただ》に里第《りてい》に於《お》いて行《おこな》はるべき也《なり》」と。

（忠実さまが重ねておっしゃるには、「頼通さまは、京中の邸宅にいらっしゃるときには、寝殿にいらっしゃるまま賀茂川の方を向いて御燈由祓を行った。また、頼通さまは、宇治の別荘にいらっしゃるときには、牛車で宇治川の畔《ほとり》に出て、牛車ごと宇治川の方を向いて御燈由祓を行った。その折の頼通さまの服装は、烏帽子を着ける略装だったのではないだろうか。公卿たちがご機嫌伺《きげんうかが》いに参上しているときには、公卿たちにも、牛車ごと宇治川を向くようにさせたのだそうな。それゆえ、京中の邸宅でも、公卿たちが参上しているときには、同様にするのがよいのである。また、これからも、河原に出ることができないときには、ただ自宅にいるままで御燈由祓を行うのが適切なのである」とのことであった。)

平等院《びょうどういん》を建立した頼通が、極楽往生《ごくらくおうじょう》を希求していたことも、阿弥陀如来《あみだにょらい》を深く信仰していたことも、全く疑うべくもあるまいが、彼の場合、それ以外の信仰に関しては、平安貴族にはめずらしく、ずいぶんと淡泊であったらしい。

第七章　頼通の政敵としての教通・頼宗

――道長の子供たちをめぐる昔語り　その三

不仲な兄弟の話

教通を「腹黒き人」と批判する頼通

藤原道長と源倫子《ともこ》との間には、六人もの子供がいたものの、そのうちの男子は、頼通《よりみち》と教通《のりみち》との二人だけである。しかし、この二人は、同母兄弟であったにもかかわらず、けっして仲のいい兄弟ではなかった。次に紹介するのは、『中外抄《ちゅうがいしょう》』が久安《きゅうあん》四年（一一四八）七月十一日のものとする藤原忠実《ただざね》と中原師元《なかはらのもろもと》との問答であるが、ここにも、頼通（「宇治殿《うじどの》」）と教通（「大二条殿《おおにじょうどの》」）との不仲ぶりを見て取ることができよう。

予《よ》の申《もう》して云《い》ふやう、「後三条院《ごさんじょういん》ハ、才学《さいがく》の君《きみ》に御《おわ》す。彼《か》の時《とき》、大二条殿《おおにじょうどの》の摂籙《せつろく》にして、匡房卿《まさふさきょう》

系図7　後三条天皇を中心とする人物関係図

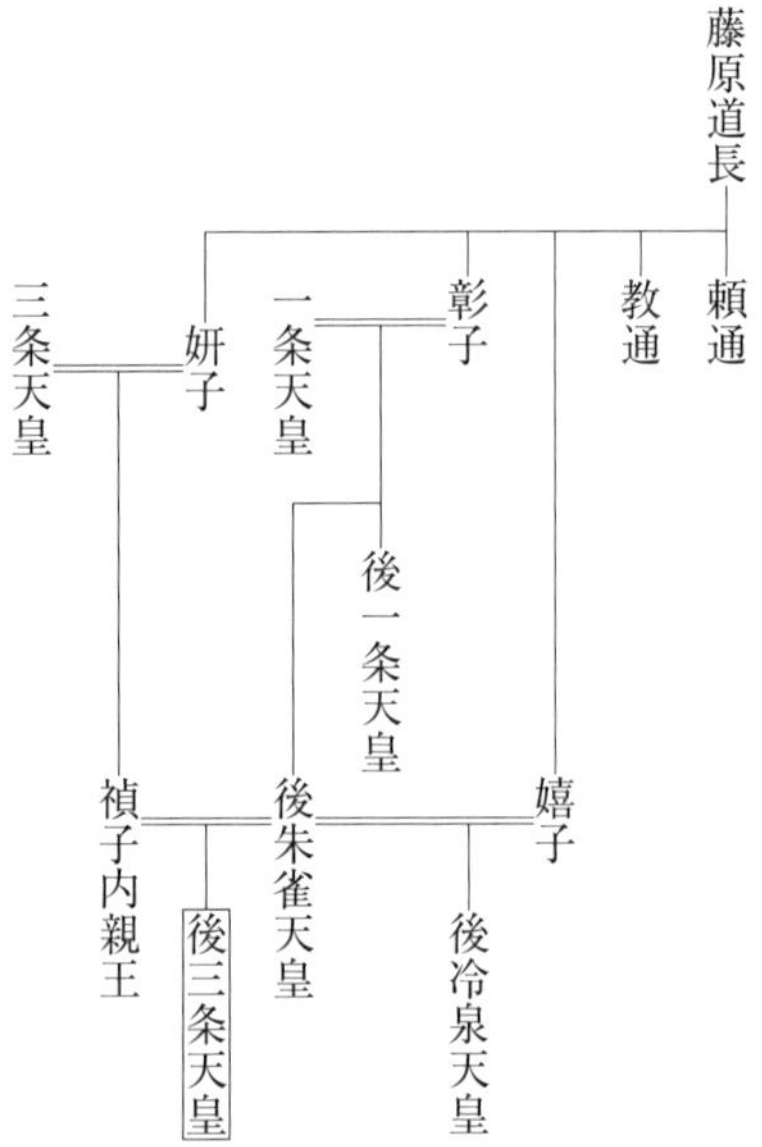

の五位蔵人《ごいのくろうど》為り。而《しか》るに、円宗寺《えんしゅうじ》の本《もと》の名《な》の円明寺《えんみょうじ》為るは、如何《いかん》」と。

（私〈中原師元〉が忠実さまに申し上げて言ったのは、「後三条天皇さまは、漢学に優れた君主でいらっしゃいました。その後三条天皇さまの時代のこと、教通さまが関白でいらっしゃって、大江匡房《おおえのまさふさ》殿が五位蔵人《ごいのくろうど》でした。それにもかかわらず、後三条天皇さまの御願《ごがん》寺《じ》の円宗寺の最初の寺号が『円明寺』であったのは、どういうことなのでしょうか」とのことであった。）

仰《おお》せて云《い》ふやう、「物《もの》ハサコソアレ。此《か》くの如《ごと》く吉凶《きっきょう》は自然《じねん》に出《い》で来《き》たるも、又《また》も然《しか》るべき事也《ことなり》。宇治殿《うじどの》の御難也《ごなんなり》。『此《こ》の御願《ごがん》ハ、庚午日《かのえうまのひ》にゾ供養《くよう》せらるベカリケル。見《み》れバ、関白《かんぱく》ハ腹黒《はらぐろ》き人《ひと》カナ。此《か》くの如《ごと》き事《こと》を申《もう》されず』と仰《おお》せられければ、後三条院《ごさんじょういん》の大《おお》きニハヂサセ給《たま》ひて、供養《くよう》の後《のち》ニ『円宗寺《えんしゅうじ》』トハ改《あらた》めらるる也《なり》。『円明寺《えんみょうじ》』ハ、松崎寺《まつがさきでら》の名《な》也《なり》。松崎寺《まつがさきでら》は庚午日《かのえうまのひ》に供養《くよう》す。吉《よ》からざる例也《ためしなり》」と。

（これに対して、忠実さまがおっしゃったのは、「ものごとというのは、そういうものであるよ。このように、優秀な人物のもとであっても、いいことも悪いこともどうしても起きてしまうというのも、これまた当然のことなのである。そして、後三条天皇さまの御願寺が寺号を変更することになったきっかけは、頼通さまによるご批判にあった。つまり、頼通さまが、『後三条天皇さまの御願寺は、かの松崎寺と同じく「円明寺」を寺号としているのだから、松崎寺のように不吉な庚午日《かのえうまのひ》に落慶供養《らっけいくよう》をなさるのがよいだろうよ。この一件に見られるように、今の関白の教通殿は、腹黒いお人であることよ。御願寺の寺号がよくないという重要なことを、陛下に申し上げずにいるとは』とおっしゃったために、後三条天皇さまは、たいへん恥ずかしくお思いになって、落慶供養を行った後に、御願寺の寺号を『円宗寺』というものに変更なさったのである。『円明寺』というのは、源保光《やすみつ》が建立した松崎寺の寺号である。そして、その松崎寺は、仏事には凶日である庚午日に落慶供養が行われたのであった。これは、不吉な前例である」とのことであった。）

後三条天皇は、頼通・教通を、外祖父《そとおおじ》（母方の祖父）とも外伯叔父《そとおじ》（母方の伯叔父）ともしない天皇であった。そんな天皇の時代に教通が関白を務めることになったのは、その前代まで五十年以上も摂関の地位にあった頼通が、難しい政局を嫌って、権力を投げ出した結果に他ならない。が、それでも教通の関白ぶりに批判を浴びせたりするのが、頼通であった。

教通の練り歩く姿を賞賛する頼通

そんな兄弟仲であったから、教通本人の前ではけっしてあり得なかったものと思われるが、何かと意地の悪い頼通にも、ときに、教通を誉めることがあった。次に保元《ほげん》三年（一一五八）のものとして『富家語《ふけご》』から引用する忠実の談話に見える通りである。

仰《おお》せて云《い》ふやう、「練《ね》る事《こと》ハ大事《だいじ》也《なり》。……。練《ね》りハ、笏《しゃく》を引《ひ》きテ装束《しょうぞく》モサヤサヤトナル事也《ことなり》。臂《ひじ》ヲアラシテ笏《しゃく》を取《と》る也《なり》。後朱雀院《ごすざくいん》の御即位《ごそくい》の日《ひ》、大二条殿《おおにじょうどの》の内弁《ないべん》ニテ如法《にょほう》ニ練《ね》らしめ給《たま》ひケリ。玉冠《ぎょくかん》・玉佩《ぎょくはい》の火打《ひうち》ノ様《よう》ナル物《もの》ドモノ、チチリウチチリウト鳴《な》るホドニ練《ね》らしめ給《たま》ひケルヲ、宇治《うじ》殿《どの》の、大極殿《だいごくでん》の辰巳《たつみ》の角《すみ》の壇《だん》の上《うえ》ニ御覧《ごらん》ジテ、『アレハ、狛人《こまうど》ニミセバヤ』ト仰《おお》せられケリ。『吉《よ》く御坐《おわ》シケルニコソ』ト覚《おぼ》ゆる也《なり》」と。

（忠実さまがおっしゃるには、「儀式においては、ジグザグに練《ね》り歩《ある》くことが重要である。……。練り歩くときには、笏《しゃく》を身体に引《ひ》き付《つ》けて持ち、衣裳に衣擦《きぬず》れの音をさせるものである。したがって、肘《ひじ》を直角に曲げて笏を持つのである。後朱雀《ごすざく》天皇さまが即位なさった日のこと、教通さまは、行事の責任者をお務めになっていて、立派に練り歩いていらっしゃったそうな。その折の教通さまが、礼服《らいふく》の冠《かん》や装身具などに付いている火打金《ひうちがね》のような形状の飾りが『チリリン、チリリン』と鳴るほどにジグザグにお歩きになったのを、頼通さまは、大極《だいごく》殿《でん》の南東の角の壇《だん》の上《うえ》からご覧になって、『この練り歩きぶりは、先進国である高麗《こうらい》の人々にも見せてやりたいものだ』とおっしゃったのだとか。だから、私も、『それは、さぞや、すばらしい練り歩きだったのだろう』と思うのである」と。）

われわれ現代人は、しばしば「練り歩く」という言葉を使いながらも、その意味するところを、正しく理解してはいなかったりしないだろうか。昨今では、行列を作って単にゆっくり歩くだけのことを「練り歩く」と言ったりすることもあるが、練り歩くというのは、本来的には、ジグザグに歩くことである。

図18　文官の礼服

そして、王朝時代においては、正しい意味での練り歩きこそが、儀式の場での正しい歩き方であった。特に、上級貴族たちは、朝廷の儀式の中で、移動するに際して、真っ直ぐ歩いたりはしなかった。彼らは、ジグザグに歩くことこそを、儀式の場におけるうつくしい歩き方だと考えていたのである。忠実が「練る事ハ大事也（儀式においては、ジグザグに練り歩くことが重要である）」と語る如くである。

図19　武官の礼服（『礼服着用図』国会図書館蔵）

また、右の忠実の談話からも窺われるように、この練り歩きは、礼服《らいふく》を着ているときにこそ、その真価を発揮するものであったらしい。礼服というのは、束帯《そくたい》よりも格上の正装であって、即位式の折か正月元旦の朝賀《ちょうが》の折かにしか用いることのない特別の服装であったが、これには、細かい金属製の装飾が数多く付いていたのである。そして、その細かい金属製の装飾は、練り歩くことによって、「チリリン、チリリン」と鳴って、儀式に優雅さを添えたのであった。

頼通も称賛したという教通の練り歩く姿を、実際に見てみたいものである。

自家の侍の名を呼ぶ教通

平安時代の貴族家に「女房《にょうぼう》」と呼ばれる女性の従者がいたことは、既に常識となっていようか。そして、その女房たちが、さまざまに主人の身の回りの世話をしていたことも、『枕草子《まくらのそうし》』や『紫式《むらさきしき》部《ぶ》日記《にっき》』などを通して、現代においても広く知られていよう。

しかし、その女房の男性版も存在したこととなると、どれほど知られているだろうか。それは、主人の身の回りの世話をする男性の従者であって、まさに男性版の女房として「男房《だんぼう》」とも呼ばれていた。が、この男性版の女房を意味するものとして、より頻繁に使われた言葉は、「侍《さぶらい》」というものであった。平安時代において、「侍」というのは、武士を意味する言葉ではなく、女房の男性版のような従者を意味する言葉だったのである。

そして、そんな侍をめぐって、藤原教通には、かなり恥ずかしい失敗があったらしい。それは、白《しら》河《かわ》天皇の御前における大失態であり、具体的には、次に『富家語』から引用する保元二年（一一五七）の忠実の談話に見える如くであった。

仰《おお》せて云《い》ふやう、「上﨟《じょうろう》ハ、侍《さぶらい》ノ名《な》ヲ直《じか》ニ其《それ》ト召《め》す事《こと》ハ無《な》き事也《ことなり》。但《ただ》し、旧《いにしえ》も又《また》も召《め》す事《こと》モアリケルニヤ、故白河院《しらかわいん》の語《かた》らしめ給《たま》ひシハ、『大二条殿《おおにじょうどの》ノ朝干飯《あさがれい》ニテ御《お》前《まえ》に候《さぶら》ひ給《たま》ひテ、「知成《ともなり》」ト高《たか》き声《こえ》ニ召《め》しテ後《のち》ニ、「以《もっ》ての外《ほか》の僻事《ひがごと》を仕《つかまつ》り候《さぶら》ひニケル。『頭中将《とうのちゅうじょう》ヲ召《め》サン』ト思《おも》ひ給《たま》ふの間《あいだ》、家《いえ》の中《うち》ニ常《つね》に召《め》し仕《つか》ふ侍《さぶらい》ヲ召《め》しテ候《さぶら》ふ。奇怪第一《きかいだいいち》の事《こと》に候《さぶら》ふ」ト咲《わら》ひ給《たま》ひケリ』と」と。是《これ》は、侍《さぶらい》を召《め》すの次《つ》いでに仰《おお》す也《なり》。

（忠実さまがおっしゃるには、「上級貴族ならば、自家の侍を喚《よ》ぶにあたって、その侍の名前をそのまま呼ぶというのは、やってはならないことである。ただし、昔にも上級貴族が侍を喚ぶことはあったのであろうか、今は亡き白河《しらかわ》法皇さまがお話しになったのは、『教通殿が、まだ天皇であった頃の朕《ちん》の食事の給仕を務めようと、朕の側に控えていた折に、「知成《ともなり》」と大声で喚んだ後で、「とんでもない間違いを致してしまいました。本当は『頭中将《とうのちゅうじょう》を喚ぼう』と思ったのですが、うっかり、わが家で身近に使っている侍を喚ぼうとしてしまいました。これ以上なくおかしなことでございます」と言ってお笑いになったものだよ』とのことであった」とのことであった。これは、忠実さまが、侍をお喚びになったついでにおっしゃったことである。）

毎日のように身近に使っている侍であっても、その名前をそのまま呼んではならないとは、侍の側からすると、ずいぶんと寂しい話であるが、身分というものが厳然として存在する社会においては、そんなものなのだろうか。

考えてみれば、『枕草子』や『紫式部日記』に明らかなように、女房たちも、それぞれの主人に名前で呼ばれてはいない。例えば、中宮《ちゅうぐう》藤原定子《さだこ》にせよ、何かと特別扱いするほどに寵愛《ちょうあい》していた清少《せいしょう》納言《なごん》を喚ぶにあたっても、ただ「少納言《しょうなごん》」と呼ぶばかりで、けっして清少納言の本名を呼びはしないのである。だからこそ、清少納言の本名は不明なのだが。

そういう意味では、知成という侍を普段から「知成」と呼んでいたらしい教通は、教通家の侍たちにとって、実に親しみやすい主人だったのかもしれない。

教通のために作られた有職故実書

平安貴族たちにとって、特に王朝時代の上級貴族たちにとっては、宮中のさまざまな儀式においても、元服をはじめとする私的な儀式においても、決まった作法を守って行動することが、とんでもなく重要であった。もしも、儀式の中で何か無作法があったりすれば、死ぬまで笑い者にされかねない、いや、死んだ後にも笑い者にされかねない——それほどまでに作法が重要視されていたのが、平安貴族たちの生きた世界であった。

それゆえ、王朝時代に有職故実書《ゆうそくこじつしょ》が生まれたのは、実にもっともなことであったろう。有職故実書とは、言ってみれば、公私に渡る多様な儀式についてのマニュアルなのである。

そして、平安貴族たちの間で、殊更に信頼されていた有職故実書が、西宮左大臣《にしのみやさだいじん》源高明《たかあきら》の著した『西宮記《さいきゅうき》』と、四条大納言《しじょうだいなごん》藤原公任《きんとう》の著した『北山抄《ほくざんしょう》』とであった。源高明というのは、菅原道真《すがわらのみちざね》の二の舞を演じさせられて、所謂「安和《あんな》の変《へん》」で都《みやこ》を追われた人物であるが、博学であり、かつ、一度は左大臣にまで昇った彼は、さまざまな儀式の作法に深い造詣《ぞうけい》を持っており、その息子の俊賢《としかた》のために、『西宮記』を執筆したのである。また、藤原公任といえば、『和漢朗詠集《わかんろうえいしゅう》』を著したことでも知られる、王朝時代を代表する文化人であって、そんな公任は、当然のことながら、儀式作法にも造詣が深く、その娘が道長の息子の教通と結婚すると、娘婿となった教通のために、『北山抄』をまとめたのであった。

次に紹介するのは、『富家語』が保元二年（一一五七）のものとする忠実の談話であり、ここでは、まさに、『北山抄』が教通のために誕生した有職故実書である旨が語られている。

仰《おお》せて云《い》ふやう、「作法《さほう》ハ、西宮《にしのみや》抃《なら》びに四条大納言《しじょうだいなごん》の書《ふみ》、委細也《いさいなり》。其《そ》の中《うち》、四条大納言《しじょうだいなごん》の書《ふみ》ヲバ、故殿《ことの》、事《こと》の外《ほか》ニメデタガラセ給《たま》ひキ。其《そ》の故《ゆえ》ハ、大二条殿《おおにじょうどの》ヲ聟《むこ》ニ取《と》りテ、九条殿《くじょうどの》の御記《おんき》ヲ引《ひ》きテ作《つく》りタル書也《ふみなり》。然《しか》れば、此《こ》の家《いえ》ニ尤《もっと》も相《あ》ひ叶《かな》ふ也《なり》。『江次第《ごうしだい》』は、後二条殿《のちのにじょうどの》の料《りょう》ニ匡房卿《まさふさきょう》の作《つく》る所也《ところなり》。神妙《しんみょう》の物《もの》なりと云々《うんぬん》。但《ただ》し、サトク物を見る許《ばかり》ニテサカシキ僻事等《ひがごとなど》の相《あ》ひ交《ま》じる」と云々《うんぬん》。

（忠実さまがおっしゃるには、「儀式の作法については、源高明の『西宮記』と、藤原公任の『北山抄』とが、最も参考になるのである。そして、この二つのうちでも、公任の『北山抄』こそを、亡くなったお祖父さまの師実さまは、特別にすばらしいものと認めていらした。というのも、公任が、教通さまを娘婿に迎えたのを機に、その教通さまのため、教通さまには曾祖父にあたる師輔《もろすけ》さまの日記の『九暦《きゅうれき》』を引用して作ったのが、『北山抄』だからである。それゆえ、『北山抄』こそが、わが摂関家の者が参考とするに最もふさわしい有職故実書なのである。なお、『江家次第《ごうけしだい》』は、私の父上の師通《もろみち》さまのために、大江匡房《まさふさ》殿が作ったものである。これも、すばらしい有職故実書であるとか。ただ、『江家次第』は、小賢《こざか》しい見解ばかりで、知ったかぶりの間違いもところどころに見受けられる」とか何とかいうことであった。）

なお、右に見る限り、忠実は、大江匡房の著した有職故実書である『江家次第』を評価していなかったようだが、これも、彼がその父親の師通と疎遠であったためかもしれない。

和歌に優れた頼宗

現行の民法《みんぽう》においては、正式な婚姻を結んで正式な夫婦となった男女の間に生まれた子供を、「嫡《ちゃく》出子《しゅつし》」と呼ぶのに対して、正式な婚姻を結んでおらず愛人関係にあるだけの男女の間に生まれた子供を、「非嫡出子《ひちゃくしゅつし》」と呼ぶ。しかし、王朝時代においても基本法として尊重されていた古代の律令では、嫡出子を「嫡子《ちゃくし》」と呼び、非嫡出子を「衆子《しゅうし》」と呼んだ。

したがって、道長の正妻であった源倫子が産んだ頼通や教通は、当時の法制において「嫡子」として扱われ、道長の二人目の妻であった源明子《あきこ》が産んだ頼宗《よりむね》は、法的には「衆子」として扱われたことになる。そして、律令の規定においては、衆子は、財産の相続をはじめとして、あらゆる場面において、嫡子よりも不利な立場に置かれていた。

しかし、道長の衆子として生まれた頼宗の場合、彼を冷遇したのは、朝廷の法ではなく、実の父親の道長であった。例えば、頼宗は、道長の衆子の中では最も年長であり、嫡子・衆子を問わなければ、道長の次男であったにもかかわらず、位階・官職の面で、常に異母弟《いぼてい》の教通の下に置かれていたのである。教通が二十六歳にして内大臣《ないだいじん》に就任したとき、頼宗はといえば、二十九歳にしてようやく権大《ごんのだい》

系図8　藤原道長家

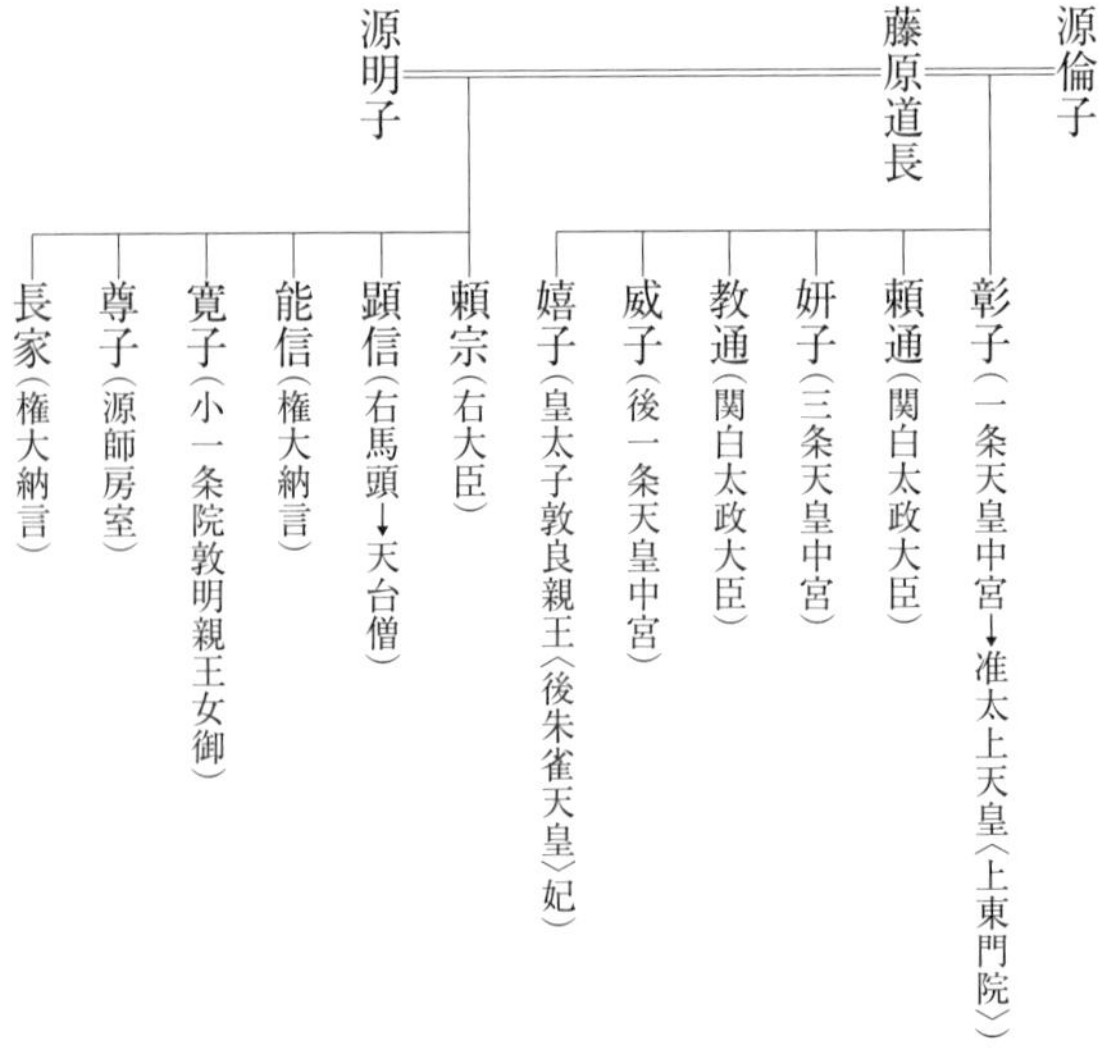

納言《なごん》に昇任したに過ぎなかったが、この人事が道長によって決められたものであることは、全く言うまでもあるまい。ちなみに、そのとき、頼宗には一歳年長の異母兄である頼通は、既に関白を兼ねる左大臣《さだいじん》となっている。

さて、そんな気の毒な頼宗にも、一つ、頼通に対しても、教通に対しても、遠慮もなく誇れるものがあった。それは、和歌《わか》の才であり、事実、彼の詠歌《えいか》は、『後拾遺和歌集《ごしゅういわかしゅう》』以下の勅撰和歌集《ちょくせんわかしゅう》に、全部で四十一首が採られているのである。このあたりのことは、次に『中外抄』から引用する久安六年（一一五〇）八月九日の忠実の談話にも窺われよう。

次《つ》いで、詩歌《しいか》の事《こと》、之《これ》を語《かた》る。「和歌《わか》の事《こと》ハ、我《われ》より上﨟《じょうろう》ニ逢《あ》ひテ、驕慢《きょうまん》の自讃《じさん》スルモあしからず。故堀川右府《ほりかわうふ》は、宇治殿《うじどの》ニ逢《あ》ひ奉《たてまつ》りテ、

『これハ、殿《との》ハえしらせたまはじ。頼宗《よりむね》こそ知《し》りて候《さぶら》へ』とて、板敷《いたじき》ヲたたかれけり。然《しか》れば、宇治殿《うじどの》ハ咲《わら》はせ給《たま》ひけり」と。

（引き続き、忠実さまは、詩歌のことについて、次のようにお話しになった。「和歌のことをめぐっては、自分よりも格上の人物を相手にして、驕《おご》り高《たか》ぶった自慢話をしたとしても、咎《とが》められなくてよい。亡くなった頼宗殿などは、頼通さまにお会いになった折、『和歌のことは、頼通さまでは、よくおわかりにならないでしょう。和歌については、この頼宗でなければわからないところでございます』と言うと、勝ち誇って、平手《ひらて》で床をお叩《たた》きになったそうな。そして、頼通さまは、腹を立てることなく、笑っていらっしゃったそうな」と。）

なお、次に詞書《ことばがき》とともに紹介するのは、『後拾遺和歌集』に入集した頼宗（「堀川右大臣」）の一首であるが、なかなかロマンティックな詠《よ》みぶりではないだろうか。

宇治前太政大臣《うじぜんだじょうだいじん》の家《いえ》の卅講《さんじゅつこう》の後《のち》の歌合《うたあわせ》に　堀川右大臣《ほりかわうだいじん》

逢《あ》ふまでと　せめて命《いのち》の　惜《お》しければ　恋《こい》こそ人《ひと》の　祈《いの》りなりけれ

父親に愛される長男の話

道長の最愛の息子

われわれ現代人が、何かと便利な文明を手にすることと引き換えに、すっかり失ってしまったものの一つに、夜の暗さがある。それは、特に必要のないもののようでありながら、月のきれいな夜などには、少し恋しくなるものなのではないだろうか。

そして、われわれほどには夜の明るさを享受していなかった平安貴族たちでさえ、きれいな月が出ている夜には、それを楽しむべく、灯《あかり》を消したりしたらしい。次に『中外抄』から引用するのは、久安四年（一一四八）五月二十三日の忠実と師元との問答であるが、ここでは、まさに、月のきれいな夜に灯を消すか否《いな》かが問題とされているのである。

又《また》も仰《おお》せて云《い》ふやう、「月《つき》を賞《め》づる夜《よる》ハ灯《ともしび》を消《け》すは、定《さだ》まれる事也《ことなり》。但《ただ》し、礼節《れいせつ》の夜《よる》は、何様《いかさま》なるべき哉《や》」と。

（忠実さまがさらにおっしゃるには、「月を楽しもうという夜には灯を消すというのは、当たり前のことである。ただし、儀式を行う夜には、灯はどうするものであろうか」とのことであった。）

図 20　平安時代の遊女（『法然上人絵伝』知恩院蔵）

申《もう》して云《い》ふやう、「件《くだん》の事《こと》は、知《し》り給《たま》へず候《さぶら》ふ。……。但《ただ》し、法興院《ほこいん》の御渡《おんわたり》にぞ、明月《みょうげつ》に依《よ》りて灯《ともしび》を消《け》さるるの由《よし》、日記《にっき》に見《み》えて候《さぶら》へ。件《くだん》の移徙《わたまし》ハ、尋常《じんじょう》に非《あら》ざる歟《か》。遊女《あそびめ》の参《まい》り入《い》りて唱歌《うたい》・和歌《やまとうた》などの候《さぶら》ひけり」と。

（これにお答えして私が申し上げたのは、「そのことにつきましては、よくわかりません。……。ただし、兼《かね》家《いえ》さまが引っ越しされた折、引っ越しの儀式を行うにあたって、きれいな月が出ていたので灯を消していらっしゃったとのこと、昔の日記に書かれてございます。そのときの兼家さまの引っ越しは、普通の引っ越しではなかったかもしれませんが。何でも、遊女までもが参上して歌や舞を披露したのだそうです」とのことであった。）

仰《おお》せて云《い》ふやう、「件《くだん》の礼《れい》は、忽《たちま》ちには覚《おぼ》えず。『宇治殿《うじどの》の御元服《ごげんぶく》歟《か》着袴《はかまぎ》歟《か》の間《あいだ》御忘《おんわす》れ、明月《みょうげつ》に依《よ》りて庭燎《にわび》を消《け》さる』の由《よし》を見《み》る所也《ところなり》」と。

（忠実さまが再びおっしゃるには、「兼家さまの引っ越しのことは、すぐには詳しいことはわからない。しかし、『頼通さまの元服だったか着袴《はかまぎ》だったか〈忠実さまがお忘れであった―師元註〉があった夜のこと、きれいな月が出ていたというので、道長さまは、庭の篝火《かがりび》を消させなさった』という旨を読んだことがあるのだ」とのことであった。）

何かともの覚えのいい忠実も、元服の折のことか着袴の折のことかうろ覚えであったようだが、とにかく、頼通に関わる儀式が行われた夜、きれいな月が出ていたということで、その儀式を主催した道長は、既に点《とも》されていた庭の篝火をわざわざ消させたのであった。これはまた、ずいぶんと心憎い演出であり、参列者たちを感心させたことだろう。

なお、この逸話は、少し見方を変えるなら、道長が嫡男の頼通をいかに大切にしていたか、を示すものでもあるように思われる。頼通こそは、道長の最愛の息子だったのである。

自然と父親に愛される長男

頼通が、同母弟の教通よりも、異母弟の頼宗よりも、ずっと道長に愛されていたのは、やはり、何よりまず、道長の正妻腹の長男（嫡子の長男）として生まれたからであったろう。

とはいえ、王朝時代の貴族社会において、正妻腹の長男でありながら、その父親に愛されない息子というのは、そうめずらしい存在でもなかった。

例えば、道長には父方の従兄《いとこ》にあたる藤原顕光《あきみつ》などは、関白太政大臣兼通《かねみち》の長男であり、しかも、その身分から見て兼通の正妻であったはずの昭子《あきこ》女王（元平《もとひら》親王女／陽成《ようぜい》天皇皇孫女）を母親としていたにもかかわらず、兼通からひどく冷遇されていた。彼は、三十二歳のとき、兼通政権のもとで、参議《さんぎ》に任命されて公卿《くぎょう》（上達部《かんだちめ》）の末席に列なるが、彼の異母弟で彼より七つも年下の朝光《あさみつ》が参議に就任したのは、その前年のことだったのである。しかも、この朝光は、顕光の参議就任と同時に、父親の兼通の引き立てによって、権中納言《ごんのちゅうなごん》へと昇任したのであった。あたかも、ようやく参議に昇った異母兄を嘲笑《あざわら》うかのように。

したがって、頼通が道長に愛され続けたのは、必ずしも当たり前のことではない。彼にも、もしかすると、同母弟の教通に立場を奪われる可能性があったのであり、あるいは、異母弟の頼宗に取って代わられる可能性があったのである。王朝時代というのは、嫡子の長男であっても、けっして油断しているわけにはいかない時代であった。

ただ、頼通の場合、その言葉や行動に、自然と父親の愛情を勝ち取るところがあったのかもしれない。次に『中外抄』から引用する保延《ほえん》四年（一一三八）正月二十八日の忠実の談話は、頼通にはそんな一面があったことを教えてくれる。

又《また》も仰《おお》せて云《い》ふやう、「宇治殿《うじどの》の大臣《おとど》たるの後《のち》に春日《かすが》の御社《みやしろ》に参《まい》り詣《もう》づるの日《ひ》、出《い》で立《た》つ所《ところ》に渡《わた》り御《おわ》さず。仍《よ》りて、宇治殿《うじどの》の社《やしろ》に参《まい》る日《ひ》に便《すなわ》ち神宝《じんぽう》など具《ぐ》シテ参《まい》り入《い》り給《たま》ふ。然《しか》るべからざる歟《か》。然《しか》り而《しか》るに、其《そ》の儀《ぎ》の有《あ》る也《なり》」と。

（忠実さまがさらにおっしゃるには、「頼通さまが、内大臣に任命されて後、大臣就任を氏神さまに報告しようと、奈良の春日大社への参詣に出発した日のこと、その出発を見送ろうと、道長さまが頼通さまのご自宅にいらっしゃることはなかった。そこで、頼通さまは、参詣の旅に出る日だというのに、春日大社に奉納する宝物を運ぶ供《とも》の人々なども引き連れたまま、出発の挨拶《あいさつ》をしようと、道長さまのご自宅へと参上なさった。これは、適切な振る舞いではあるまいよ。しかしながら、確かに、そんなことがあったのである」とのことであった。）

頼通が内大臣に就任したのは、二十六歳のときであるが、早くも四十歳で老人として扱われた時代の二十六歳は、現代においてなら四十歳前のようなものである。そして、現代の四十歳に近い大人は、そうそう親にベタベタと甘えるわけにもいかないだろう。

しかし、それだけに、いい歳の大人でありながら、少し遠出をするだけだというのに、父親に挨拶をしてからでないと出発することもできないような息子は、父親からすると、むしろ、かわいくて仕方がないものなのかもしれない。

摂関家の有職故実の先例としての頼通

しかしながら、そんな頼通も、いつまでも甘えん坊でいたわけではなかった。特に、出家の身ながらも政界の黒幕であり続けた道長が世を去って、名実ともに朝廷の実質的な最高権力者となると、頼通にも、なかなか堂々たるところが見られるようになったのである。

その一例として、『富家語』が久寿《きゅうじゅ》三年（一一五六）正月のものとする、次の談話を紹介しよう。なお、この談話は、忠実の息子で当時は左大臣となっていた頼長のものであって、『富家語』にはめずらしいことながら、忠実のものではない。

去《さんぬ》る年《とし》の十二月十六日に高陽院《かやのいん》の崩《ほう》じ給《たま》ふ。朔日《ついたち》の御薬《おんくすり》・御鏡《おんかがみ》の事《こと》を左《さ》大臣殿《だいじんどの》に申《もう》し合《あ》はしめ給《たま》ふの処《ところ》、御返事《おんかえりごと》に云《い》ふやう、「経頼《つねより》の記《き》に云《い》ふやう、『御堂《みどう》の葬家《そうけ》にて御《おわ》すに、宇治殿《うじどの》の仰《おお》せて云《い》ふやう、「喪家《そうけ》ニハ薬《くすり》の事《こと》は無《な》し」てへり』てへり」てへり。仍《よ》りて、今日《きょう》、入道殿《にゅうどうどの》に御薬《おんくすり》を供《ぐ》せざる也《なり》」と。

（この前年〈久寿二年〉の十二月十六日に、忠実さまのご息女で鳥羽《とば》天皇さまの皇后《こうごう》から「高陽院」と呼ばれる女院《にょいん》〈女性の准太上天皇《じゅんだいじょうてんのう》〉になられた泰子《やすこ》さまが、崩御《ほうぎょ》なさった。そのため、正月元日の屠蘇《とそ》や鏡餅《かがみもち》をどうするべきか、忠実さまが左大臣頼長さま〈忠実次男〉に相談なさったところ、頼長さまがおっしゃるには、「源経頼の日記である『左経記《さけいき》』の記すところによれば、『道長さまがお亡くなりになって、その喪《も》に服していらっしゃるとき、頼通さまがおっしゃったのは、「服喪中の家には、屠蘇のことはない」とのことであった』とのことである」とのことであった。そのため、本日、忠実さまに屠蘇を差し上げることはしなかったのである。）

「屠蘇」という言葉は、現代においては、ぼんやりと、かなり広い範囲で、正月元日に飲む酒を意味していよう。しかし、平安貴族たちが「屠蘇」と呼んだのは、酒ではなく、薬であった。「屠蘇散《とそさん》」もしくは「屠蘇延命散《とそえんみょうさん》」というのが、その医薬の正しい名称であるが、平安貴族たちの間では、これが広く用いられていたのである。

この屠蘇散（屠蘇延命散）は、赤朮《しゃくじゅつ》・桂心《けいしん》・防風《ぼうふう》・菝葜《さるとりいばら》・蜀椒《さんしょう》・桔梗《ききょう》・大黄《だいおう》・烏頭《うず》・赤小豆《しゃくしょうず》などを原料として、身体を温めたり胃腸の働きを助けたりする効能を持つ。それゆえ、平安貴族たちは、これを、正月元日、一年の健康を祈りつつ、酒に溶かして飲んだのであった。右に引用した『富家語』に「朔日の御薬」と見えるのは、年中行事の一つとして定着していた、酒に溶いた屠蘇散である。平安貴族たちは、「朔日の御鏡」＝鏡餅にその一年の繁栄を祈るとともに、無病息災を期して屠蘇散の溶かれた酒をあおったのであった。

しかし、定例のものとなっていた正月元日の屠蘇散も、服喪期間にある人々には、縁遠いものであったらしい。父親の道長を亡くして、その喪に服していた頼通が、「喪家ニハ薬の事は無し（服喪中の家には、屠蘇のことはない）」と断言した如くである。縁起物の正月元日の屠蘇散は、何らかの喪中の人々には不似合いなものと見做されたのだろう。

そして、こうした有職故実をめぐって、摂関家が指標としたのは、教通に由来する先例でもなければ、頼宗に由来する先例でもなく、やはり、頼通に由来する先例であった。

一日を重んじた嫡男

頼通が、同母弟の教通や異母弟の頼宗に追い落とされることなく、生涯に渡って道長の正当な後継者としての立場を守り抜くことができたのは、もしかすると、彼が一日《ついたち》を重んじていたことと関係があるのかもしれない。

次に引用するのは、『中外抄』が久安六年（一一五〇）十二月二十日のものとする、忠実と『中外抄』の筆録者の中原師元との問答であるが、ここでは、忠実が問いを発しており、これに答える師元が頼通と一日との関係に言及している。

仰《おお》せて云《い》ふやう、「故《こ》一条殿《いちじょうどの》の仰《おお》せて云《い》ふやう、『寿命《じゅみょう》を思《おも》ふ人《ひと》ハ、毎月《まいつき》の朔日《ついたち》ニ精進《しょうじん》すべき也《なり》』と。此《こ》の仰《おお》せは、若《も》しくは、本説《ほんせつ》に相《あ》ひ叶《かな》ふ歟《か》。如何《いかん》」と。

（忠実さまがおっしゃるには、「亡き母上がおっしゃるには、『長生きしたいと思う人は、毎月の朔日に精進潔斎するものである』とのことであった。この母上の仰せには、あるいは、何か確たる根拠となる書物があるものだろうか。どうであろうか」とのことであった。）

申《もう》して云《い》ふやう、「『朔日《ついたち》には、吉事《きちじ》を奏《そう》して、凶事《きょうじ》を奏《そう》さず』の由《よし》、太政官式《だじょうかんしき》に見《み》ゆ。之《これ》に加《くわ》へて、夏《か》・殷《いん》・周《しゅう》の礼《らい》・祭神《さいじん》の法《ほう》は、朔日《ついたち》を以《もっ》て最《さい》と為《な》す。又《また》、『宇治殿《うじどの》の金峯山《きんぷせん》に参《まい》らしめ給《たま》ふの時《とき》は、朔日《ついたち》に出《い》で御《おわ》して、同《おな》じき日《ひ》に御仏経供養《おんぶつきょうくよう》のあり。此《こ》の事《こと》に依《よ》りて、御願《ごがん》の成就《じょうじゅ》し、国《こく》土《ど》の豊饒《ぶにょう》たり』の由《よし》を伝《つた》へ承《うけたまわ》る所也《ところなり》」と。

〈これにお答えして私〈師元〉が申し上げて言ったのは、「『毎月の一日には、吉事を奏上するものであって、凶事を奏上するものではない』ということが、『延喜《えんぎ》式《しき》』の太政官に関する条文を集めた章に見えます。これに加えまして、大昔の中国の夏王朝・殷王朝・周王朝の祖先の祀《まつ》り方《かた》や神々の祀り方に関する法《ほう》は、毎月の一日こそを最もふさわしい日としています。また、『頼通さまが金峯山に参詣なさった折には、一日に都を出立なさって、次の一日に金峯山で仏事を行われた。そして、このことがあったので、頼通さまの祈願なさったことが成就して、この国は豊かなのである』ということを、伝え聞いております」とのことであった。〉

現代でも、毎月一日、特定の神社に参詣することを習慣にしているという人は、少なくないのではないだろうか。また、毎月毎月、決まった日に神社に参るとして、その決まった日として一日を選ぶことには、多くの人が何となく納得してしまうのではないだろうか。

では、なぜ、一日が重要なのか、というと、右の師元の答申によれば、東アジアにおいては、夏王朝の時代から、一日こそが祭祀に最適な日と見做されてきたからであったらしい。夏王朝といえば、今から四千年も昔に興ったとされる古代王朝であるから、一日の重視には、ずいぶんと長い歴史があることになる。

したがって、頼通が一日を重要視したことは、東アジアの小国の最高権力者にして、実に適切だったのかもしれない。そして、そうして一日を重視することによって、父親にのみならず、神々にも愛されたことが、頼通の嫡男の座を安泰にしていたのだろうか。

第八章　摂関家の神母としての彰子

――道長の子供たちをめぐる昔語り　その四

伯母が世話を焼く話

甥をかわいがる彰子

平安貴族たちは、絹織物のことを「絹織物」とは呼ばない。彼らは、絹織物を単に「絹《きぬ》」と呼んだのである。そして、平安貴族たちが「織物《おりもの》」と呼んだのは、経糸《たていと》と緯糸《よこいと》とにそれぞれ別々の色の糸を用いた絹織物であった。この「織物」は、ただ平坦に織ったものであっても、光の加減によって色彩が変わる、所謂「玉虫色《たまむしいろ》」のうつくしい絹織物になる。

また、この「織物」の技法を少し応用すると、柄《がら》を織り出すことが可能になる。すなわち、経糸と緯糸とが規則的に互い違いになるよう、ただ平坦に織るのではなく、ところどころ、緯糸を続けて経

図21　二陪織物（濃萌葱亀甲地窠文／紫唐草地三盛向鶴文）

糸の手前に浮かせることによって、さまざまな柄を表すことが可能になるのである。ただ、平安貴族たちは、柄を「柄《がら》」とは呼ばず、「文《もん》」と呼んでいた。また、王朝時代において、平坦に織られただけの「織物」は、「無文織物《むもんのおりもの》」と呼ばれたのに対して、「文」を織り出した「織物」は、特に「浮織物《うきおりもの》」と呼ばれた。

さらに、「浮織物」として「文」を織り出したうえから、第三の色の第二の緯糸によって、さらなる「文」を織り出したものが、「二陪織物《ふたえおりもの》（二重織物）」と呼ばれる最高級の「織物」となる。この「二陪織物」において、第三の色の第二の緯色で表される「文」は、「上文《うわもん》」と呼ばれるが、この「上文」は、一見、刺繍のように見えても、けっして刺繍ではない。それだけに、「二陪織物」は、ひどく手間のかかる「織物」であって、最高級の絹織物として扱われたのである。

そして、摂関家の男性が「二陪織物（二重織物）」の直衣《なおし》を着るようになるきっかけを作ったのは、道長の長女にして、一条《いちじょう》天皇の中宮《ちゅうぐう》となり、やがては「上東門院《じょうとうもんいん》」と呼ばれる准太上天皇《じゅんだいじょうてんのう》となった、藤原彰子《あきこ》であった。その詳細は、次に『富家語《ふけご》』から引用する平治《へいじ》元年（一一五九）の藤原忠実《ただざね》の談話から知られる通りとなる。

仰《おお》せて云《い》ふやう、「直衣《なおし》ノ文《もん》ニ二部織物《ふたえおりもの》を居《す》ゑる事《こと》、故殿《ことの》の、納言《なごん》ニテ五節《ごせち》を献《たてまつ》らしめ給《たま》ふ時《とき》、上東門院《じょうとうもんいん》より新《あら》たしき御装束《ごしょうぞく》を調《ととの》へらるるに、件《くだん》の御直衣《おんなおし》は、地《じ》は白《しろ》き織物《おりもの》ニ、紅梅《こうばい》ノ散《ち》りタル文《もん》ヲ居《す》ゑらるる二部織物也《ふたえおりものなり》」と。

（忠実さまがおっしゃるには、「摂関家では、柄のある直衣として二陪織物〈二部織物〉の直衣を用いることは、亡きお祖父さまの師実《もろざね》さまにはじまる。師実さまは、まだ大納言《だいなごん》であった頃《ころ》、豊明節会《とよのあかりのせちえ》の五節舞姫《ごせちのまいひめ》を陛下に献上なさったときに、上東門院彰子さまから、新しい衣裳《いしょう》を贈られたのであったが、その衣裳のうちの直衣は、白地の織物で、さらに紅梅が散った柄をあしらった二陪織物の直衣であった」とのことであった。）

上東門院彰子が産んだ子供は、敦成《あつひら》親王・敦良《あつなが》親王の二人だけである。そして、両皇子は、それぞれ、後一条《ごいちじょう》天皇・後朱雀《ごすざく》天皇として即位した。それゆえ、彰子は、偉大な「国母《こくも》」として敬われる人生を送り得たのであったが、その代わり、貴族社会の普通の母親たちのようには、息子の衣裳を用意する楽しみを経験できなかったのではないだろうか。

彰子が甥《おい》の師実をかわいがったのは、そうした事情からかもしれない。

姪をかわいがる彰子

さて、衣裳一式を贈るというかたちで甥をかわいがることのあった上東門院彰子は、やはり、姪《めい》をかわいがることもあった。次に紹介する応保《おうほ》元年（一一六二）の忠実の談話は、『富家語』に見えるものであるが、これに明らかなように、彰子は、頼通の娘にして後冷泉《ごれいぜい》天皇の皇后《こうごう》となって世に「四《し》条宮《じょうのみや》」と呼ばれた寛子《ひろこ》に対しては、衣裳を贈るどころか、成人していない女性の従者である「童女《めのわらわ》」を贈っていたのである。

仰《おお》せて云《い》ふやう、「上東門院《じょうとうもんいん》より四条宮《しじょうのみや》に童女《めのわらわ》故宇治殿《うじどの》の法印《ほういん》の御母《おんはは》を渡《わた》し奉《たてまつ》らるるに、衵《あこめ》ノ表《うえ》に汗衫《かざみ》ヲ著《き》タリ。四条宮《しじょうのみや》の仰《おお》せて云《い》ふやう、『只《ただ》に常《つね》の衵《あこめ》の袴《はかま》を著《ちゃく》シテ其《そ》の上《うえ》に汗衫《かざみ》を著《き》る也《なり》。帯《おび》ハセズ、尻《しり》ヲバ殿上童《てんじょうわらわ》ノ細長《ほそなが》ノ尻《しり》ノ様《よう》ニ、肩《かた》ニ打《う》ち懸《か》くる也《なり》』トゾ仰《おお》せの有《あ》る也《なり》」と。

（忠実さまがおっしゃるには、「上東門院彰子さまが、四条宮寛子さまに、一人の女童〈やがては亡きお祖父さまの師実さまのご子息である永実法印《えいじつほういん》殿の母君となる女童〉を差し上げたことがあったのだが、彰子さまは、その女童に、衵を着させた上に汗衫を着させていた。この女童の服装について、寛子さまは、『汗衫を着るときには普通は履くものである表袴《うえのはかま》は履かず、ただの袴を履いているばかりであって、それでも、上着として汗衫を着ていたのである。また、帯はしておらず、衵の後ろの裾《すそ》を、殿上童《てんじょうわらわ》がするように、肩《かた》に掛《か》けていたのである』というふうにおっしゃっていたものだ」とのことであった。）

『栄花物語《えいがものがたり》』によると、長保《ちょうほ》元年（九九九）の十一月、わずか十二歳で一条天皇の女御《にょうご》となった彰子は、「女房《にようぼう》四十人《よそたり》・童《わらわ》六人《むたり》・下仕《しもづかえ》六人《むたり》」を引き連れて、堂々たる行列で入内《じゆだい》したのであったが、このとき、彼女に仕える六人の女童（「童六人」）のうちの幾人かを用意したのは、「さるべき童《わらわ》などは、女《によ》院《いん》などより奉《たてまつ》らせ給《たま》へり」と語られるように、道長の同母姉であって彰子には伯母《おば》にあたる東三条《ひがしさんじよう》院詮子《いんあきこ》であった。つまり、彰子は、自身にも、伯母から女童を贈られるという経験があったのである。

とすれば、寛子に女童を贈ったことは、彰子にしてみれば、全く自然なことだったのではないだろうか。彼女は、自身の経験に照らして、「伯叔母は、姪に女童を贈るものだ」と考えていたのかもしれない。

また、彰子がその伯母の詮子から女童を贈られたのが、彰子の入内のタイミングであったことからすれば、彰子が寛子に女童を贈ったのも、寛子が後冷泉天皇に入内したときだったのではないだろうか。そもそも、入内する折には、その入内する姫君《ひめぎみ》に仕える人員は、女房にしても、女童にしても、下働きの雑仕女《ぞうしめ》（「下仕」）にしても、かなり増員されるものであり、しかも、そうした人員は、しっかりと厳選されるものであったから、ここで姫君の伯叔母にあたる女性が援助す

系図9　上東門院藤原彰子を中心とする人物関係図

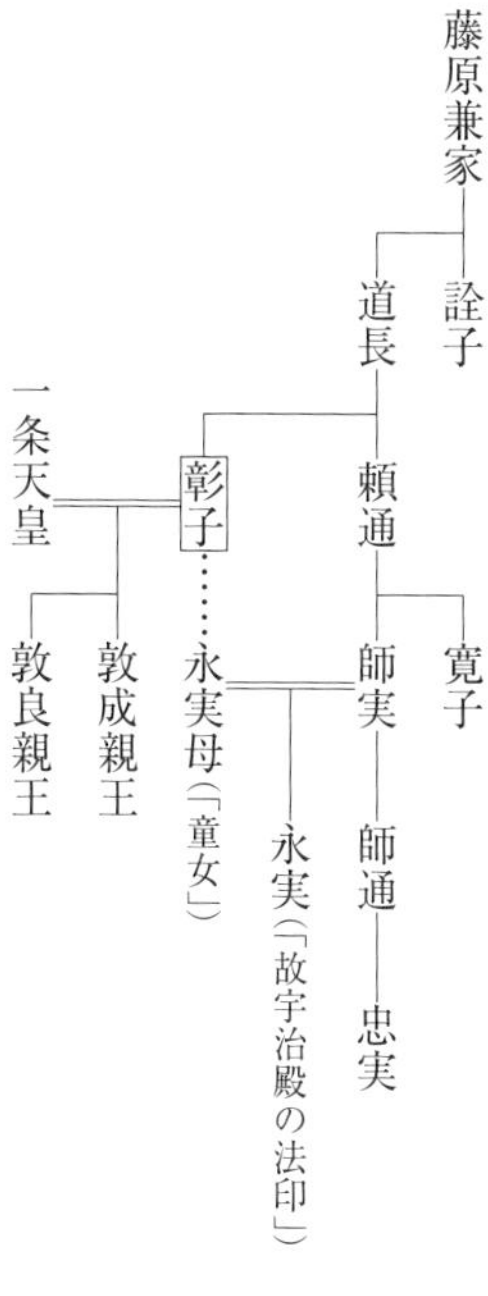

るというのは、実に自然なことであろう。

そして、入内する姫君の伯母としての彰子は、やがては摂関家の御曹司のお手付きとなるほどの美少女を、斬新なおしゃれをさせたうえで、姪のもとに贈ったのであった。

道長の本宅の話

土御門殿第

一条天皇の中宮であった彰子は、一条天皇が三条《さんじょう》天皇に玉座を譲って一条上皇となってほどなく崩《ほう》じた後、二十五歳の若さで皇太后《こうたいごう》となり、さらに、彼女の産んだ敦成親王が三条天皇から玉座を譲られて後一条天皇として即位した後、三十一歳にして太皇太后《たいこうたいごう》となる。そして、王朝時代には老齢の初めと見做されていた四十歳になる前年のこと、太皇太后彰子は、出家の身となるとともに、女性の准太上天皇（准上皇）である女院《にょいん》になるのであった。後年の彰子の呼称である「上東門院」は、彼女の女院としての号（女院号）に他ならない。

では、なぜ、彰子の女院号が「上東門院」になったのかというと、それは、彼女の父親の道長の本宅であって彼女自身の里第でもあった土御門殿第《つちみかどどの》が、「上東門第」とも呼ばれていたからであった。

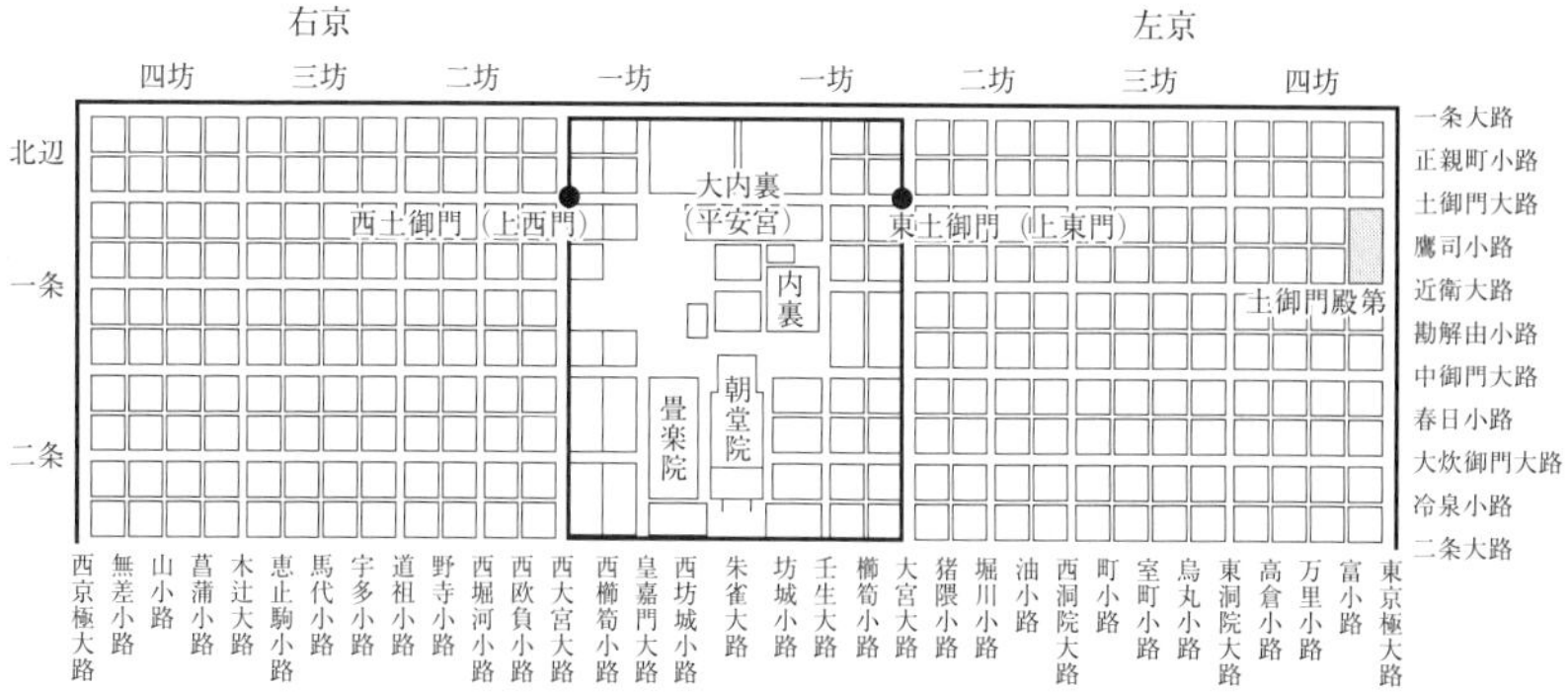

図22　土御門殿第の位置

土御門殿第に「土御門殿」の号があったのは、同第が、大内裏の東土御門《ひがしつちみかど》から東に走る土御門大路《つちみかどおおじ》に面していたためである。そして、同第の「土御門殿」という号の由来となった大内裏の東土御門には、「上東門《じょうとうもん》」という別名もあったがゆえに、同第には、「上東門第」というもう一つの号が付けられたのであった。

なお、平安京の東端を南北に走る東京極大路《ひがしきょうごくおおじ》にも面していた土御門殿第（上東門第）は、しばしば、「京極殿《きょうごくどの》」とも呼ばれていたが、それは、例えば、次に『中外抄《ちゅうがいしょう》』から引用する永治《えいじ》二年（一一四二）四月二十九日の忠実の談話における如くである。

又《また》も仰《おお》せて云《い》ふやう、「……。京極殿《きょうごくどの》ハ、又《また》も名所《めいしょ》なり。而《しか》るに、神鏡《じんきょう》の件《くだん》の所《ところ》に於《お》いて焼《や》けしめ給《たま》ふ。件《くだん》の所《ところ》は祥《よ》からざるなり。仍《よ》りて、土《つち》ニ降《お》りテハ打《う》ち任《まか》せても遊《あそ》ばざるなり。但《ただ》し、我《われ》ハ、童稚《どうち》の時《とき》ニ地《ち》に下《お》りて遊《あそ》ぶと雖《いえど》も、全《もっぱ》ら別《べち》の恐《おそ》れの無《な》し」と。

（さらに忠実さまがおっしゃるには、「……。土御門殿第〈「京極殿」〉は、これも世に広く知られるすばらしい邸宅である。しかしながら、三種の神器の一つとして伊勢神宮に祀《まつ》られている八《や》咫鏡《たのかがみ》の形代《かたしろ》である神鏡は、その土御門殿第の火災で焼失してしまった。土御門殿第は、めでたい邸宅ではないのである。それで、摂関家の人々は、土御門殿第においては、建物の床から地面に下りて自由に遊んだりはしないものなのである。ただし、私は、幼い頃に土御門殿第で地面に下りて遊んだものの、心配するようなことは全く起きなかった」とのことであった。）

右に忠実が語るところによると、土御門殿第は、王朝時代の人々にとって、神鏡焼失の現場であったらしい。その神鏡というのは、三種の神器の一つである八咫鏡そのものではなかったものの、伊勢神宮に奉斎される八咫鏡の代わりに宮中に置かれた八咫鏡の形代とされる鏡であったから、これも、けっして火災で失われていいようなものではなかった。

この神鏡焼失をもたらした土御門殿第の火災は、後朱雀《ごすざく》天皇の長暦《ちょうりゃく》四年（一〇四〇）九月九日、同第が仮内裏《かりだいり》となっていたときに起きたものであった。そのとき、道長は既に故人となっていたが、まだまだ健在であった彰子は、自身に最も縁の深い邸宅での神鏡の焼失を、どのように受け止めたのだろうか。

「南門」を持つ土御門殿第

ときに、その土御門殿第については、平安貴族の邸宅にはめずらしい南門があったことを疑わせる史料が存在する。すなわち、道長の日記である『御堂関白記《みどうかんぱくき》』には、長保元年（九九九）五月八日の日付で、次のような記述が見えるのである。

馬場《うまば》に於《お》いて陸奥《むつ》の交易《きょうやく》の御馬《みうま》を見《み》る。是《これ》は、内《うち》に参《まい》る次《つ》いでなり。南門より引《ひ》き入《い》るる也《なり》。

「陸奥の交易の御馬」というのは、良馬の産地として知られる陸奥国《むつのくに》から、都《みやこ》の朝廷へと、毎年のこととして貢納される馬である。そして、その馬が、「陸奥の御馬」と呼ばれるのではなく、殊更に「陸奥の交易の御馬」と呼ばれるのは、それが、陸奥国において税の一種として無償で徴収された馬ではなく、同国において公費からの支出によって適正な価格で購入された馬だったからである。当然のことながら、無償の徴収などという強引で傲慢な方法では、本当の良馬を入手できるわけもなく、ゆえに、当時の朝廷は、陸奥国で産出される良馬の獲得をめぐっては、適正な代価を払って購入するという穏当な方法を導入したのであった。

また、そうして陸奥国において確保された良馬は、都へと運ばれて、内裏《だいり》紫《し》宸殿《しんでん》の南庭で天覧《てんらん》に供された後、朝廷の要人たちや朝廷の諸官司へと配分されることになっていた。この場合の朝廷の要人というのは、皇太子や摂関であり、また、この場合の朝廷の諸官司というのは、左近衛府《さこのえふ》・右近衛府《うこのえふ》や左馬寮《さまりょう》・右馬寮《うまりょう》である。

ただ、右に引用した『御堂関白記』によると、その「陸奥の交易の御馬」は、内裏において天皇によって見分されるに先立って、道長の私宅である土御門殿第において、道長によって見分されていた。が、これは、当時の道長が、内覧《ないらん》の左大臣《さだいじん》として、天皇に奏上《そうじょう》される案件の全てを天皇より先に検討する権限と義務とを有していたからに他ならない。

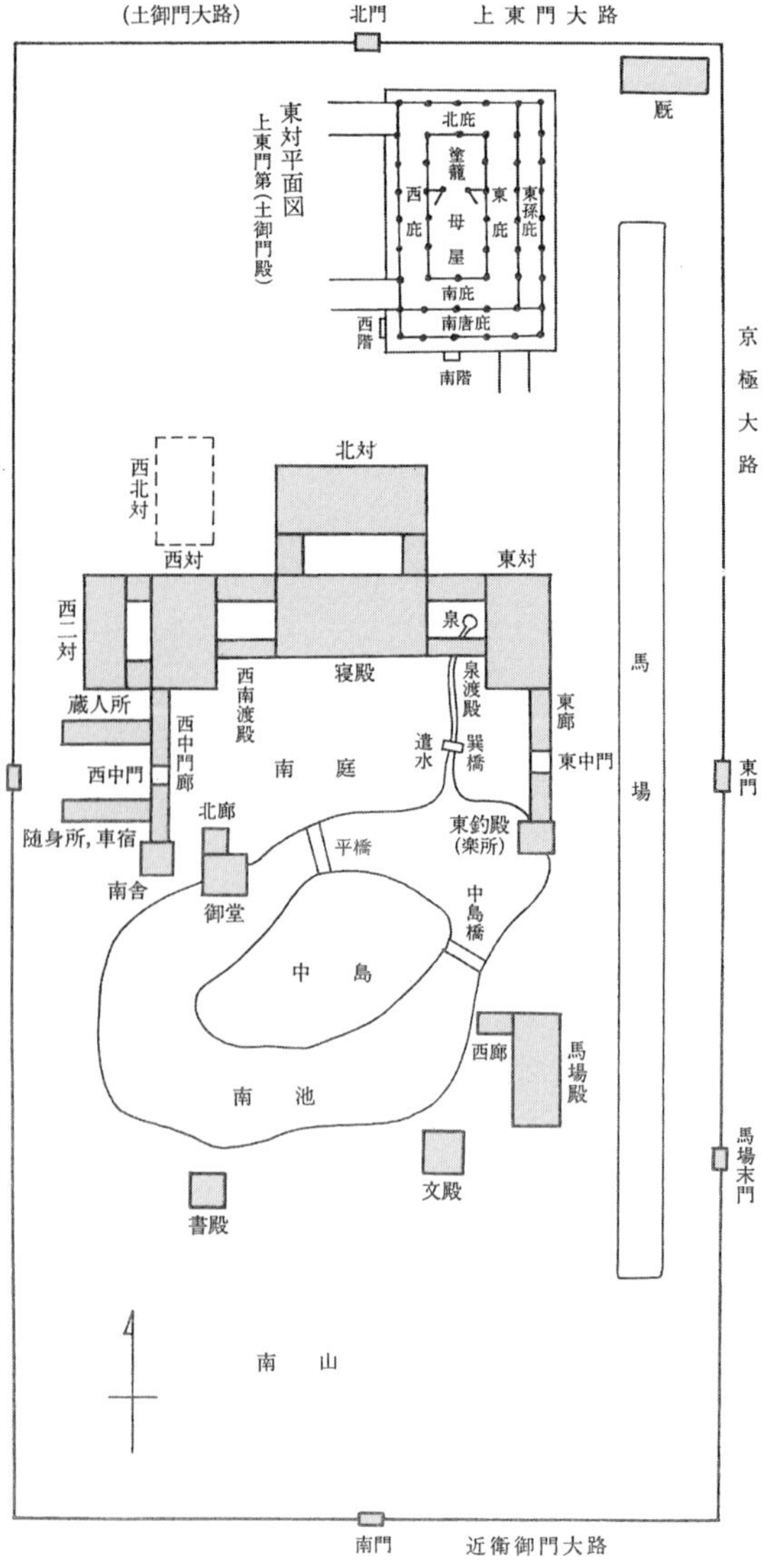

図 23　土御門殿第推定復元図（太田静六『寝殿造の研究』吉川弘文館、1987 より転載）

そして、『御堂関白記』の言うところ、「陸奥の交易の御馬」を内覧しようとした道長は、内覧するべき数頭の良馬を、その「南門」から、自邸の土御門殿第へと牽き入れさせたようなのである。「南門より引き入るる也」という『御堂関白記』の一節は、そのように読まれるべきであろう。

とすれば、道長の土御門殿第には、やはり、南門があったのだろうか。

だが、「寝殿造」と呼ばれる様式の邸宅として知られる平安貴族たちの邸宅は、普通、南門を持たない。内裏には「建礼門《けんれいもん》」と呼ばれる南門があり、大内裏《だいだいり》には「朱雀門《すざくもん》」と呼ばれる南門があるが、それは、内裏が天皇の住居であるからであり、大内裏が内裏を内包する宮城《きゅうじょう》であるからであって、一般の貴族たちの邸宅には、南門はなかったようなのである。

したがって、道長の土御門殿第についても、南門はなかった、と見るべきなのではないだろうか。確かに、『御堂関白記』には、土御門殿第の「南門」への言及が見られる。が、この「南門」は、必ずしも同第の南面に位置する門ではないかもしれない。

摂関家にとっての南門

次に紹介するのは、『中外抄』が久安《きゅうあん》四年（一一四八）五月二十三日のものとする、藤原忠実と中原《なかはらの》師元《もろもと》との問答である。そして、ここでは、貴族たちの私宅が南門を持つことの是非が問題とされている。

同《おな》じき日《ひ》に仰《おお》せて云《い》ふやう、「人《ひと》の家《いえ》に四《よ》つの門《かど》の有《あ》るは、憚《はばか》るべきや否哉《いなや》」と。

（同じ日に忠実さまがおっしゃったのは、臣下の家に、東門・南門・西門・北門の四方の門を設けるのは、遠慮しなければならないことであるか否か」とのことであった。）

予《よ》の申《もう》して云《い》ふやう、「本朝《ほんちょう》の例《ためし》は、覚《おぼ》えず候《さぶら》ふ。但《ただ》し、藤氏《とうし》の四《よ》つの門《かど》は、我《わ》が朝《みかど》の第一《だいいち》の吉《よ》き例也《ためしなり》。又、『史記《しき》』に云《い》ふやう、『尭《ぎょう》の位《くらい》に即《つ》きて四《よ》つの門《かど》を以《もっ》て之《これ》を開《ひら》く』と云々《うんぬん》。帝王《ていおう》・関《かん》白《ぱく》の四《よ》つの門《かど》は、吉《よ》き例《ためし》と為《な》すべき歟《か》」と。

（この私〈中原師元〉が申し上げて言ったのは、「この国の例は、存じません。ただ、藤原氏が東南西北の四方に門を設けるのは、この国で一番のめでたい例であります。また、『史記』によると、『古代の中国においては、名君として知られる尭が、皇帝として即位すると、初めて宮殿に東門・南門・西門・北門の四つの門を設けた』とか何とかいうことです。ですから、天皇さまや関白さまの居所に東南西北の四方の門があることは、めでたい例と見做すべきではないでしょうか」とのことであった。）

仰《おお》せて云《い》ふやう、「大《おお》きに興《きょう》の有《あ》る事也《ことなり》。先《ま》づ、平等院《びょうどういん》の経蔵《きょうぞう》は、已《すで》に四《よ》つの門也《かどなり》。宇治殿《うじどの》は、若《も》しくは、此《こ》の由《よし》を知《し》ろし食《め》す歟《か》」と。

（忠実さまがおっしゃるには、「それは、たいへんおもしろい話である。何より、宇治の平等院《びょうどういん》の経蔵《きょうぞう》は、確かに東門・南門・西門・北門の四つの門を持っている。頼通さまは、もしかすると、東南西北の四方に門があるのはめでたいことであることを、ご存じであったのだろうか」とのことであった。）

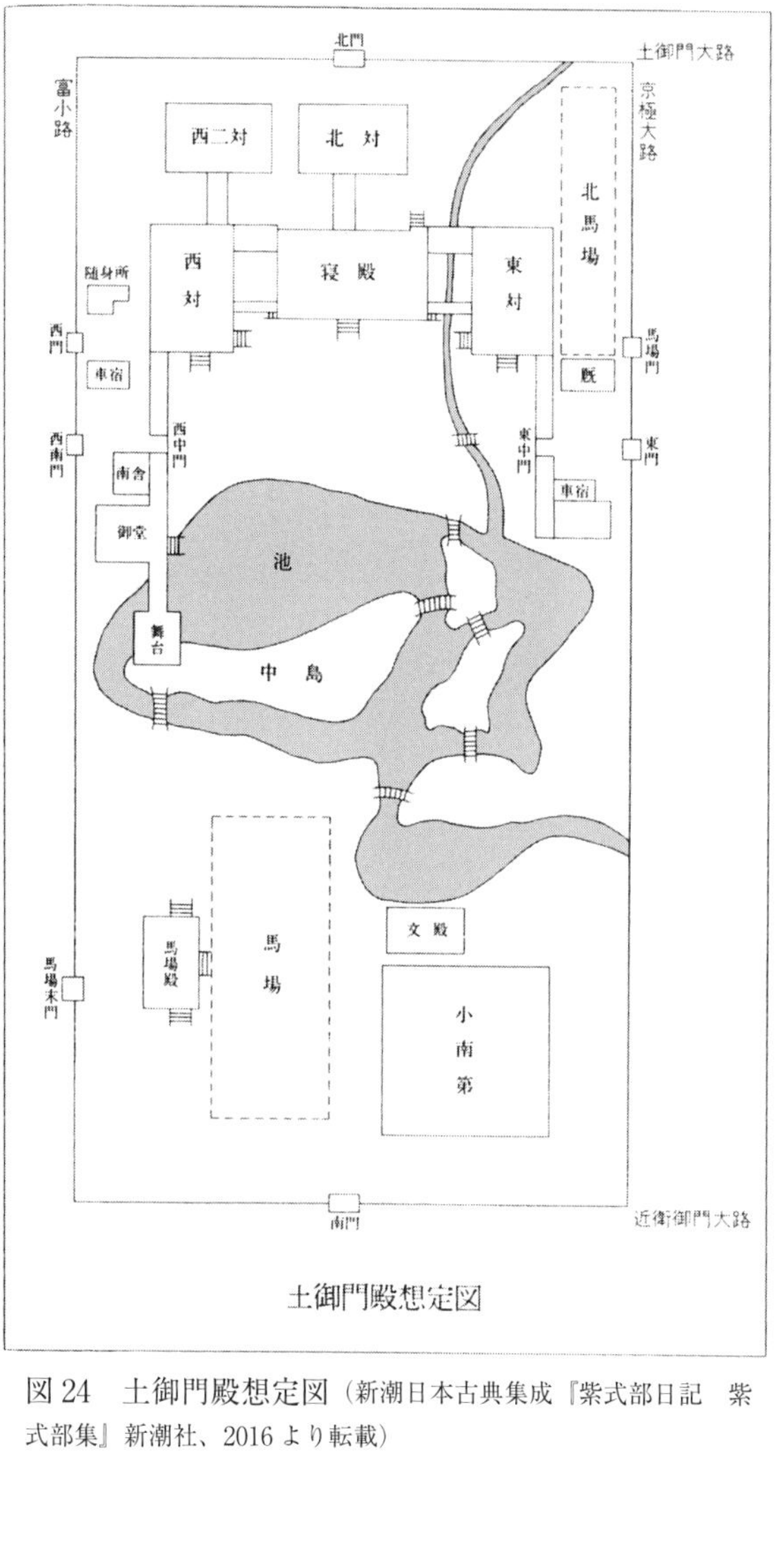

図24　土御門殿想定図（新潮日本古典集成『紫式部日記　紫式部集』新潮社、2016より転載）

どうやら、忠実は、貴族の私宅に南門を設けることについて、幾らか否定的に考えていたらしい。が、師元は、忠実の心情を察してであろう、臣下の中でも、藤原摂関家に関してだけは、その私宅に南門を設けることを、全面的に肯定してみせる。すると、忠実は、師元の返答を素直によろこぶのであった。やはり、彼は、私宅の南門を肯定したかったのだろう。あるいは、忠実は、これから私宅に南門を設けようとでもしていたのだろうか。

ただ、ここで気になるのは、忠実が持ち出した既存の南門の例が、平等院の経蔵の南門だけであることである。彼は、なぜ、道長の土御門殿第の南門に言及しないのだろうか。

実のところ、著者は、土御門殿第には南門などなかった、と考えている。『御堂関白記』の「南門」は、土御門殿第の南面に設けられた門などではなく、実は、同第の馬場《うまば》の南端の近くに設けられた「馬場末門《うまばのすえのもん》」とも呼ばれる門なのではないだろうか。既に見たように、『御堂関白記』の「南門」は、「陸奥の交易の御馬」を牽き入れるのに用いられているのであって、この点からしても、この門は、同第の南面の門であるよりも、馬場の南端に近い「馬場末門」である方が、ずっとふさわしいのである。

一家の長姉の話

摂関家の神母（ゴッド・マザー）

ところで、今さらながらの確認であるが、上東門院彰子は、われらが忠実には、曾祖《そうそ》伯母《はくぼ》にあたる。

「曾祖伯母」とは、あまり耳慣れない言葉かもしれないが、これが意味するのは、すなわち、曾祖父の姉である。そして、彰子はといえば、忠実の憧れの曾祖父である宇治関白頼通の姉なのであるから、彼女は、まさしく忠実の曾祖伯母であろう。

これに対して、彰子にとっての忠実は、曾姪孫《そうてっそん》ということになる。「曾姪孫」とは、これまた聞き慣れない言葉であろうが、その意味するところは、甥《おい》もしくは姪《めい》の孫である。姪の孫のみならず、甥の孫までもが「曾姪孫」と呼ばれることには、何か釈然としないところがあるとしても、古くよりそう呼び習わされてきたというのだから、これを受け容れるしかあるまい。そして、忠実が敬愛してやまない祖父の師実は、頼通の息子であって、頼通の姉である彰子には甥にあたるから、師実の孫の忠実は、確かに、彰子の曾姪孫となる。

したがって、既に紹介した『富家語』の談話は、忠実が、その曾姪孫の立場から、曾祖伯母の上東門院彰子について語ったものであったことになるわけだが、実のところ、忠実は、彰子とは面識がない。承暦《じょうりゃく》二年（一〇七八）に生まれた忠実では、承保《じょうほ》元年（一〇七四）に崩御した彰子と直接に対面しようなど、どうにも無理な相談であった。

ただ、それにもかかわらず、『富家語』にも、そして、『中外抄』にも、ちょこちょこと上東門院彰子が登場する。しかも、道長には彰子を含めて六人もの娘がいたにもかかわらず、『富家語』や『中外抄』に登場する道長の娘は、彰子一人に限られているのである。

表2　藤原道長家生没年表

康保元年（九六四）		源倫子誕生	
二年（九六五）	？	源明子誕生	
三年（九六六）		道長誕生	
永延二年（九八八）		彰子誕生	
正暦三年（九九二）	正月	頼通誕生	
四年（九九三）		頼宗誕生	
五年（九九四）	三月	妍子誕生	
	某月	顕信誕生	
長徳元年（九九五）		能信誕生	
二年（九九六）	六月	教通誕生	
長保元年（九九九）	十二月	威子誕生	
	某月	寛子誕生	
五年（一〇〇三）	？	尊子誕生	
寛弘二年（一〇〇五）	八月	長家誕生	
四年（一〇〇七）	正月	嬉子誕生	
万寿二年（一〇二五）	七月	寛子死没	二七歳
	八月	嬉子死没	二二歳
四年（一〇二七）	五月	顕信死没	三四歳
	九月	妍子死没	三四歳

なぜ、忠実は、一面識もない彰子のことを語ったのだろうか。また、彼は、なぜ、道長の六人の娘たちのうち、彰子についてのみ、幾つかの談話を残したのだろうか。

道長の娘というのは、まず、源倫子《ともこ》が産んだ彰子・妍子《きよこ》・威子《たけこ》・嬉子《よしこ》の四人であり、さらに、源明子《あきこ》が産んだ寛子《ひろこ》・尊子《たかこ》の二人である。ちなみに、倫子は頼通《よりみち》・教通《のりみち》の二人の息子をも産み、明子は頼宗《よりむね》・顕信《あきのぶ》・能信《よしのぶ》・長家《ながいえ》の四人の息子をも産んでいるから、道長の二人の妻たちは、それぞれ、男女合わせて六人ずつもの子供を産んだことになる。出産は、王朝時代の女性たちにとって、間違いなく、平均寿命を引き下げる因子の一つであっただけに、倫子といい、明子といい、実にめでたい人生を送ったものである。

しかしながら、道長の六人の娘たちの人生を

十二月	道長死没	六二歳
長元九年（一〇三六）九月	威子死没	三八歳
永承四年（一〇四九）七月	源明子死没	八五歳
天喜元年（一〇五三）六月	源倫子死没	九〇歳
康平七年（一〇六四）十一月	長家死没	六〇歳
八年（一〇六五）二月	頼宗死没	七三歳
	能家死没	七一歳
承保元年（一〇七四）二月	頼通死没	八三歳
十月	彰子死没	八七歳
二年（一〇七五）九月	教通死没	八〇歳
寛治元年（一〇八七）七月？	尊子死没	八五歳

見るに、彼女たちのうち、道長に栄華をもたらす功があったのは、さらに言えば、道長以後の道長の家系の繁栄の基礎となったのは、彰子と嬉子とだけであった。より具体的には、後一条天皇・後朱雀天皇の母親となった彰子および後冷泉天皇の母親となった嬉子のみが、道長や頼通に、朝廷を牛耳るのに欠かすことのできない、天皇の外祖父《そとおおじ》なり外伯叔父《そとおじ》なりという立場を用意できたのである。

そして、道長の家系の人々にとって最も尊敬すべき女性となりながら、道長一門の行く末を見守り続けることができたのは、彰子のみであった。嬉子が二十二歳の若さで他界したのに対して、彰子は八十七歳の長寿を保ったのである。それゆえ、道長以降の摂関家において、上東門院彰子は、言わば「神母《ゴッド・マザー》」のような存在として敬われていたのであった。

天皇の本当の名を知る上東門院彰子

そんな上東門院彰子については、『中外抄』によって、いかにも摂関家の神母《ゴッド・マザー》にふさわしい逸話も伝えられている。次に引用するのは、『中外抄』が保延《ほえん》三年（一一三七）六月十二日のものとする忠実と中原師元との対話であるが、ここに窺われるのは、長きに渡って摂関家と天皇家とを見守り続けた、偉大なる女院の姿に他ならない。

雑事《ぞうじ》を仰《おお》せらるるの後《のち》、師元《もろもと》の申《もう》して云《い》ふやう、「篤昌《あつまさ》は、『篤衡《あつひら》』に改《あらた》め了《お》はんぬ。件《くだん》の名《な》は、後一条院《ごいちじょういん》の御名《みな》に同《おな》じ歟《か》。件《くだん》の条《じょう》、尤《もっと》も不審《ふしん》に候《さぶら》ふ」と。

（さまざまな話をお伺いした後、私〈中原師元〉が忠実さまに申し上げたのは、「藤原篤昌は、その名を『篤衡』に改めました。しかし、この『あつひら』という名は、後一条天皇さまのお名前と同じではないでしょうか。この件、たいへん気がかりに思っております」とのことであった。）

仰《おお》せて云《い》ふやう、「件《くだん》の御名《みな》ハ、『敦成《あつひら》』也《なり》。人《ひと》の『敦成《あつなり》』と後《のち》ニ申《もう》しケレバ、上東門院《じょうとうもんいん》ハ、『「アツヒラ」トコソ聞《き》きシカ』ト仰《おお》せられケル」と。

（これにお答えになって忠実さまがおっしゃるには、「後一条天皇さまのお名前は、『敦成《あつひら》』である。後一条天皇さまがお亡くなりになった後、誰かが、後一条天皇さまのお名前を『敦成《あつなり》』と言ったところ、上東門院彰子さまは、『後一条天皇さまのお名前は「アツヒラ」だと聞いています』と仰せになったのだとか」とのことであった。）

「醍醐《だいご》」「村上《むらかみ》」「冷泉《れいぜい》」「円融《えんゆう》」「花山《かざん》」「一条《いちじょう》」「三条《さんじょう》」「後一条《ごいちじょう》」「後朱雀《ごすざく》」「後冷泉《ごれいぜい》」「後三条《ごさんじょう》」など、われわれ現代人が一般的に用いている王朝時代の天皇たちの名称は、それぞれの天皇たちの名前ではない。これらは、「諡《おくりな》」もしくは「諡号《しごう》」と呼ばれるものであって、それぞれの天皇の死後に定められた呼称なのである。

したがって、例えば、われわれが「後一条天皇」と呼ぶ天皇も、生前においては誰からも「後一条天皇」とは呼ばれていなかったことになる。もし、この天皇が自身に「後一条天皇」という呼称があることを知るとしたら、それは、草葉の陰においてであろう。

そして、後一条天皇にとっての本当の意味での名前は、「敦成《あつひら》」であった。彼は、即位するまでは敦成親王だったのである。

しかし、この「敦成」という名は、「諱《いみな》」あるいは「忌《い》み名《な》」と呼ばれるものであって、ほとんど使われることがなかった。一条天皇の第二皇子であった敦成親王（後一条天皇）の場合、生まれてしばらくの間は、ただ単に「二宮《にのみや》」と呼ばれ、また、皇太子となって以降は、ただ単に「東宮《とうぐう》」と呼ばれて、諱を呼ばれることはなかったのである。ちなみに、いずれの天皇の場合にも、即位した後は、「主上《しゅじょう》」と呼ばれ、さらに、退位した後には、「院《いん》」と呼ばれたため、やはり、諱を呼ばれる機会はないものであった。

こうした事情からすれば、長元《ちょうげん》九年（一〇三六）に崩じた後一条天皇の諱が、保延三年の時点で不明確になっていたとしても、仕方のないことなのかもしれない。

天皇の諱

とはいえ、王朝時代の天皇の諱（本来の名前）が、百年ほど後の貴族社会において忘れられかけていたという事実は、われわれ現代人にとって、少なからず驚くべきことであろう。王朝時代といえば、現代とは異なって、少なくとも建前としては、天皇こそが全ての権限を有する正統な支配者であった時代なのである。

しかし、王朝時代の天皇の諱は、実のところ、同時代を生きる貴族たちにさえ、すっかり忘れられてしまっていたりもした。

一条天皇といえば、先ほどの後一条天皇の父親であり、上東門院彰子の夫であって、「中宮定子《ちゅうぐうさだこ》」あるいは「皇后定子《こうごうさだこ》」として知られる藤原定子《さだこ》の夫でもある。そして、清少納言《せいしょうなごん》の『枕草子《まくらのそうし》』や紫《むらさき》式部《しきぶ》の『紫式部日記《むらさきしきぶにっき》』に「上《うえ》」として登場する天皇も、一条天皇に他ならない。そうした意味では、王朝時代の天皇たちの中では、この一条天皇こそが、最も知名度の高い天皇なのではないだろうか。

ところが、そんな一条天皇でも、本来の名前である諱を、自分の臣下である貴族たちに、完全に忘れられていたことがあった。

「長保《ちょうほ》」という年号から「寛弘《かんこう》」という年号への改元が行われたのは、一条天皇の長保六年＝寛弘元年（一〇〇四）の七月二十日のことである。そして、重臣であるような貴族たちが一条天皇の諱を忘れていることが露呈したのは、この改元をめぐってであった。すなわち、道長の日記である『御堂《みどう》関白記《かんぱくき》』によると、改元に先立って開かれた新しい年号を決める会議において、道長をはじめとする上級貴族たちのほぼ全員が一致して新元号に選んだのは、「寛仁《かんにん》」というものであったが、実は、これは、一条天皇の諱を覚えている者ならば、けっして選ばないはずの年号だったのである。

即位する直前の一条天皇は、皇太子懐仁親王であった。つまり、「懐仁《かねひと》」というのが、一条天皇の本来の名前であり、諱なのである。そして、改元のために新しい年号を決めるにあたって、絶対に守らなければならない原則の一つが、その時点で玉座にある天皇の諱に含まれる漢字は、年号に含まれてはならない、というものであった。とすれば、「寛仁」が一条天皇の時代にはあり得ない年号であったことは、言うまでもあるまい。

それにもかかわらず、「寛仁」を新しい年号に選びかけたというのだから、当時の上級貴族たちには、言い逃れの余地はないだろう。彼らは、一条天皇の諱を忘れていたのである。また、上級貴族たちは、中級貴族層に属する学者たちから提案された幾つかの候補の中から新しい年号を選ぶことになっていたから、学者として年号の候補の選定を任されるほどの博学の中級貴族たちの中にも、自身の仕える天皇の諱を忘れている者がいたことになる。

そんな一条天皇の皇子として生まれた後一条天皇が、その諱の読み方を忘れられていたというのだから、貴族たちが天皇の諱を忘れているというのは、いつものことだったのかもしれない。とすれば、自身の息子である後一条天皇の諱を正しく覚えていた上東門院彰子にしても、果たして、その夫の一条天皇の諱を、きちんと覚えていたものだろうか。

彰子の語る一条天皇

この章の最後に『中外抄』から引用するのは、保延三年（一一三七）三月二十日の忠実の談話であるが、これによれば、八十七歳という長寿に恵まれた上東門院彰子は、摂関家と天皇家とを見守り続けるとともに、若くして死別した夫の一条天皇について、いかに優れた帝王であったかを、人々に語り聞かせていたらしい。

仰《おお》せて云《い》ふやう、「帝王《ていおう》・一《いち》の人《ひと》ハ、慈悲《じひ》の心《こころ》を以《もつ》て国《くに》を治《おさ》むべき也《なり》。故殿《ことの》の仰《おお》せて云《い》ふやう、『上東門院《じょうとうもんいん》の仰《おお》せられけるとて、「先《さき》の一条院《いちじょういん》ハ、寒《さむ》き夜《よる》には、わざと御《おん》ひたたれを推《お》し脱《ぬ》ぎて御坐《おわ》しけれバ、女院《にょいん》の『ナド、カクテハ』ト申《もう》さしめ給《たま》ひければ、『日本国の人民《じんみん》の寒《さむ》かる覧《らん》に、吾《われ》、カクテあたたかにてたのしく寝《ね》たるが、不便《ふびん》なれバ』とぞ仰《おお》せられける」と』と」と。

（忠実さまがおっしゃるには、「天皇陛下や摂政・関白は、常に慈悲の気持ちで国を治めなければならないものである。今は亡きお祖父さまの師実さまがおっしゃるには、『上東門院彰子さまがおっしゃったと伝えられることには、「一条天皇さまは、寒き夜には、わざわざ直垂をお脱ぎになっていらっしゃったので、一条天皇さまのお母上の東三条院詮子さまが、『どうして、そのように薄着でいらっしゃるの』とお尋ね申し上げなさると、一条天皇さまは、『この日本国の民衆の多くが寒い思いをしているであろうに、私だけこのように暖かくして気持

ちよく眠るのが、忍びないからです』とおっしゃったのだとか」とのことであった』とのことであった」との
ことであった。）

愚王にして暴君であったことで知られる古代中国の殷《いん》の紂王《ちゅうおう》などは、飢えや寒さに苦しむ民衆のことなど一顧だにせず、寵妃《ちょうき》をよろこばせるためだけに、日々、酒池肉林に耽《ふけ》ったと伝えられる。が、彰子の語るところ、わが国の一条天皇は、ある冬の夜、寒さに震える民衆のことを思い、自らも夜の寒さに身を晒すべく、敢えて薄着になったのであった。

もちろん、一条天皇が寒い思いをしたからといって、民衆が寒さから救われるわけではない。一条天皇が薄着になったところで、ただ単に、寒さに震える人間が無駄に増えただけであったろう。

しかし、一条天皇が薄着になることによって世に示したのは、「慈悲の心」であった。そして、その「慈悲の心」は、「帝王」には不可欠の素養だったのである。忠実が敬愛してやまない祖父の師実に言わせれば、この日本の「帝王」である天皇は、統治するにあたって、「慈悲の心」に従わなければならなかったのであった。

ちなみに、東三条院詮子の登場に注目すると、彰子が語ったとされる右の逸話は、詮子が崩御《ほうぎょ》した長保三年（一〇〇一）の年末よりも前の出来事に由来するものでなければなるまい。そして、一条天皇はといえば、長保三年の時点でも、まだ二十二歳の若さであった。彼は、若くして既に「慈悲の心」を持つ優れた「帝王」だったのである。

そんな一条天皇は、上東門院彰子にとって、自慢の夫であったのかもしれない。

第九章　道長の政友たち・道長の政敵たちをめぐる昔語り

政友たちの話

藤原公季　円融天皇を幼馴染みとする道長政権の重鎮

藤原公季《きんすえ》は、治安《じあん》元年（一〇二一）七月、最高官の太政大臣《だじょうだいじん》へと昇りつめ、長元《ちょうげん》二年（一〇二九）十月、現職の太政大臣として薨《こう》じると、朝廷から「仁義公《にんぎこう》」の諡《おくりな》とともに最高位の正一位《しょういちい》を贈られた。享年《きょうねん》は七十四歳である。そんな彼は、生前において、間違いなく、道長の重要な政友であって、道長政権の不可欠な重鎮であった。

この公季は、道長には父方の叔父《おじ》にあたる。道長の父方の祖父の藤原師輔《もろすけ》は、女性関係の盛んな人物であって、少なくとも六人もの女性たちに、少なくとも十九人もの子供を産ませている。そして、

系図10　藤原公季を中心とする人間関係図

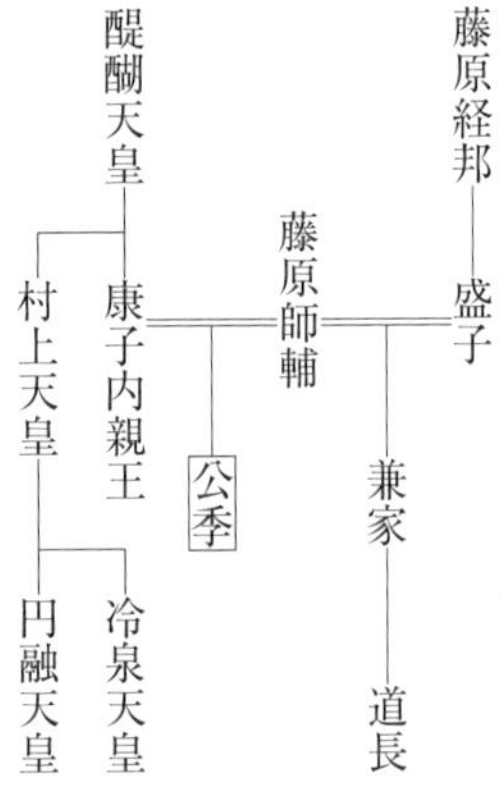

その十九人の子供たちは、十二人までが男子であったが、この十二人兄弟のうち、三男が道長の父親の兼家《かねいえ》であり、末弟の十二男が公季である。また、天暦《てんりゃく》十年（九五六）生まれの公季は、延長《えんちょう》七年（九二九）生まれの兼家には、かなり年下の弟になるとともに、康保《こうほ》三年（九六六）生まれの道長には、ずいぶんと年若い叔父となる。

とはいえ、公季を道長の重要な政友にしたのは、また、彼を道長政権の不可欠な重鎮にしたのは、けっして、その父方の親族関係だけではない。

次に引用するのは、『中外抄《ちゅうがいしょう》』が久安《きゅうあん》六年（一一五〇）八月十一日のものとする藤原忠実《ただざね》の談話であるが、公季が世に重んじられた事情は、ここに明らかであろう。

仰《おお》せて云《い》ふやう、「……。公季太政大臣《きんすえだじょうだいじん》の、止《や》んごと無《な》き人《ひと》ニテあるなり。延木《えんぎ》の孫《まご》にて、円融《えんゆう》院《いん》と同《おな》じき所《ところ》ニテ養《やしな》はレテおひたちたる人《ひと》なり。康子内親王《やすこないしんのう》公季《きんすえ》の母《はは》ニハ、九条殿《くじょうどの》ハ、しのびやかにあはせ給《たま》ひたりけれバ、延木《えんぎ》の聞《き》き付《つ》けテ、藤壺《ふじつぼ》より退出《たいしゅつ》せしめ給《たま》ひ了《お》はんぬ。而《しか》る後《のち》ニ、大后《おおいきさき》のいとをしくせさせ給《たま》ひし人《ひと》なりとて、後《のち》に召《め》し寄《よ》せて、えもいはずもてなしておはしましけり。……」と。

〈忠実さまがおっしゃるには、「……。太政大臣藤原公季殿は、たいへん高貴な人なのだ。彼は、醍醐天皇さまの外孫《そとまご》であって、円融《えんゆう》天皇さまと一緒に宮中で育てられて成長した人なのである。醍醐《だいご》天皇さまの皇女さまの康子《やすこ》内親王《ないしんのう》さま〈公季殿の母君〉のもとには、道長さまのお祖父さまの師輔さまが、こっそりと通っていらっしゃったので、康子内親王さまの弟君《おとうとぎみ》の村上《むらかみ》天皇さまは、師輔さまとの関係を聞き付けて、師輔さまを康子内親王さまの寝所であった藤壺〈飛香舎《ひぎょうしゃ》〉から遠ざけてしまった。しかし、その後、師輔さまは、醍醐天皇さまの皇后《こうごう》で康子内親王さまの母君でもある皇太后《こうたいごう》藤原穏子《やすこ》さまがかわいがっていらっしゃる方だということで、ついには藤壺への出入りを許され、康子内親王さまの婿《むこ》として、言葉では言い表せないほどに大切に扱われたのだそうな。……」とのことであった。〉

内親王を母親とするというのは、摂関家の貴公子たちにとっても、本当に、特別なうえにも特別なことであった。それは、例えば、長きに渡って絶大な権力を保持し続けた道長でさえ、その母親はといえば、一介の中級貴族に過ぎない摂津守《せっつのかみ》藤原中正《なかまさ》の娘であったという事実に照らせば、容易に理解できるところであろう。当時において、公季を無下に扱うことなど、誰にもできはしなかったのである。

公季と「エヅツミ」

しかし、そんな公季も、実は、その母親についての記憶を、全く持っていなかった。というのも、康子内親王は、公季を産むことで生命を落としていたからである。『大鏡《おおかがみ》』などは、公季について、自身の誕生日を、母親の命日として認識していたことを伝えている。

そして、これも『大鏡』の伝えるところによると、生まれるや否《いな》や母親を亡くした公季は、彼の異《い》母姉《ぼし》で村上天皇の皇后となっていた藤原安子《やすこ》に引き取られる。そして、「宮雄君《みやおぎみ》」と呼ばれながら、安子を母親とする円融天皇とともに、宮中で育ったのであった。

とはいえ、宮中で養育されるというのは、皇子や皇女であってさえ、当たり前のことではなかった。更衣《こうい》が産んだ皇子・皇女であればなおのこと、女御《にょうご》の産んだ皇子・皇女でも、多くの場合、それぞれの母親の実家において育てられるものだったのである。幼くして宮中で暮らすことが許されるのは、普通、天皇の正妻である皇后の産んだ皇子・皇女だけであった。それゆえ、公式には臣下の子に過ぎない公季が宮中で育つことについて、当時の貴族社会の人々は、「『あるまじきこと』と誹《そし》り申《もう》」したのだという。

それでも、公季の場合、皇后安子に引き取られたというばかりでなく、安子の夫の村上天皇からも特別にかわいがられたために、世の批判を他処《よそ》に、悠々と宮中で暮らし続けることができた。村上天皇にしてみれば、公季こそは、姉宮《あねみや》の忘《わす》れ形見《がたみ》だったのである。

こうした事情は、次に『中外抄』から引用する久安三年（一一四七）七月十九日の忠実の談話にも窺うことができるだろう。ここに見られるのは、あまりにも気安い態度で村上天皇と言葉を交わす、幼き日の公季の姿に他ならない。

仰《おお》せられて云《い》ふやう、「閑院太政大臣公季《かんいんだじょうだいじんきんすえ》は、天暦《てんりゃく》の天皇《みかど》の御妹《おんいもうと》の腹《はら》にて、九条殿《くじょうどの》の男也《むすこなり》。止《や》んごと無《な》き人也《ひとなり》。小年《わらわ》の比《ころ》、天暦《てんりゃく》の天皇《みかど》の御前《おまえ》に於《お》いて飯《いい》を食《く》はしめ給《たま》ふ時《とき》、『エヅツミクハム』ト申《もう》されけれバ、天皇《みかど》の仰《おお》せて云《い》ふやう、『我《われ》ハ、さるものハ食《く》はず』とぞ仰《おお》せられける。然《しか》れば、エヅツミハ、脇物《わきもの》なんどなんめり」と。

（忠実さまがおっしゃるには、「公季殿は、村上天皇さまのご姉妹の康子内親王さまを母親とする、師輔さまの息子である。彼は、実に高貴な人物なのである。そんな公季殿は、幼い頃、村上天皇さまの御前で食事をしていたときに、『荏裏《えづつみ》を食べたい』と申し上げたのであったが、村上天皇さまがおっしゃったのは、『私は、そういうものを食べたことがない』とのことであった。ということは、荏裏は、宮中にふさわしい食べ物ではなかったのだろう」とのことであった。）

ここに「荏裏《えづつみ》」の名称で登場するのは、蕪《かぶ》や生姜《しょうが》などを荏胡麻《えごま》の葉で包み、それを「醬《ひしお》」と呼ばれる味噌《みそ》のような調味料に漬け込んだ加工食品である。そして、『延喜式《えんぎしき》』によれば、この荏裏は、本来、天皇の食事の用意を職務とする内膳司《ないぜんし》でも作られていたらしく、村上天皇から見ても「昔」にあたるような時代には、天皇もこれを食べていたのかもしれない。

それにしても、幼少期の公季は、いかに幼子《おさなご》の無邪気な振る舞いとはいえ、かの村上天皇を相手に、ずいぶんと打ち解けた会話をしていたものである。

藤原行成　世に必要とされる道長の正直な側近

道長を最も熱心に支えた側近《そっきん》に、四人の大納言《だいなごん》たちがいた。すなわち、大納言に任じた順に、藤原公任《きんとう》・藤原斉信《なりのぶ》・源俊賢《としかた》、そして、藤原行成《ゆきなり》である。ときに「一条《いちじょう》天皇の四納言《しなごん》」とも呼ばれる彼らは、一条天皇の時代において、確かに、建前としては、一条天皇の臣下であったものの、明らかに、実質としては、道長の配下であった。

そして、この四人の中でも、行成こそは、まさに「道長の懐刀《ふところがたな》」と評されるべき存在だったのではないだろうか。道長が、自身の娘の彰子《あきこ》を一条天皇の中宮《ちゅうぐう》に立てようと、既に一条天皇の中宮の地位にあった藤原定子《さだこ》を蔑ろ《ないがし》にしようとしたときにも、また、同じく道長が、自身の外孫《そとまご》にあたる一条天皇第二皇子の敦成《あつひら》親王を皇太子に立てようと、皇后《こうごう》定子を母親とする一条天皇第一皇子の敦康《あつやす》親王を蔑ろにしようとしたときにも、一条天皇を説得して道長の意向を受け容れさせたのは、他ならぬ行成だったのである。詳しくは、前著『天皇たちの孤独』をご覧いただくとして、道長が政権基盤を固めていく過程で、道長の側近として最も大きな貢献を果たしたのは、間違いなく、この行成であったろう。

とすれば、行成の後世における評判は、あまり芳《かんば》しいものではなくなりそうなものである。彼は、道長の利益のため、本来の主君である一条天皇には不忠を働き続けたのであるから、けっして褒《ほ》められた人物ではあるまい。

しかしながら、実に意外なことに、そんな行成が、道長の孫の孫の時代において、「いみじくうるはしき人（実に公正な人）」「正直なる人（正直な人）」と、たいへんに高く評価されていたのであった。『中外抄』が久安六年（一一五〇）七月十七日のものとする、次の忠実の談話は、明らかに、行成を絶賛するものであろう。

「行成公《ゆきなりこう》は、或《あ》る人《ひと》の、冥官《みようかん》の許《もと》ニまかりたりければ、『侍従大納言《じじゆうだいなごん》を召《め》せ』と仰《おお》せられケルニ、或《あ》る冥官《みようかん》の出《い》で来《き》たりテ、『彼《か》の人《ひと》ハ、世《よ》の為《ため》に人《ひと》の為《ため》ニ、いみじくうるはしき人也《ひとなり》。暫《しば》しなめしそ』といひけり。然《しか》れば、正直《しようじき》なる人《ひと》は、冥官《みようかん》の召《め》しも遁《のが》るる事也《ことなり》。……」と。

（「藤原行成殿は、とある人が臨死体験をして冥界《めいかい》の裁判官のもとに行ったところ、一人の裁判官が、『侍従大納言藤原行成を冥界に召喚せよ』とおっしゃったのに対して、もう一人の裁判官が口を挟んで『その人は、世のため、人のため、実に公正な人である。まだ冥界に召喚してはならない』と言ったのだそうな。つまり、正直な人は、冥界の裁判官の召喚さえも免《まぬが》れるのである。……」と、忠実さまがおっしゃった。）

ひどい裏切りに遭《あ》っていた一条天皇にしてみれば、行成を「いみじくうるはしき人（実に公正な人）」「正直なる人（正直な人）」とする世評など、悪い冗談でしかあるまい。が、道長の孫の孫にあたる忠実が右のように語ったことは、確かな事実であって、孫の孫の時代において行成が好人物と見做されていたことも、疑うべからざる史実なのだろう。

あるいは、「勝てば官軍」という言葉があるように、歴史の勝者である道長は、世に「善」と見做され、その道長に味方した者も、同じく世に「善」と見做されたのだろうか。

行成の祖父の逸話

行成が道長の側近としての人生を送ることになったのは、ある意味で、歴史の悪戯《いたずら》であった。というのも、天禄《てんろく》三年（九七二）に行成が誕生した時点では、道長などよりも、行成の方が、将来において摂関家の主流を嗣《つ》ぐ可能性が、ずっと高かったからである。

天禄三年当時、政権を担当していたのは、摂政藤原伊尹《これまさ》であったが、道長の父親の兼家は、伊尹の二番目の同母弟《どうぼてい》であって、その兼家が政権を握る未来を信じる者など、当時の貴族社会には誰もいなかったことだろう。そして、そんな兼家の五男の道長が政権担当者となる未来など、誰一人として、夢想だにしていなかったに違いない。

これに対して、行成は、摂政伊尹の孫の一人であった。すなわち、行成の父親の義孝《よしたか》は、伊尹の三男だったのである。したがって、もし、義孝に運があれば、彼が伊尹の後継者として政権を握ることも、十分にあり得たのであり、さらには、その義孝の政権が行成へと引き継がれることも、それなりに可能性のあることだったのである。

しかし、史実としては、行成が生まれて間もなく、祖父の摂政伊尹が四十九歳の若さで他界してしまい、かつ、彼の政権は、一番目の同母弟の兼通《かねみち》に継承されてしまう。伊尹の息子たちは、まだ若過ぎて、まだまだ位階も官職も十分ではなかったために、父親の政権を引き継ぐことができなかったのである。そのうえ、運のなかった行成は、わずか三歳にして父親をも失い、血統がいいだけの、まるで無力な御曹司になってしまったのであった。

これが歴史の悪戯であるとすれば、かなり意地の悪い悪戯であるが、次に『富家語《ふけご》』から紹介する平治《へいじ》元年（一一五九）の忠実の談話によれば、行成を見舞った悪戯の正体は、ある種の祟《たたり》であったかもしれない。

仰《おお》せて云《い》ふやう、「世尊寺《せそんじ》ハ、一条摂政《いちじょうせっしょう》の家也《いえなり》九条殿《くじょうどの》の一男《たろう》なり。件《くだん》の人《ひと》は、見目《みめ》のイミジク吉《よ》く御坐《おわ》シケリ。細殿《ほそどの》の局《つぼね》ニ夜行《よあり》きシテ、朝《あさ》ボラケニ出《い》で給《たま》ふトテ、冠《かん》を押《お》し入《い》れテ出《い》で給《たま》ひケル、実《まこと》ニ吉《よ》く御坐《おわ》シケリ。随身《ずいじん》に切音《きりごえ》ニサキヲハセテ帰《かえ》らしめ給《たま》ふ、メデタカリケリ。件《くだん》の家《いえ》の南庭《みなみのにわ》ニ墓《はか》ノアリケルヲクヅサレタリケレバ、タケ八尺《はっしゃく》ナル尼公《あまぎみ》ノ色々《いろいろ》の衣を著《き》タルヲ掘《ほ》り出《い》だしタリケルヲ、人々《ひとびと》の見驚《みおどろ》きケルホドニ、風《かぜ》に随《したが》ひテ散《ち》り失《う》せニケリ。其《そ》の後《のち》、摂政《せっしょう》モ衰《おとろ》ヘタチ、家《いえ》モアセニケリトゾ。……」と云々《うんぬん》。

〈忠実さまがおっしゃるには、「世尊寺は、もともとは一条摂政藤原伊尹殿〈師輔さまの長男〉の自宅であった。この人は、容姿がたいへん優れていた。いずこかの家の女房と一夜を共にして、明け方に引き上げる折、着衣

系図11　藤原摂関家略系図③

師輔─┬─伊尹──義孝──行成
　　　├─兼通
　　　└─兼家──道長──頼通

を直しながらお帰りになる姿が、実に格好よかったそうな。随身に露払《つゆはら》いをさせてお帰りになる姿が、すばらしかったそうな。ときに、その伊尹殿が例の自宅の南庭にあった古い墓を掘り返したところ、高さ八尺の尼僧の像にさまざまな衣裳を着させたものが出てきたので、それを見た人々が驚いていると、その像は、風に吹かれて散ってしまったのだとか。そして、それから後、伊尹殿自身は体調を崩し、彼の家系も没落してしまったのだとか」とのことであった。）

藤原公任　有職故実で尊重される道長の側近

藤原公任もまた、道長の側近たる「四納言」の一人であったが、実のところ、彼が道長の側近として生きることになったのも、歴史の悪戯であった。

公任の父親は、関白太政大臣頼忠《よりただ》である。また、その頼忠の父親にして公任の祖父にあたるのは、関白太政大臣実頼《さねより》である。そして、その実頼は、関白太政大臣忠平《ただひら》の嫡男《ちゃくなん》であったから、公任は、本来、藤原摂関家嫡流《ちゃくりゅう》の御曹司の一人だったのである。

しかし、悪戯好きな歴史は、公任を摂関の地位に就かせることはなく、それどころか、彼を大臣に昇らせることさえなかった。そして、公任は、その血統のよさとは裏腹に、大納言を極官《ごくかん》として、道長の側近の立場に甘んじなければならなかったのであった。

ただ、漢詩・和歌・管絃に優れた公任は、文化人として後世に名を残すことになる。所謂「三舟《さんしゅう》の才《さい》」の逸話は、今も広く知られていよう。また、この公任が後代にも尊重され続けたのは、彼に有職《ゆうそく》故実書《こじつしょ》の『北山抄《ほくざんしょう》』の著作があったためである。そのあたりは、次に『中外抄』から引用する久安五年（一一四九）三月二十三日の問答に明らかであろう。

内大臣殿《ないだいじんどの》の、中将《ちゅうじょう》の慶賀《よろこび》の事《こと》を申《もう》さしめ給《たま》ふの次《つ》いでに、仰《おお》せて云《い》ふやう、「女院《にょいん》・摂政《せっしょう》・貴臣《きしん》の許《もと》にては、拝《はい》する事《こと》は有《あ》るべからざる也《なり》。重《おも》き服《ぶく》の人幷《ひとなら》びに物忌《ものいみ》の人《ひと》の許《もと》ニテハ、拝《はい》せざる也《なり》」と。

（内大臣頼長《ないだいじんよりなが》さまが、ご子息の兼長《かねなが》さまの近衛中将《このえちゅうじょう》への昇任をめぐる挨拶《あいさつ》回りのことを話題になさったついでに、忠実さまがおっしゃったのは、「服喪中の高陽院泰子《かやのいんやすこ》さま〈忠実女／鳥羽《とば》上皇皇后〉や摂政忠通《ただみち》殿〈忠実男〉や源雅実《まさざね》殿のところでは、挨拶回りの折、最敬礼の挨拶をしてはならない。重く喪に服す人や物忌《ものいみ》に籠《こも》る人のところでは、最敬礼の挨拶をしないものなのである」とのことであった。）

系図12　藤原摂関家略系図④

忠平─┬─実頼──頼忠──公任──定頼
　　　└─師輔──兼家──道長──頼通──師実──師通──忠実

系図13　藤原摂関家略系図⑤

忠実─┬─頼長（「内大臣」）──兼長（「中将」）
　　　║
　　　╠═─┬─忠通（「摂政」）
　　　║　　└─泰子（「女院」）
源顕房─┬─師子
　　　└─雅実（「貴臣」）

内府《ないふ》の申《もう》さしめ給《たま》ひて云《い》ふやう、「服《ぶく》の者《もの》の許《もと》に参《まい》りて慶《よろこ》びを申《もう》すの時《とき》は、申《もう》し次《つ》ぎの人《ひと》の、慶《よろこ》びの人《ひと》に向《む》かひて返事《かえりごと》を仰《おお》す也《なり》。尋常《じんじょう》の時《とき》ハ、御所《おわしどころ》に向《む》かひて『聞《き》こし食《め》す』の由《よし》を仰《おお》す也《なり》。又《また》、『申《もう》し次《つ》ぎの人《ひと》ハ、拝《はい》を受《う》くべし』の由《よし》こそ、四条大納言《しじょうだいなごん》の文《ふみ》に見えテ候《さぶら》へ」と。

（内大臣頼長さまが忠実さまに申し上げておっしゃったのは、「服喪中の人のところに挨拶回りに行ったときには、先方の主人と直接に面会しないものであって、挨拶への返事は、先方の主人ではなく、取り次ぎの者からもらうものです。しかし、喪中でなければ、こちらの挨拶を、取り次ぎの者が先方の主人のもとまで行って伝え、挨拶への返事は、主人のもとから戻った取り次ぎの人が、主人の言葉として『聞き届けた』と伝えるものなのです。また、そうした場合について、『取り次ぎの者が、最敬礼の挨拶を受ければよい』とのことが、四条《しじょう》大納言《だいなごん》公任の『北山抄』に見えております」とのことであった。）

なお、右のような問答が交わされたのは、当時、忠実の周辺は、彼の妻にして高陽院泰子・摂政忠通の母親である源師子《もろこ》（雅実妹）の喪中であったためである。

『北山抄』を重用する摂関家

ところで、既に第七章でも紹介しているが、『富家語』によれば、忠実は、保元《ほげん》二年（一一五七）に次のように語っていた。

四条大納言《しじょうだいなごん》の書《ふみ》ヲバ、故殿《ことの》、事《こと》の外《ほか》ニメデタガラセ給《たま》ひキ。其《そ》の故《ゆえ》ハ、大二条殿《おおにじょうどの》ヲ聟《むこ》ニ取《と》りテ、九条殿《くじようどの》の御記《おんき》ヲ引《ひ》きテ作《つく》リタル書也《ふみなり》。然《しか》れば、此《こ》の家《いえ》ニ尤《もつと》も相《あ》ひ叶《かな》ふ也《なり》。

（公任の『北山抄』こそを、亡くなったお祖父さまの師実さまは、特別にすばらしいものと認めていらした。というのも、公任が、教通《のりみち》さまを娘婿に迎えたのを機に、その教通さまのため、教通さまには曾祖父にあたる師輔さまの日記の『九暦《きゆうれき》』を引用して作ったのが、『北山抄』だからである。それゆえ、『北山抄』こそが、わが摂関家の者が参考とするに最もふさわしい有職故実書なのである。）

ここにおいて、忠実は、『北山抄』こそを、摂関家が重んじるべき有職故実書として位置付ける。そして、それは、忠実の言うところ、『北山抄』が道長の息子の一人である教通（「大二条殿」）のために書かれた有職故実書であったからに他ならない。確かに、殊更に摂関家の一員のために書かれた有職故実書であれば、それが語る有職故実は、摂関家の人々が必要とする有職故実のはずである。その意味では、忠実の判断に誤りはあるまい。

ただ、忠実は、ある有職故実書については、それもまた摂関家の一員のために書かれたものであるにもかかわらず、摂関家において重んじられることを拒否する。彼は、右に再び引用した談話に続けて、次のようにも語っており、彼の父親の師通（「後《ご》二条殿《にじようどの》」）のために書かれた『江家次第《ごうけしだい》』という有職故実書を、摂関家から排除しようとするのである。

『江次第《ごうしだい》』は、後二条殿《のちのにじようどの》の料《りよう》ニ匡房卿《まさふさきよう》の作《つく》る所也《ところなり》。神妙《しんみよう》の物《もの》なりと云々《うんぬん》。但《ただ》し、サトク物を見る許《ばかり》ニテサカシキ僻事等《ひがごとなど》の相《あ》ひ交《ま》じる。

（『江家次第』は、私の父上の師通《もろみち》さまのために、大江匡房殿《おおえのまさふさ》が作ったものである。これも、すばらしい有職故実書であるとか。ただ、『江家次第』は、小賢《こざか》しい見解ばかりで、知ったかぶりの間違いもところどころに見受けられる。）

『江家次第』は、学者として平安時代後期を代表する存在であった大江匡房《おおえのまさふさ》が、特に師通のために著した有職故実書であり、間違いなく、摂関家の一員のために生まれた有職故実書であった。が、忠実にしてみれば、これが彼の父親のために書かれたものであったことこそが、大きな問題だったのである。ほとんど師通に顧みられることなく育ち、師通に反感を抱き続けていた忠実には、師通に縁の有職故実書など、紐解く以前から、厭《いと》わしいものでしかなかったのであった。

とはいえ、基本的に理知的な人物であった忠実は、本当に父親への反感だけで『江家次第』を否定したわけでもあるまい。察するに、忠実が『江家次第』に好感を持てなかったのは、その著者の匡房が、学者を家業とする中級貴族層の出身者であったためなのではないだろうか。そして、同じ忠実が『北山抄』に対しては全幅の信頼を寄せたのは、その著者の公任が、本来の藤原摂関家嫡流の御曹司であったためなのではないだろうか。

政敵たちの話

藤原伊周　愚か者として語られる道長の最後の政敵にして最大の政敵

王朝時代の歴史を物語として伝える『栄花物語《えいがものがたり》』には、次のような一節が見える。

> 見奉《みたてまつ》れば、御年《おんとし》は廿二三《にじゅうにさん》ばかりにて、御容姿《おんかたち》整《ととの》ほり、太《ふと》り清《きよ》げに、色合《いろあ》ひ実《まこと》に白《しろ》くめでたし。「かの光源氏《ひかるげんじ》も、かくや有《あ》りけむ」と見奉《みたてまつ》る。薄鈍《うすにび》の御衣《おんぞ》の綿薄《わたうす》らかなる三《み》つばかり、同《おな》じ色《いろ》の御単衣《おんひとえ》の御衣《おんぞ》・御直衣《おんなおし》・指貫《さしぬき》、同《おな》じ様《さま》なり。「御身《おんみ》の才《ざえ》も、容姿《かたち》も、この世《よ》の上達部《かんだちめ》には余《あま》り給《たま》へり」とぞ聞《き》こゆるぞかし。

ここに「かの光源氏も、かくや有りけむ」と絶賛されているのは、王朝時代に実在した貴公子たちの中で、最も貴公子らしい貴公子であった藤原伊周《これちか》である。彼は、関白藤原道隆《みちたか》の嫡男であって、二十一歳の若さで内大臣に昇り、ほとんど未来の関白の座を約束されていた、御曹司の中の御曹司であった。

この伊周は、道長には父方の甥にあたる。が、道長にとっては、その伊周こそが、政権を獲るにあたっての、最後のライバルであるとともに、最大のライバルであった。道長は、いまだ大納言に過ぎないときに、内大臣の伊周を相手に、道隆・道兼の二人の兄たちの後継の関白の座を争わなければならなかったのである。

そして、こうした経緯があっただけに、道長の家系は、伊周を、政権担当者には値しない愚か者として語り継ぐことになった。次に紹介する『中外抄』が保延三年（一一三七）十二月七日のものとする忠実の談話などは、そのいい例であろう。

系図14　藤原摂関家略系図⑥

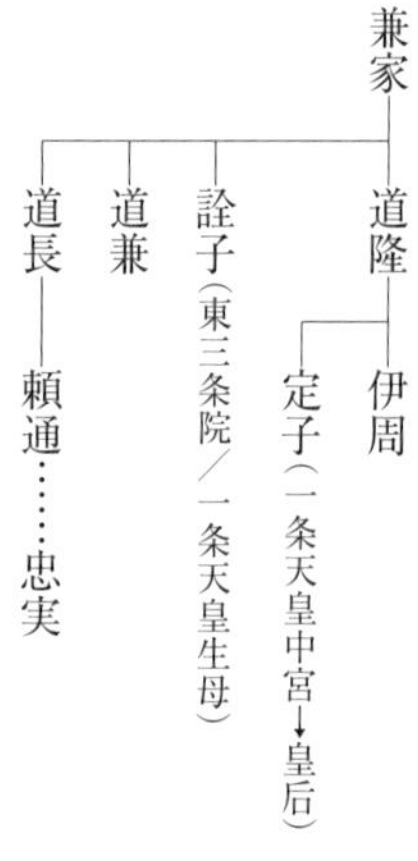

仰《おお》せられて云《い》ふやう、「御《み》堂《どう》と帥内大臣《そちないだいじん》と同車《どうしゃ》にて一条摂政《いちじょうせっしょう》の許《もと》一条摂政ハ御堂の親御《おやご》にして御《おわ》するなりに向《む》かはしむるの間《あいだ》、逸物《いつもつ》の牛《うし》の、辻《つじ》のかいたをりなど、あがきなどして、いみじかりければ、御堂の仰《おお》せられて云《い》ふやう、『此《こ》の牛《うし》こそ尤《もっと》も逸物《いつもつ》なれ。何所《いずく》ニ候《さぶら》ひしぞ』と仰《おお》せられければ、『此《こ》の牛《うし》ハ、祇園《ぎおん》ニ誦経《ずきょう》したりけるを求《もと》め得《え》たる也《なり》』と答《いら》へられければ、『かかる事、承《うけたまわ》らじ』とて、御指貫《おんさしぬき》の左右《さゆう》をとりて、沓《くつ》も着《は》かずして躍《おど》り下《お》り御《おわ》しテ、人《ひと》の門《かど》の唐居敷《からいしき》に立《た》ち御《おわ》したりければ、にがりてこそ坐《おわ》されけれ。然《しか》れば、吾《われ》ハ人《ひと》の旧《ふる》き牛馬《うしうま》などハ一切《いっさい》に取《と》らざる也《なり》」と。

〈忠実さまがおっしゃるには、「道長さまと帥内大臣伊周殿とが一輌の牛車に同乗して一条摂政さまのもと〈一条摂政さまは道長さまの親でいらっしゃる〉に向《む》かっていたとき、牛車を牽《ひ》く立派な牛が、交差点を曲がる際に足でガリガリと地面を強く掻いたりして、ずいぶんな怪力ぶりだったので、道長さまが、『この牛ときたら、たいへん立派ではないか。どこで見付けたのかね』とおっしゃったところ、伊周殿は、『この牛は、誰かが祇園《ぎおん》感神院《かんじんいん》に読経を依頼した折に布施として喜捨《きしゃ》したものを、私が買い取ったのである』とお答えになったので、道長さまは、『そんなことは、受け容れられない！』と言って、指貫の左右の裾《すそ》を手で把み上げると、沓も履かずに、牛車から飛び降りなさって、その付近の誰だかの家の門の軒下《のきした》に立っていらっしゃったので、伊周殿は、苦い顔をしていらっしゃったのだとか。だから、私は、誰かが寺社に寄進した牛や馬などは、絶対に買い入れたりしないのである」とのことであった。）

藤原実資　茶目っ気のある反道長派の領袖

「公卿《くぎょう》」とも「上達部《かんだちめ》」とも呼ばれた上級貴族たちは、王朝時代の朝廷において、現代の日本政府における閣僚たちのような位置にあったが、道長政権下の公卿たちは、例の「四納言」をはじめとして、そのほとんどが、道長の取り巻きと化していた。

例えば、『御堂関白記《みどうかんぱくき》』には、長保《ちょうほ》元年（九九九）の十月二十一日のこと、道長が、娘の彰子《あきこ》の嫁入り道具の屏風《びょうぶ》にあしらうための和歌《わか》を詠《よ》むよう、公卿たちに命じたことが見えるが、その六日後の同月二十七日、多くの公卿たちが命じられるままに和歌を詠んで道長のもとに持参したことが、同じく『御堂関白記』に記されているのである。当時の公卿たちの多くは、せっせと道長への追従《ついしょう》に努めるばかりで、まさに道長の言いなりであった。

ところが、その頃には中納言《ちゅうなごん》に過ぎなかった藤原実資《さねすけ》が、「堪《た》へず（無理である）」と、敢然と道長の傲慢な要求を跳ね除けた。実資の日記である『小右記《しょうゆうき》』には、十月二十九日の時点でも、道長がなおも実資に和歌を詠むように強《し》いていたことが見えるが、それでも、実資だけは、最後まで道長の横暴に従おうとはしなかったのである。

そんな実資は、やがて、貴族社会において、反道長派の領袖《りょうしゅう》のように見做されることになる。詳しくは、前著『知るほど不思議な平安時代』をご覧いただきたいが、道長政権下においても、道長の権力の濫用《らんよう》に抵抗する人々は、少数ながらも存在したのであり、その中心にいたのが、藤原実資という貴公子であった。

とはいえ、道長と実資との関係は、常にギスギスしていたわけでもなかった。次に『中外抄』から引用するのは、忠実の仁平《にんぴょう》元年（一一五二）十二月八日の談話であるが、ここには、道長を相手に茶《ちゃ》目《め》っ気《け》を見せる実資の姿を見ることができよう。

御物語《おんものがたり》に云《い》ふやう、「……。又《また》、御堂《みどう》、早旦《つとめて》ニ、人々《ひとびと》ニ秘《かく》しテ、法興院《ほこいん》の馬場《うまば》にて、公時《きんとき》ニ競馬《くらべうま》に乗《の》らしめ給《たま》ひケルニ、実資《さねすけ》の大臣《おとど》の、古《ふる》き車に乗《の》りテ、馬場《うまば》の末《すえ》に於《お》いて蜜々《みつみつ》に見物《けんぶつ》するは、神妙にし了《お》はんぬ。紅の打衣《うちぎぬ》を車《くるま》に入《い》れテ見《み》られけるに、公時《きんとき》の勝《か》たりけ□ニ、車《くるま》より纏頭《かずけ》せられけるに、公時《きんとき》の肩《かた》ニ懸《か》けテ上《のぼ》りテ参入したりければ、御堂《みどう》、『いかに』と仰《おお》す事《こと》ありけれバ、『方《かた》ノ大将《たいしょう》の、馬場《うまば》の末《すえ》にて給《たま》ひたるぞ』□申《もう》しケリ。……」と。

（忠実さまが雑談としておっしゃったのは、「……。また、道長さまは、早朝《そうちょう》から、人々には内緒《ないしょ》にして、法興院の馬場で、随身《ずいじん》の下毛野公時《しもつけぬのきんとき》を一方の騎手《きしゅ》にして競馬を行われたのであったが、右大臣《うだいじん》の藤原実資殿が、古びた牛車に乗って、馬場の競馬の終着点あたりでこっそりと見物していたのは、驚いたことであった。実資殿は、紅《くれない》の艶《あで》やかな衣裳を牛車に積んで競馬を見物していらしたので、公時が勝つと、牛車に乗ったまま、公時に褒美《ほうび》として紅の衣裳をお与えになったのであったが、公時が、実資殿から与えられた褒美の紅の衣裳を肩にかけた姿で、馬場の競馬の出走点に戻ったところ、道長さまが、『その衣裳は、どうしたのだ』とおっしゃったので、公時は、『私の右近衛府《うこのえふ》での上司にあたる右近衛大将《うこのえのたいしょう》実資さまが、終着点でくださいました』と申し上げたそうな。……」とのことであった。）

実資の矜持の源泉

やがては右大臣に昇って、関白藤原頼通《よりみち》から誰よりも頼りにされる存在となる実資であるが、道長に命じられて和歌を詠むことを拒んだ折の実資は、いまだ中納言でしかなかった。中納言の身で、関白と等しい内覧《ないらん》の権限を持つ左大臣《さだいじん》道長に逆らうとは、なかなかの豪胆さであるが、実資を支えていたのは、彼の強烈な矜持《きょうじ》であったろう。

この実資は、従三位《じゅさんみ》の参議《さんぎ》にまで昇った藤原斉敏《なりとし》という上級貴族の三男であったが、幼くして祖父の養子になっていた。そして、このことこそが、彼に揺るがぬ矜持を持たせることになったのであっ

系図15　藤原摂関家略系図⑦

忠平─┬─実頼─┬─斉敏───実資
　　　│　　　　└═実資
　　　└─師輔───兼家───道長

た。というのも、彼の祖父にして彼の養父となったのが、関白太政大臣実頼だったからである。既に公任をめぐって触れたように、実頼といえば、関白太政大臣忠平の嫡男にして、最も正統の藤原摂関家の貴公子であった。

ちなみに、この実頼は、かなりの人物であったらしく、平安時代後期の道長の孫の孫の時代においても、高く評価されている。それは、次に『富家語』から紹介する応《おう》保《ほ》元年（一一六二）の忠実の談話に明らかな通りである。

仰《おお》せて云《い》ふやう、「……。凡《おおよ》そ、小野宮《おののみや》ハ、イミジク御坐《おわしま》シケル人《ひと》ニコソ、御《おわ》すメレ。『薨《みまか》らしめ給《たま》ふ時《とき》、京中《きょうちゅう》の諸人《もろびと》の、門前《もんぜん》ニ来《き》たり集《つど》ひテ歎《なげ》き合《あ》ひテ挙哀《きょあい》ス』ト、一条殿《いちじょうどの》雅信公《まさのぶこう》□の『左大臣《さだいじん》記《き》』に書かれタル。賢皇《けんこう》ノ崩《ほう》じ給《たま》ふ時《とき》、大極殿《だいごくでん》の竜尾壇《りゅうびだん》ニ諸国《しょこく》の人民《じんみん》の参入《さんにゅう》シテ挙哀《きょあい》ストテ泣《な》き歎《なげ》く事《こと》ノ有《あ》る也《なり》」てへり。

（忠実さまがおっしゃるには、「……。そもそも、実頼さま〈「小野宮」〉は、立派な方でいらっしゃった。『実頼さまがお亡くなりになったときには、都に住む多くの人々が、実頼さまのご自宅の門前に集まって、泣き合うことで哀悼《あいとう》の意《い》を示した』と、『一条左大臣記《いちじょうさだいじんき》』〈左大臣源雅信《まさのぶ》さまの日記〉には書かれている。立派な天皇さまがお亡くなりになったときには、大極殿《だいごくでん》の竜尾壇《りゅうびだん》に全国の民衆が集まって哀悼の意を示すために泣くことがあるものだ」とのことであった。）

ここで、実頼を「賢皇（立派な天皇）」に准《なずら》えてさえいることからして、忠実には、心底から実頼に敬服するところがあったのだろう。そして、それゆえか、実は、『中外抄』にも、久安六年（一一五〇）七月十七日のものとして、彼の次のような談話が見えるのである。

「……。『小野宮殿《おののみやどの》の薨《みまか》り給《たま》ひたりけるには、京中《きようちゆう》の諸人《もろびと》の、彼《か》の人《ひと》の家《いえ》の前《まえ》ニ集《つど》ひテ、事《こと》の外《ほか》ニ愁《うれ》ひ歎《なげ》きしけり』と、一条摂政《いちじようせつしよう》の記《き》に見《み》ゆ」と。

（「……。『実頼さまがお亡くなりになったときには、都《みやこ》に住む多くの人々が、実頼さまの私宅の前に集まって、たいへんに嘆き悲しんだものだ』と、一条摂政さまの日記に見える」とのことであった。）

右に「一条摂政の記」と見えるところは、本来、「一条左大臣の記」とでもあるべきなのだろうが、それはともかく、実頼が道長の子孫たちからも尊敬すべき先人と見做されていたことは明らかであろう。そして、そんな実頼の息子として育ったとなれば、実資が理不尽な権力者に媚《こ》び諂《へつら》うことを否《いな》むようになったのも、もっともなことなのではないだろうか。

第十章　道長を支えた名人たちをめぐる昔語り

僧侶たちの話

心誉　護法を操る優れた験者

現存の『紫式部日記《むらさきしきぶにっき》』は、中宮《ちゅうぐう》藤原彰子《あきこ》の初めての出産を控え、その準備に慌ただしい土御門殿《つちみかどどの》の次第からはじまる。そこでは、不動明王《ふどうみょうおう》・降三世《ごうざんぜ》明王・軍荼利《ぐんだり》明王・大威徳《だいいとく》明王・金剛夜叉《こんごうやしゃ》明王の五大《ごだい》明王を本尊とする「五壇《ごだん》の御《み》修法《しゅほう》」が行われていたが、これを勤修《ごんしゅ》するのは、権僧正《ごんのそうじょう》勝算《しょうさん》（「観音院《かんのんいん》の僧正《そうじょう》」）・大僧都《だいそうず》慶円《きょうえん》（「法住寺《ほうじゅうじ》の座主《ざす》」）・権少僧都《ごんのしょうそうず》明救《みょうぐ》（「へんち寺《でら》の僧都《そうず》」）・斉祇《さいぎ》・心誉《しんよ》の五人の験者《げんじゃ》（密教僧）たちであった。

右の五人は、そのいずれもが、藤原道長の信任を得た、当時を代表する優秀な験者である。就中、

図25　剣の護法童子（『信貴山縁起』朝護孫子寺蔵）

まだ若く、いまだ「僧正《そうじょう》」や「僧都《そうず》」といった肩書を持たず、「凡僧《ぼんそう》」と呼ばれる一般の僧侶の身でありながら、重要な密教修法を任された斉祇・心誉の二人は、よほど道長の眼鏡にかなっていたのだろう。

そして、この二人のうちでも、心誉はというと、道長が終生に渡って信を置き続けた験者であった。そのため、彼の名前は道長の日記である『御堂関白記《みどうかんぱくき》』に散見しており、彼が道長や道長の親族たちのために多様な密教修法を行ったことが知られる。

それほどに優秀な験者であった心誉のことは、やはり、道長の孫の孫の時代にも語《かた》り種《ぐさ》となることがあった。次に『富《ふ》家語《けご》』から紹介する応保《おうほ》元年（一一六一）の藤原忠実《ただざね》の談話は、その心誉に関するものとなっている。

「宇治殿《うじどの》の、賀陽院《かやのいん》の造作《ぞうさく》の間《あいだ》、御騎馬《おんきば》にて御覧《ごらん》じ廻《めぐ》りテ、還《かえ》り御《おわ》す後《のち》、御樋殿《おんひどの》に渡《わた》らしめ給《たま》ふ間《あいだ》、転倒《てんとう》せしめ給《たま》ひテ、御心地《おんここち》を損《そこな》はしめ給《たま》ひケルニ、『心誉僧正《しんよそうじょう》を召《め》しテ加持《かじ》せしめん』トテ、召《め》しニ遣《や》りタルニ、未《いま》だ参《まい》らざるの前《さき》に、女房《にょうぼう》の局《つぼね》ナル小女《こおんな》ニ物《もの》の託《つ》きテ、申《もう》して云《い》ふやう、『指《さ》したる事《こと》も無《な》し。只《ただ》、キト見付《みつ》け奉《たてまつ》りテ、此《か》くの如《ごと》く御坐《おわ》す也《なり》。僧正《そうじょう》の参《まい》られざるの前《さき》ニ、彼《か》の人《ひと》の護法《ごほう》の払《はら》へバ、逃《に》げ候《さぶら》ひ了《お》はんぬ』ト云《い》ひテ、サハヤカニ成《な》らしめ給《たま》ひニケリ。イミジキ験者也《げんじゃなり》」と。

（「頼通《よりみち》さまは、ご自宅の高陽院第の改修工事の折、馬に乗って第内の視察をなさって、お帰りになった後、お手洗いに行かれたときに転倒してしまわれ、体調を悪くなさったので、『心誉僧正を喚《よ》んで加持をさせよう』と言って、迎えの使者を出したところ、まだ心誉僧正が頼通さまのもとに参上しないうち、頼通さまに仕える女房が自分の局に控えさせていた女童《めのわらわ》に、何かが憑依《ひょうい》して、その何かが、『頼通さまの症状は、どうというほどのものではない。ただ、われがふと見詰めたので、それで少し体調を崩されただけだ。しかし、心誉僧正が参上する前に、その心誉僧正の使う護法が追い立てるので、われは逃げ出すことにした』と申し上げるや、頼通さまは快復なさったのであった。心誉僧正は、すばらしい験者である」とのことであった。）

表3　僧官（朝廷が僧侶に与える官職）一覧

大僧正
僧正
権僧正
大僧都
権大僧都
少僧都
権少僧都
律師
権律師

ここに語られる逸話によれば、道長を支え続けた心誉は、どうやら、道長の後継者の頼通をも支えたようである。したがって、道長のみならず、頼通もまた、心誉を重く用いていたことになるだろう。そして、右に語られるほどに優秀な験者ともなれば、二代の政権担当者たちに信任されたとしても、実に当たり前のことかもしれない。

観修　死者の蘇生さえも可能とする卓越した験者

しかし、道長が信任していた験者たちの中には、右の心誉をも超えてさらに優れた逸材がいた。次に引用するのは、『富家語』が応保元年（一一六一）のものとする忠実の談話であるが、ここに登場する観修《かんしゅ》は、心誉の危機を救うほどに優れた験者だったのである。

又《また》、「心誉僧正《しんよそうじょう》の賀陽院《かやのいん》ニテ縁《えん》ヨリ落《お》ちテ絶《た》え入《い》る時《とき》、弟子《でし》ニテ観修《かんしゅ》の御坐《おわ》シケル、候《さぶら》ひ逢《あ》ひテ、耳《みみ》ニ愛染王《あいぜんおう》の小呪《しょうじゅ》ヲ満《み》て入《い》れられケレバ、更《さら》に別《べち》の事《こと》は無きナリ」と。

（さらに、「心誉僧正が、頼通さまの高陽院第において、簀の子から転落して絶命したとき、心誉僧正の弟子でいらした観修僧正がそこに居合わせて、その観修僧正が心誉僧正の耳元で愛染明王《あいぜんみょうおう》の陀羅尼《だらに》（真言）を唱《とな》えたところ、心誉僧正はすっかり生き返ったのである」とのことであった。）

その場に臨むこともなく頼通の体調不良を治した心誉の力量は、確かにすごい。が、その心誉が息絶えたとき、陀羅尼（真言）を唱えるだけで心誉を蘇生させたというのだから、観修の力量は、さらにすごかろう。

されば、道長が観修に信を置いたのは、まさに必然であった。

ときに、鎌倉時代前期に橘成季《たちばなのなりすえ》という中級貴族によって編まれた『古今著聞集《ここんちょもんじゅう》』という説話集には、「陰陽師晴明《おんみようじせいめい》、早瓜《はやうり》に毒気《どくけ》あるを占《うらな》ふ事《こと》」と題される一話が見える。この話では、物忌《ものいみ》に籠《こも》る道長のもとに蛇の潜む危険な瓜が届くのだが、この危機から道長を救ったのは、陰陽師の安倍晴明《あべのはるあき》・

医師《くすし》の丹波忠明《たんばのただあき》・武士《ぶし》の源義家《みなもとのよしいえ》、そして、験者の観修であった。すなわち、まずは、晴明が陰陽師らしく卜占《ぼくせん》によって多数の瓜の中から危険な瓜を見付け出し、観修が験者らしく加持によって問題の瓜に何かが潜んでいることを確認すると、忠明が医師らしく針《はり》によって瓜の中の蛇の両眼を貫いて、最後には、義家が武士らしく瓜に潜む蛇を瓜もろとも真っ二つに断《た》ち斬《き》ったのである。

この話からは、陰陽師としては安倍晴明こそが、医師としては丹波忠明こそが、武士としては源義家こそが、そして、験者としては観修こそが、後世の人々の間で、かつて藤原道長を守護した、各分野の名人と見做されていた、ということが知られよう。観修は、後代の人々が知る限り、晴明・忠明・義家と並び、道長には欠かせない人材だったのである。そして、『御堂関白記』には、観修の名が実に頻繁に登場するように、彼が道長にとって欠かせない存在であったというのは、まさに歴史的な事実であった。

図26　愛染明王（東京国立博物館蔵、Image: TNM Image Archives）

ただ、一つ、どうにも不可解なのは、忠実の語りにおいて、観修が心誉の弟子とされていることである。というのも、心誉の生年は天禄《てんろく》二年（九七一）であり、観修の生年は天慶《てんぎょう》八年（九四五）頃であって、観修が心誉の弟子であったとは考えられないからに他ならない。

どうやら、忠実の語るところには、何かしらの混乱があるらしい。

とはいえ、もしも、転落して一度は落命した僧侶が、史実として観修の師であった余慶《よきょう》であれば、そして、出来事の舞台が、道長の土御門殿第あたりであれば、忠実が語ったような手柄話が観修にあったとしても、そうおかしくはないのではないだろうか。

宿曜師　摂関家に振り向いてもらえない興福寺の僧侶たち

ところで、平安貴族たちは、未来を知るために、宿曜《すくよう》というものに頼ることもあった。「宿曜」と呼ばれるのは、要するに、仏教的な占星術である。したがって、これを扱うのは、僧侶たちであったが、宿曜の専門家と見做される僧侶たちは、特に「宿曜師《すくようじ》」とも呼ばれた。そして、宿曜（仏教的な占星術）によって人々の未来を見ると、それを「宿曜勘文《すくようかもん》」と呼ばれる報告書にまとめて人々に提供する、というのが、宿曜師の活動であった。

次に引用するのは、藤原行成《ゆきなり》の日記である『権記《ごんき》』の長保《ちょうほ》三年（一〇〇一）八月一日の記事であるが、ここに、王朝時代の貴族層の人々と宿曜との関係の一例を見ることができよう。


宿曜勘文《すくようかもん》に「妻妾《さいしょう》に、若《も》し孕《はら》む気《け》の有《あ》らば、貴《あて》なる子《こ》を生《う》まん」と。感《かん》じ悟《さと》ることは少なからず。頃之《しばらく》して気《け》の上《あ》がれば、本尊《ほんぞん》を念《ねん》ずるに平愈《へいゆ》を得《え》たり。此《こ》の事《こと》は亦《また》も宿曜勘文《すくようかもん》に有《あ》り。「七月は上《のぼ》する気《け》の病《やまい》を慎《つつし》まん」と云々《うんぬん》。

その日、かねてより懐妊《かいにん》していた行成の妻が、無事に行成四男の良経《よしつね》を産む。そして、行成は、この出産が安産となることを、ただし、少々のトラブルはあることを、彼の手元にあった宿曜勘文によって、あらかじめ知っていたらしい。

このような宿曜の拠点となっていたのは、道長や頼通の時代においては、藤原氏の氏寺として知られる、奈良の興福寺《こうふくじ》であった。それは、例えば、宿曜師として当該期を代表する存在であった仁宗《にんそう》・仁統《にんとう》・証照《しょうしょう》が、興福寺の僧侶であったことに象徴されようか。その詳細は、前著『知るほど不思議な平安時代』に譲るが、右の三人は、朝廷から暦《こよみ》の制作を命じられるほどに優秀な宿曜師だったのである。

しかし、道長も、頼通も、宿曜には関心がなかったらしい。それゆえ、『中外抄《ちゅうがいしょう》』は、仁平《にんぴょう》四年（一一五四）三月十一日のものとして、忠実の次のような談話を伝えることになる。

仰《おお》せて云《い》ふやう、「古《いにしえ》の人《ひと》は、宿曜《すくよう》ハ用《もち》ゐざる歟《か》。御堂《みどう》・宇治殿《うじどの》ノ御宿曜《ごすくよう》ト云《い》ふ文《ふみ》、家《いえ》ニハ見《み》えざる也《なり》。又《また》、四条宮《しじょうのみや》ニ我《われ》の申《もう》して云《い》ふやう、『御宿曜《おんすくよう》や候《さぶら》ひし』と申《もう》し上《あ》ぐるの時《とき》、仰《おお》せて云《い》ふやう、『全《もっぱ》ら知《し》らず。殿《との》などや御沙汰《ごさた》アリケム、我《われ》は知《し》らず』ト仰《おお》せられしなり。又《また》、故一条殿《いちじょうどの》も、宿曜《すくよう》の沙汰《さた》、全《もっぱ》らせさせ給《たま》はざりき」と。

（忠実さまがおっしゃるには、「昔の人は、宿曜は用いなかったのだろうか。道長さまや頼通さまのための宿曜勘文などは、摂関家に伝わっていないのである。また、四条宮寛子《ひろこ》さまに、私が『道長さまや頼通さまのための宿曜勘文はございますか』とお尋ねしたとき、寛子さまがおっしゃったのは、『全く知らない。師実《もろざね》殿あたりが知っていたはずだけれど、私にはわからない』とのことだったのである。また、頼通さまの異母弟《いぼてい》の頼宗《よりむね》殿を祖父に持つ私の亡き母上の一条殿《いちじょうどの》(藤原全子《またこ》)も、宿曜は、全く用いていらっしゃらなかった」とのことであった。)

また、『中外抄』には、久安《きゅうあん》四年(一一四八)十一月二十四日のものとして、忠実の次のような談話も見えるから、摂関家の宿曜への関心の薄さは、確かに歴史的な事実なのだろう。

仰《おお》せて云《い》ふやう、「四条宮《しじょうのみや》ハ、宿曜《すくよう》を勘《かんが》へしめ給《たま》はず」と。

仁海　雀を好んで食べる雨乞いの達人

仁海《にんかい》という僧侶は、真言宗を代表する験者であり、雨乞いの達人であった。この仁海は、世に「雨《あめ》僧正《そうじょう》」「雨海僧正《うかいそうじょう》」などと呼ばれたが、それは、彼には、旱魃《かんばつ》のときに密教修法を勤修して確かに雨を降らせたという功績が、幾つもあったからである。

例えば、道長の『御堂関白記』には、旱魃に見舞われた寛仁《かんにん》二年(一〇一八)の夏、六月四日に仁海が「請雨経法《しょううきょうほう》」と呼ばれる雨乞いの密教修法の勤修をはじめたことが見えるが、それとともに、同月八日になって雨が降りはじめ、それを人々が仁海の請雨経法によるものと見做したことが見える。

王朝時代の人々は、仁海の密教修法が旱魃の最中にも確かに雨を降らせたと、はっきりと認識していたのである。そして、仁海は、この功績によって、朝廷から権律師《ごんのりつし》の官職（僧官）を与えられて、高僧の仲間入りをするのであった。

ちなみに、右の寛仁二年の請雨経法は、これこそが、仁海による雨乞いの最初の一例である。そして、その折、天暦《てんりやく》五年（九五一）生まれの仁海は、既に六十八歳にもなっていたから、彼の場合、既に紹介した観修や心誉などとは異なり、優れた験者として世に認められたのは、すっかり老境に入ってからであったことになる。幸いにして、彼には、永承《えいしょう》元年（一〇四六）五月に他界するまで、九十六歳という異例の長寿を保つことができたものの、もし、その幸運が彼になかったなら、「雨僧正」「雨海僧正」などと呼ばれるほどの雨乞いの達人は、日本の歴史に登場しなかったことだろう。

しかし、確かな史実として、九十六歳まで生きた仁海は、寛仁二年以降、全部で九回も、旱魃に見舞われた夏に請雨経法を行うのである。そして、彼の九回の請雨経法は、その九回全てが、朝廷によって、人々によって、みごとに雨をもたらしたと見做されたのであった。また、そうして成功を収め続けた仁海は、成果を上げるごとに、権律師から権少僧都《ごんのしょうそうず》へ、権少僧都から少僧都《しょうそうず》へ、少僧都から権《ごん》大僧都《のだいそうず》へと、より高い官職を朝廷から与えられて、ついには八十六歳にして僧正《そうじょう》に昇りつめるのである。

ただ、この仁海は、持戒《じかい》（戒律を守ること）をめぐっては、けっして尊敬すべき僧侶ではなかったらしい。というのも、次に『中外抄』から引用する保延《ほうえん》四年（一一三八）四月七日の忠実の談話が、仁海のとんでもない破戒《はかい》の逸話になっているからに他ならない。

夜《よる》、宇治殿《うじどの》に於《お》いて仰《おお》せられて云《い》ふやう、「仁海僧正《にんかいそうじょう》ハ、鳥《とり》を食《く》ふ人也《ひとなり》。房《ぼう》ニ住みける僧《そう》の、雀《すずめ》をえもいはず取《と》りける也《なり》。件《くだん》の雀《すずめ》をはらはらとあぶりて、粥漬《かゆづけ》のあはせにハ用《もち》ゐける也《なり》。然《しか》りと雖《いえど》も、験《しるし》の有《あ》る人《ひと》にて有《あ》りけり。……」と。

（この夜、宇治の別荘で忠実さまがおっしゃったのは、「仁海僧正は、鳥を食べる人であった。仁海僧正の僧房に寄住する弟子の一人が、実に上手に雀を捕まえたようなのである。そして、その弟子の捕らえた雀を、仁海僧正は、パチパチと火で炙《あぶ》って、粥を食べるときのおかずにしたものであった。しかしながら、この仁海僧正は、必ず効験を顕す験者であったそうな。……」とのことであった。）

まさか、破戒の肉食《にくじき》こそが、仁海の験力の源だったのだろうか。

弘法大師にそっくりな仁海

ときに、雨乞いを得意とする真言宗の験者として、多くの現代人が真っ先に思い付くのは、やはり、空海ではないだろうか。そう、日本に真言宗を開いた弘法大師空海である。

『今昔物語集《こんじゃくものがたりしゅう》』巻第十四第四十一の「弘法大師《こうぼうだいし》ノ請雨経法《しょううきょうほう》ヲ修《しゅ》シテ雨《あめ》ヲ降《ふ》ラス語《こと》」によれば、空海が初めて雨乞いの密教修法を行ったのは、「天下《てんげ》、旱魃《かんばつ》シテ、万《よろず》ノ物《もの》、皆《みな》焼《や》ケ畢《お》ハリテ枯《か》レ尽《つ》キタル」という国家存亡の危機に際してであった。

空海は、天皇から、「何《いか》ニシテカ此《こ》ノ旱魃《かんばつ》ヲ止《と》メテ、雨《あめ》ヲ降《ふ》ラシテ世《よ》ヲ助《たす》クベキ」と、真言宗の密教修法によって雨を降らせることが可能であるか否《いな》かを問われると、「我《わ》ガ法《ほう》ノ中《なか》ニ雨《あめ》ヲ降《ふ》ラス法有《ほうあ》リ」と、可能である旨を答える。そして、天皇に「速《すみ》ヤカニ其《そ》ノ法《ほう》ヲ修《しゅ》スベシ」と命じられた空海は、勅命に沿うべく、「請雨経《しょううきょう》ノ法《ほう》」を勤修するのであった。空海が行った雨乞いの密教修法は、仁海が行ったのと同じ、請雨経法だったのである。

図 27　弘法大師（東京国立博物館蔵、Image: TNM Image Archives）

空海の請雨経法勤修の場となったのは、禁苑《きんえん》として平安京内に設けられた神泉苑《しんせんえん》であり、修法の壇《だん》は、同苑の大きな池の畔《ほとり》に組まれていた。また、この請雨経法は、七ヵ日に及んだが、その間に、空海の前には、五寸《すん》ほどの大きさの金色《こんじき》の蛇が、五尺《しゃく》ほどの大きさの蛇の頭に乗って顕《あらわ》れる。実は、その蛇こそが、雨を司る竜神であって、それが神泉苑の池に入るや、北西の方角から黒雲が湧き出して、やがて日本中に雨が降りはじめたのであった。

この話に加えて、『今昔物語集』は、「此《これ》ヨリ後《のち》、天下《てんげ》旱魃《かんばつ》ノ時《とき》ニハ、此《こ》ノ大師《だいし》ノ流《なが》レヲ受《う》ケテ、此《こ》ノ法《ほう》ヲ伝《つた》ヘル人《ひと》ヲ以《もつ》テ、神泉《しんせん》ニシテ此《こ》ノ法《ほう》ヲ行《おこな》ハルル也《なり》。而《しか》ルニ、必《かなら》ズ雨降《あめふ》ル」とも語るが、これによれば、請雨経法は、真言宗に相伝される密教修法であったらしい。確かに、この修法によって幾度も雨を降らせた仁海は、真言宗の僧侶であり、空海の八代目の弟子である。彼には、空海の後継者として請雨経法を扱う資格があったことになる。

そして、そんな仁海は、何と、空海にそっくりの容姿をしていたという。次に紹介するのは、先にも『中外抄』から引用した保延四年（一一三八）四月七日の忠実の談話の続きであるが、ここに語られるのは、仁海が空海の代わりに礼拝対象にされたという逸話である。

夜《よる》、宇治殿《うじどの》に於《お》いて仰《おお》せられて云《い》ふやう、「……。『仁海《にんかい》ハ、大師《だいし》の御影《みえい》に違《たが》はず』と云々《うんぬん》。……。成典《じようてん》は、地《ち》に下《お》りて再拝《さいはい》して、座《ざ》に昇《のぼ》りて、申《もう》して云《い》ふやう、『「大師《だいし》の尊貌《そんぼう》を礼《らい》し奉《たてまつ》らん」と欲《おも》ふの心《こころ》の已《すで》に多年《たねん》に及《およ》ぶ。而《しか》るに、去《さんぬ》る夜《よる》の夢《ゆめ》に、「『大師《だいし》を礼《らい》し奉《たてまつ》らん』と欲《おも》はば、仁海《にんかい》を見《み》るべし」の由《よし》、其《そ》の告《つ》げの有《あ》り。仍《よ》りて、参《まい》り入《い》る也《なり》』と云々《うんぬん》」と。

（この夜、宇治の別荘で忠実さまがおっしゃったのは、「……。『仁海僧正は、弘法大師の遺影にそっくりである』とか何とか。……。成典という真言僧は、仁海僧正のもとを訪れると、まずは床から地面に下りて仁海僧正を再拝して、再び床に上がって座に着いてから、こう言ったのだとか。『「弘法大師のお姿を礼拝し申し上げたい」との願いを抱いて何年にもなる。すると、一夜の夢に、「『弘法大師を礼拝し申し上げたい』と願うならば、仁海を見るがよい」という旨のお告げがあった。それで参上したのである』と」とのことであった。）

仏師たちの身分

仏師《ぶっし》の有名人といえば、多くの現代人がまず思い至るのは、鎌倉時代の運慶《うんけい》と快慶《かいけい》となのではないだろうか。中学校の教科書にも名前の載っている仏師が、この二人である。

そして、その名前から察せられるように、運慶にしても、快慶にしても、仏師でありながら、僧侶でもあった。しかも、彼らは、勝手に僧侶の姿をしているだけの自称僧侶ではなく、朝廷が公認する正規の僧侶だったのである。それを端的に物語る史実として、運慶は、大寺院であり官寺でもある興福寺において、勾当《こうとう》という寺職《じしょく》を持っていたのであり、また、快慶は、朝廷が僧侶たちに与える位階（僧位《そうい》）としては二番目に高いものとなる法眼位《ほうげんい》（法眼和尚位《ほうげんかしょうい》）を持っていたのであった。

もちろん、正規の僧侶であった仏師は、運慶と快慶とばかりではない。彼らに限らず、鎌倉時代の仏師たちというのは、正規の僧侶の身分を持っていることが当たり前だったのである。そして、仏師が正規の僧侶であったのは、鎌倉時代にはじまったことではなかった。既に王朝時代＝平安時代中期において、仏師が朝廷によって認められた正規の僧侶であ

表4　僧位（朝廷が僧侶に与える位階）一覧

法印（法印大和尚位）
法眼（法眼和尚位）
法橋（法橋上人位）
大法師（伝燈大法師位）
法師（伝燈法師位）

るというのは、当然のことになっていたのである。

とはいえ、王朝時代においては、仏師たちの僧侶としての地位は、けっして高いものではなかった。その頃には、仏師が法眼位に叙《じょ》されることなど、誰も夢にも思わず、それどころか、仏師が大寺院の寺職に就くことさえ、夢のまた夢だったのである。

そんな時代において、仏師として卓越した功績を挙げたことへの褒美《ほうび》として、当時では異例中の異例のことながら、国分寺《こくぶんじ》の責任者である講師《こうじ》の官職を与えられたのが、康尚《こうしょう》であった。彼は、最初は土佐国《とさのくに》の国分寺の講師である土佐講師《とさのこうじ》に任命され、次には近江国《おうみのくに》の国分寺の講師である近江講師《おうみのこうじ》に任命されたのである。

また、総じて仏師たちの地位が低かった王朝時代に、最初に朝廷から高い僧位を与えられたのは、右の康尚の弟子の定朝《じょうちょう》であった。彼は、仏師として挙げた功績への褒賞として、三番目に高い僧位となる法橋位《ほっきょうい》（法橋上人位《ほっきょうしょうにんい》）に叙されたのである。この法橋位は、俗人の位階に准《なずら》えるならば、三位《さんみ》（正三位・従三位）に相当しようが、三位というと、大納言《だいなごん》・中納言《ちゅうなごん》を務めるのにふさわしい位階となる。

そして、右に取り上げた康尚・定朝の二人は、道長によって重く用いられた仏師たちであった。次に『中外抄』から紹介する久安《きゅうあん》四年（一一四八）五月二十三日の忠実の談話は、既に第三章においても引用したものであるが、ここで話題になっている「法成寺《ほうじょうじ》の阿弥陀堂《あみだどう》の九体仏《くたいぶつ》」は、康尚・定朝が手がけたものなのである。

仰《おお》せて云《い》ふやう、「法成寺《ほうじょうじ》の阿弥陀堂《あみだどう》の九体仏《くたいぶつ》ハ、宇治殿以下《うじどのいげ》の公達《きんだち》の各《おのおの》に相《あ》ひ分《わ》かれテ造立《ぞうりゅう》せしめ了《お》はんぬ。……」

（忠実さまがおっしゃるには、「法成寺の阿弥陀堂である無量寿院《むりょうじゅいん》に本尊として安置されている九体の阿弥陀如来像《あみだにょらいぞう》は、頼通さまをはじめとする道長さまのご子息たちが、それぞれに分担してお造りになったのだ。……」）

康尚と定朝　法成寺の九体阿弥陀如来像を手がけた稀代の仏師たち

『中外抄』に久安四年五月二十三日のものとして見える忠実の談話を、第三章では、初めの部分しか引用しなかったが、ここでは、次の通り、そのほぼ全体を引用しよう。

仰《おお》せて云《い》ふやう、「法成寺《ほうじょうじ》の阿弥陀堂《あみだどう》の九体仏《くたいぶつ》ハ、宇治殿以下《うじどのいげ》の公達《きんだち》の各《おのおの》に相《あ》ひ分かれテ造立《ぞうりゅう》せしめ了《お》はんぬ。……。御堂《みどう》に渡《わた》し奉《たてまつ》らるるに、車《くるま》八両《りょう》の四方《よも》に布《ぬの》を引《ひ》き廻《めぐ》らしテ雲《くも》など書《か》きテ、其《そ》の内《うち》ニ仏《ほとけ》を安《やす》んじ奉《たてまつ》る。楽人《がくにん》は鼓《つづみ》を打《う》ち、近衛《このえ》の官人《かんじん》は車《くるま》を引《ひ》き、僧《そう》は行列《ぎょうれつ》す。御堂《みどう》に居《す》ゑ並《なら》べらるるの後《のち》、御堂《みどう》の、仏子《ぶつし》の康尚《こうしょう》に仰《おお》せられテ云《い》ふやう、『直《なお》すべき事《こと》の有《あ》る哉《や》』と。申《もう》して云《い》ふやう、『直《なお》すべき事《こと》の候《さぶら》ふ』と。麻柱《あさばしら》を構《かま》ふるの後《のち》、康尚《こうしょう》の云《い》ふやう、『早《と》く罷《まか》り上《のぼ》れ』と云《い》ひければ、廿許《はたちばかり》ナル法師《ほうし》の、薄色《うすいろ》の指貫《さしぬき》・桜《さくら》のきうたいに、裳《も》は着《つ》けて、袈裟《けさ》ハ懸《か》けざりつる、つちのえを持《も》ちて金色《こんじき》の仏《ほとけ》の面《かお》をけづりけり。御堂《みどう》の康尚《こうしょう》に仰《おお》せて云《い》ふやう、『彼《かれ》ハ何《いか》なる者《もの》ぞ』

りたり」と。

と。康尚《こうしよう》の申《もう》して云《い》ふやう、『康尚《こうしよう》の弟子《でし》の定朝也《じようちようなり》』と。其《そ》の後《のち》、おぼえつきて、世《よ》の一物《いちもつ》に成《な》

〈忠実さまがおっしゃるには、「法成寺の阿弥陀堂である無量寿院に本尊として安置されている九体の阿弥陀如来像は、頼通さまをはじめとする道長さまのご子息たちが、それぞれに分担してお造りになったのだ。……。その阿弥陀如来像たちを仏師たちのもとから無量寿院へとお移しするにあたっては、雲などを描いた布を周囲に引き廻らせた八両《りよう》の荷車にお載せしてお運びしたものだ。また、このときには、楽人たちが鼓《つづみ》を打ちながら付き従い、近衛府〈天皇の親衛隊〉の官人たちが車を引いて、さらに、僧侶たちが行列を組んだのであった。九体の阿弥陀如来像が無量寿院に安置された後、道長さまが、仏師の康尚におっしゃったのは、『これらの仏像に、修正しなければならないところはあるか』とのことであった。これに対して康尚が申し上げて言ったのは、『修正しなければならないところがございます』とのことであった。そして、仏像の周囲に作業用の足場を設置した後で、康尚が『さっさと足場に上がれ』と言うと、年齢は二十歳ほどで薄色の指貫の上に桜色の袋代《きゆうたい》〈僧侶の略装〉を着て、裳は着けながらも、袈裟は懸けていない僧侶が、足場に上がり、槌《つち》の柄《え》を握って、金色の阿弥陀如来像の顔面を削りはじめたそうな。これを見た道長さまが康尚におっしゃったのは、『あそこで作業をしているのは、どういった仏師か』とのことであった。それに対して康尚が申し上げて言ったのは、『康尚の弟子の定朝である』とのことであった。それから後、定朝は、道長さまの寵愛《ちようあい》を得て、天下に名の聞こえる評判の仏師になったのであった」とのことであった。〉

道長と康尚との関係は、法成寺の阿弥陀如来像にはじまったわけではない。例えば、『御堂関白記』によると、寛弘《かんこう》二年（一〇〇五）十月二十四日、木幡《こはた》の浄妙寺《じょうみょうじ》の仏像を造った功によって道長から褒美を与えられたのは、他ならぬ康尚なのである。そして、その康尚の弟子として道長の前に現れた定朝は、あるいは、康尚の実子であったかもしれない。

武者たちの話

源義家　常在戦場の心得を持つ武者

実は、平安貴族たちは、「武士」という言葉を、あまり使わない。彼らが好んで使った言葉は、「武者」もしくは「兵」である。しかも、平安貴族たちは、「武者」あるいは「兵」と書いて、「つわもの」と読んだりしたのであった。

さて、その武者《つわもの》であるが、王朝時代の武者として、われわれ現代人が真っ先に思い浮かべるのは、大江山《おおえやま》の鬼を退治した武功譚で知られる源頼光《よりみつ》か、「八幡太郎《はちまんたろう》」の異名で知られる源義家《よしいえ》か、といったところであろうか。

このうち、源義家は、例の『古今著聞集《ここんちょもんじゅう》』の一話にも登場する。すなわち、彼は、後世の人々には、

系図16　武者源氏略系図

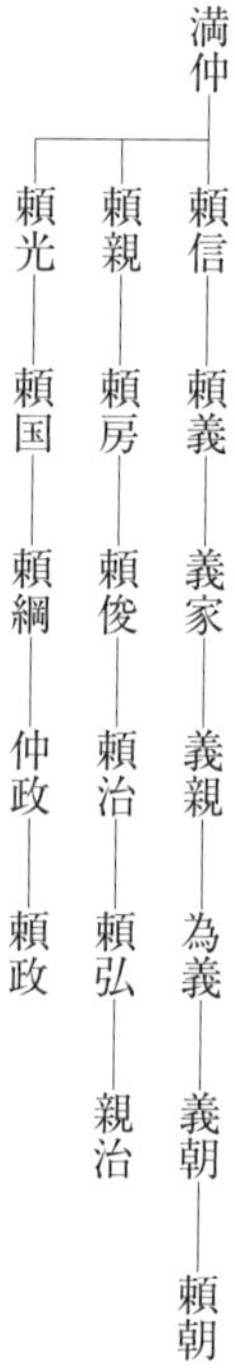

御堂関白道長を護った武者と見做されていたのである。

が、歴史的な事実として、義家には、道長を守護することは不可能であった。なぜなら、道長の没年が万寿《まんじゅ》四年（一〇二七）であるのに対して、義家の生年は長暦《ちょうりゃく》三年（一〇三九）であるからである。自分が生まれる以前に死んでしまった相手を護ることなど、どれほど武勇に優れた武者であっても、不可能というものであろう。

もし、道長の時代に活躍した武者を、義家の縁者たちの中から挙げるとすれば、右にも触れた頼光の他、その頼光の兄弟の頼信《よりのぶ》・頼親《よりちか》あたりが適切であろうか。彼らは、義家には祖父もしくは大《おお》伯《お》叔父《じ》にあたるが、いずれも、道長政権下に諸国の受領国司《ずりょうこくし》を務めているから、まさに道長時代の武者源氏となる。

とはいえ、その義家にしても、道長の息子の頼通の時代の有力な武者ではあって、せっかくなので、忠実が義家について語るところも、ここに紹介しておこう。これは、『中外抄』に康治《こうじ》二年（一一四三）四月十八日の日付で見える談話となる。

夜《よる》、為義《ためよし》の参《まい》り入《い》る。……。其《そ》の次《つ》いでに仰《おお》せて云《い》ふやう、「……。義家《よしいえ》ハ、いみじかりける物《もの》にこそ有《あ》りけれ。山《やま》の大衆《たいしゅ》のをこりたりける時《とき》に、衣冠《いかん》をして内《うち》ニ参《さん》じたりけるにハ、衣冠《いかん》のはこえの上《うえ》に胡録《やなぐい》の緒《お》をわたして負《お》ひたりければ、『吉《よ》くしたり』とて、時人《ときひと》ののしりけり」と。

（夜になって、源為義が忠実さまのもとに参上した。……。その機会に忠実さまがおっしゃったのは、「……。源義家は、よくできた男であった。比叡山の僧侶たちによる強訴《ごうそ》があった折に、義家は、正装の束帯姿《そくたいすがた》で内裏に参上したが、腰のあたりには束帯の上から胡録《やなぐい》を負《お》っていたので、『準備のいいことよ』と言って、その当時の人々は褒《ほ》め讃《たた》えたのだそうな」とのことであった。）

ここに登場する義家は、束帯姿で内裏に参上する存在であり、われわれが「平安貴族」と呼ぶ人々の一人である。そして、彼に限らず、彼の祖父の頼信も、彼の大伯叔父の頼光・頼親も、受領国司を務めたように、やはり、「平安貴族」と呼ばれるべき人々であった。

しかし、彼らは、義家に限らず、皆、常在戦場《じょうざいせんじょう》の心得を持っていたことだろう。彼らは、平安貴族であるとともに、武者でもあったのである。昨今の日本史研究においては、このような人々は、「軍事貴族」と呼ばれていたりする。

源頼義　母親を愛せなかった「前九年の役」の名将

義家の父親の頼義は、どうしたわけか、われわれ現代人の間では、息子ほどには名を知られていないが、彼が生きた当時においては、大きな戦功を挙げた名将であって、英雄的な存在であった。すなわち、彼には、所謂「前九年《ぜんくねん》の役《えき》」において、朝廷軍の総司令官を務めて、天皇に反旗を翻した蝦夷《えみし》たちを討伐した、という功績が認められていたのである。

次に『富家語』から引用するのは、保元《ほげん》三年（一一五八）の忠実の談話であるが、ここには、頼義が、他ならぬ「前九年の役」の功によって、昇進にあずかったことが語られている。

仰《おお》せて云《い》ふやう、「叙位《じょい》ニハ、尻付《しつつけ》は常《つね》ニアラヌ事ナリ。頼義《よりよし》の貞任《さだとう》を打ちたる度《たび》の勧賞《かんしょう》ニコソ、大殿《おおとの》の『俘囚《ふしゅう》ヲ随《したが》ヘル賞《しょう》』と付けしめ給《たま》ひタレ」と。

康平《こうへい》六年（一〇六三）、頼義は、中級貴族には出世の限界に近い正四位下《しょうしいげ》へと昇進したが、忠実が語るところによれば、この折に作られた公文書には、頼義の昇進の根拠を示す註（「尻付」）として、「俘《ふ》囚《しゅう》ヲ随《したが》ヘル賞《しょう》（蝦夷を鎮圧したことへの褒美）」との記述があったらしい。そして、この註を付けさせたのが、どうやら、忠実が敬愛する祖父の師実（「大殿」）であったようで、それゆえに、忠実が右の註のことを知っていたのであった。

こうして、武者として世に名高い存在であった頼義であるが、彼は、その母親との関係をめぐって、ずいぶんと気の毒な境遇にあったようである。これについては、とにかく、『中外抄』が久寿《きゅうじゅ》元年（一一五四）三月二十九日のものとする忠実の談話を紹介しよう。

御物語《おんものがたり》の次《つ》いでに仰《おお》せて云《い》ふやう、「頼義《よりよし》と随身《ずいじん》の兼武《かねたけ》トハ、一《ひと》つ腹也《はらなり》。母《はは》は、宮仕《みやづかえ》の者也《ものなり》。件《くだん》の女《おんな》ヲ、頼信《よりのぶ》の之《これ》を愛《あい》して、頼義《よりよし》を産《う》ましめ了《お》はんぬ。其《そ》の後《のち》、兼武《かねたけ》の父《ちち》の件の女ノ許《もと》なりける半物《はしたもの》ヲ愛しケルニ、ソノ主ノ女の『我ニあはせよ』と云《い》ひテ、案《あん》の如《ごと》く婚《くな》ぎ了《お》はんぬ。其《そ》の後《のち》、兼武《かねたけ》を生み了《う》はんぬ。頼義《よりよし》は、後《のち》ニ此《こ》の旨《むね》を聞きテ、『ゆゆしきことなり』とて、七騎《ななき》の度《たび》に乗《の》りタリケル大葦毛《おおあしげ》の忌日《きにち》ナムドヲバシケレドモ、母《はは》の忌日《きにち》ハ一切《いっさい》も勧修《かんしゅう》せざりけり。……」と。

（雑談のついでに忠実さまがおっしゃったのは、「源頼義と随身の中臣兼武《なかとみのかねたけ》とは、母親が同じで父親だけが異なる兄弟である。彼らの母親は、女房勤めに出ていた。すると、頼義の父親の頼信が彼女を見初めて、それで頼義が生まれた。その後、兼武の父親にあたる男が、頼義の母親に仕える下働きの女と男女の仲にあったところ、頼義の母親は、下働きの女に『おまえの男を、私に貸せ』と言って、思い通りに兼武の父親と関係を持ったのであった。そうして、頼義の母親は、兼武をも産んだのであった。さて、頼義は、長じてから右のような事情を知って、『忌々《いまいま》しいことである』と言って、「前九年の役」で生死をともにした大葦毛の馬の命日の法事を行うことはあっても、母親の命日には何もしなかったのだそうな。……」とのことであった。）

随身の中臣兼武は、庶民層の一人である。当然、彼の父親の中臣某も、庶民である。これに対して、頼義は、貴族層の一員であった。そして、貴族の身の頼義としては、自分に庶民身分の異父弟を作った母親が、どうしても許せなかったのだろう。

源頼信　人物鑑定に優れた源頼朝の曾祖父の曾祖父

頼義の父親で義家には祖父にあたる頼信は、頼義以上に、義家の陰に隠れてしまい、あまり目立たない存在となっているが、実は、たいへん優れた武者であった。例えば、所謂「平将門《たいらのまさかど》の乱《らん》」の再来とも騒がれた、所謂「平忠常《たいらのただつね》の乱《らん》」を鎮圧したのは、この頼信なのである。しかも、彼は、ほとんど戦うことなく、すなわち、舞台となった坂東《ばんどう》（今の関東地方）の地をほとんど荒らすことなく、「平忠常の乱」を鎮めたのであった。

一説には、もともと頼信と忠常との間には、主従の関係があったとされる。その説において、忠常は、乱を起こしたものの、征討軍の司令官が頼信であることを知るや、臣従を誓った主人と戦うわけにもいかず、それゆえに戦わずして投降したことになっている。

いずれにせよ、あっさりと乱を鎮定した頼信は、広く坂東の武者たちを敬服させ、坂東の多くの武者たちから主《あるじ》と仰がれることになったという。そして、やがて、この頼信の昆孫《こんそん》（孫の孫の孫）にあたる頼朝が、清盛《きよもり》の家系の平氏に歯向かうにあたって、坂東の武者たちを率いることができたのも、全て、頼信の功績があってのことであった。

そんな頼信であるが、彼には、何より、人を見る眼があったらしい。次に引用するのは、『中外抄』が康治二年（一一四三）四月十八日のものとする忠実の談話であるが、ここには、自身の息子たちについても、親馬鹿《おやばか》にならず、冷静に評価を下す頼信が登場する。

夜《よる》、為義《ためよし》の参《まい》り入《い》る。……。其《そ》の次《つ》いでに仰《おお》せて云《い》ふやう、「為義《ためよし》の如《ごと》きハ、強《あなが》ちに廷尉《ていい》に執《と》るべからざる也《なり》。天下《てんげ》の固《かた》めニテ候《さぶら》へバ、時々《ときどき》に出《い》で来《き》たりテ受領《ずりょう》ナドニ任《にん》ずべき也《なり》。頼信《よりのぶ》の、『子《こ》は三人《みたり》のあり。太郎《たろう》の頼義《よりよし》をバ、武者《むしゃ》ニ仕《つか》ひ御《おわ》せ。頼清《よりきよ》をバ、蔵人《くろうど》ニ成《な》し給《たま》へ。三郎《さぶろう》字《あざな》はヲトハノ入道《にゅうどう》なりは、不用《ふよう》の者《もの》にテ候《さぶら》ふ』の由《よし》を、宇治殿《うじどの》に申《もう》し了《お》はんぬ。申《もう》し請《こ》ふ如《ごと》く、頼義《よりよし》をバ、武者《むしゃ》ニ仕《つか》へしめ御《おわ》しテ、貞任《さだとう》・宗任《むねとう》ヲ打《う》ちに遣《つかわ》し、頼清《よりきよ》をバ、蔵人《くろうど》ニ成《な》し給《たま》ふ。三郎《さぶろう》をバ、『不《ふ》用《よう》の者《もの》』と申《もう》しける気《け》にや、叙用《じよう》せしめ給《たま》はざりけり。……」と。

〈夜になって、源為義《ためよし》が忠実さまのもとに参上した。……。その機会に忠実さまがおっしゃったのは、「源為義のような者は、常に検非違使の任に就かせておいたりしてはならないのである。この者は、治安維持の切り札として存在しているのだから、ときどき受領国司に任命するくらいがよいのである。この為義の高祖父〈祖父の祖父〉にあたる頼信は、『私には三人の息子があります。長男の頼義は、武者としてお使いください。次男の頼清《よりきよ》は、蔵人《くろうど》として宮中に仕えさせてください。三男〈通称は「乙葉《おとは》の入道《にゅうどう》」である〉は、役立たずでございます』ということを、頼通さまに申し上げたのであった。すると、頼通さまは、頼信が願った通り、頼義を、武者として仕えさせて、安倍貞任《さだとう》・安倍宗任《むねとう》〈「前九年の役」の討伐対象〉の征伐に派遣し、頼清を、蔵人に任命なさった。また、頼通さまは、頼信の三男を、頼信が『役立たず』と申し上げたためであろうか、官職には就かせなかったのだそうな。……」とのことであった。〉

さまざまな名人たちの話

真髪勝岡　呪詛に負けた最強の力士

王朝時代には、「相撲」と書いて、「すもう」とは読まずに、「すまい」と読んだが、当時の「すまい」は、われわれの知る「すもう」よりも、ずっと危険な格闘技であった。「すまい」の規則では、拳《こぶし》で殴《なぐ》ることも、脚《あし》で蹴《け》ることも、全く制限されていなかったのである。しかも、土俵というものがなかった「すまい」の場合、「押し出し」や「寄り切り」のような、優しい決着があり得なかったので、重傷者が出ることも、さほどめずらしくなかった。

しかし、王朝時代には、そんな「すまい」の勝負が、毎年七月、内裏の紫宸殿《ししんでん》の南庭において、天皇臨御《りんぎょ》のもとで行われていた。この天覧《てんらん》相撲では、左近衛府《さこのえふ》が東国《とうごく》（現在の東北地方・関東地方・中部地方）から集めた左方《ひだりかた》の相撲人《すまいにん》（力士）たちと、右近衛府《うこのえふ》が西国《さいごく》（現在の九州地方・中国地方・四国地方）から集めた右方《みぎかた》の相撲人たちとが、力と技とを競い合ったのである。それは、「相撲節《すまいのせち》」と呼ばれる、朝廷の重要な年中行事であった。

そして、当時は、相撲節を通して、しばしば、貴族社会に広く知れ渡るような、最強の相撲人が誕生したものであったが、次に『富家語』から引用する応保元年（一一六一）の忠実の談話に登場する真髪勝岡《まかみのかつおか》も、道長の時代に最強と評された相撲人である。

仰《おお》せて云《い》ふやう、「先《さき》の一条院《いちじょういん》の御時《おんとき》、勝岡《かつおか》ト云《い》ふ相撲《すまい》と、ハジカミ丸《まる》ト云《い》ふモノト、合《あ》ひテ取《と》りケルニ、ハジカミヲ勝岡《かつおか》が橘《たちばな》の樹《き》ニオシツケテスリケレバ、アリアリテ、ハクト勝岡《かつおか》ヲ踏《ふ》みタウシタリケル、イミジカリケリ」と。

（忠実さまがおっしゃるには、「一条天皇さまの時代、真髪勝岡という相撲人〈力士〉と、ハジカミ丸という相撲人とが、御前において相撲の勝負をしたところ、勝岡がハジカミ丸を紫宸殿の前の右近の橘に押し付けて擦り付けると、ややあって、ハジカミ丸がドンと勝岡を踏み倒したのは、すごいものであったそうな」とのことであった。）

ここでは、最強であるはずの勝岡が負けてしまう。が、忠実の語るところ、勝岡とハジカミ丸との一番は、かなりの激闘であったらしい。もちろん、道長が権勢を誇っていた一条天皇の時代の相撲を、道長の孫の孫である忠実が直接に見ていたわけはない。が、その彼が熱く語ったように、右の一番は、まさに後世に語り継がれる名勝負だったのだろう。

ただ、『古今著聞集』によれば、この勝負は、必ずしも正々堂々たるものではなかった。すなわち、その年の相撲節では、勝岡のいる右方が優勢であって、左方の負けが込んでいたため、左方では、問題の一戦の前夜に、「勝岳負《かつおかま》くべき由《よし》の祈《いの》り」を行っていたのである。ここに言う「祈り」は、「祈り」と言えば聞こえはいいが、実質的には、呪詛《じゅそ》の類《たぐい》であったろう。詳しくは、前著『日本の呪術』に譲るが、平安時代において、相撲や競馬といった勝負事の背後で呪詛が行われるというのは、お馴染みのことだったのである。

そして、勝岡に呪詛をかけたのは、もしかすると、左方の世話人を務めた陰陽師ではないだろうか。相撲節の折、左方にも、右方にも、相撲人たちを呪詛などから護るべく、陰陽師が世話人として加わっているものであったが、その陰陽師は、ただただ自分の側の相撲人たちを護るばかりではなく、ときとして、さらに踏み込んだ役割を果たしたのだろう。

賀茂光栄　身なりを気にしない占いの名手

そんな陰陽師であるが、忠実はというと、陰陽師への関心が薄かった節がある。というのも、『中外抄』にも、『富家語』にも、陰陽師をめぐる談話がほとんど見受けられないからに他ならない。実のところ、道長の時代の陰陽師として最も有名な、あの安倍晴明が、『中外抄』『富家語』には、一度も登場しないのである。

それゆえ、次に『中外抄』から紹介する保延三年(一一三七)六月十二日の忠実の談話は、陰陽師に関するものであるという点で、かなりめずらしいものになる。

仰《おお》せて云《い》ふやう、「諸 道《もろもろのみち》の人《ひと》は、上古《じょうこ》は衣服《えぶく》を好《この》まず、才芸《さいげい》を以《もっ》て先《さき》と為《な》す也《なり》。光栄《みつよし》ハ、上東《じょうとう》門院《もんいん》の御産《ごさん》の日《ひ》ハ、鬢《びん》モ掻《か》かず、表衣《うえのきぬ》・指貫《さしぬき》ハ希有《けう》にて、平履《ひらぐつ》を着《つ》けて、中門《ちゅうもん》より入《い》りて、直《ただ》ちニ階隠《はしがくし》の間《ま》より昇《のぼ》りテ、御縁《ごえん》に候《さぶら》ひテ、表衣《うえのきぬ》の下《した》ニハ布《ぬの》ノ合《あ》はせタルを着《き》タリ。懐《ふところ》の中《うち》より虱《しらみ》ヲ取《と》り出《い》でテ、高欄《こうらん》ノ平《ひら》ケタニ宛《あ》てテ、大指《おおゆび》して殺《ころ》しケリ。此《こ》の旨《むね》は、故宇治殿《こうじどの》の語《かた》り仰《おお》せらる」と。

（忠実さまがおっしゃるには、「さまざまな技芸に携わる専門家たちというのは、その昔においては、着飾ることを好まず、自身の技芸を磨くことこそを重要視していたものである。例えば、陰陽師の賀茂光栄《みつよし》は、上東門院彰子《あきこ》さまが出産なさった日のこと、頭髪を整えることもせず、みすぼらしい表衣や指貫に身を包み、足には簡素な浅沓《あさぐつ》を履いた姿で、上東門院さまの御所へと参上すると、中門を通って寝殿の南の庭に出て、そのまま中央の階段から寝殿に上がり、簀《す》の子《こ》に控えたのであったが、そのとき、光栄が表衣の下に着ていたのは、安っぽい麻布の袷《あわせ》であった。しかも、そんな光栄は、その場において、懐《ふところ》から虱《しらみ》を摘み出すと、寝殿の手摺りの下の横木に押し付けて、その虱を親指で潰したのだそうな。これは、今は亡き頼通さまがお話しになったのであった」とのことであった。）

賀茂光栄は、安倍晴明と同じ時代に活躍した陰陽師たちの一人である。彼は、晴明の兄弟子《あにでし》の賀茂保憲《やすのり》の息子であって、晴明よりはだいぶ若かったものの、晴明に劣らない評判を取っていた。そして、寛弘二年（一〇〇五）に晴明が他界した後には、この光栄こそが、最高の陰陽師と見做されることになる。

光栄の場合、殊更に卜占《ぼくせん》に優れており、例えば、藤原行成の日記である『権記』には、寛弘八年五月九日のこととして、一条天皇第一皇子敦康《あつやす》親王の寝所で起きた怪異《かいい》を占《うらな》った光栄が、それからほどなく一条天皇が発病するであろうことを予告して、それがみごとに的中したことが記されている。また、行成は、そんな光栄に、「光栄《みつよし》の占《うらな》ひは、掌《たなごころ》を指《さ》すが如《ごと》し。『神《かみ》』と謂《い》ふべき也《なり》」との賛辞《さんじ》を贈ってもいる。

しかし、その光栄の身なりは、かなりひどいものであったらしい。忠実の語るところ、光栄は、陰陽師としての矜持《きようじ》から、陰陽師としての研鑽《けんさん》を優先して、着飾ることを好まなかったようなのである。そして、これが陰陽師たちに共通する傾向であったとすれば、かの安倍晴明も、ずいぶんな身なりで道長のもとに出入りしていたのかもしれない。

丹波雅忠　よれよれの衣裳に身を包む世界的な名医

やや信じ難いことではあるが、忠実の語る「諸《もろもろの》道《みち》の人《ひと》は、上古《じようこ》は衣服《えぶく》を好《この》まず、才芸《さいげい》を以《もつ》て先《さき》と為《な》す也《なり》（さまざまな技芸に携わる専門家たちというのは、その昔においては、着飾ることを好まず、自身の技芸を磨くことこそを重要視していたものである）」という傾向は、どうやら、本当に、王朝時代の「諸道の人（さまざまな技芸に携わる専門家たち）」の全般に見られた傾向であったらしい。というのも、そうした傾向を、陰陽師にのみならず、少なくとも医師《くすし》にも、明らかに見て取ることができるからである。

次に引用するのは、『中外抄』が久安五年（一一四九）七月二十五日のものとする忠実の談話であるが、ここには、ひどい身なりで摂関家に出入りする名医のことが語られている。

又《また》も仰《おお》せて云《い》ふやう、「故殿《ことの》の大炊殿《おおいどの》に御坐《おわしま》すの時、雅忠《まさただ》を参《まい》らしめたりき。其《そ》の装束《しょうぞく》ハ、故殿ノ御表衣《おんうえのきぬ》立涌雲《たてわきぐも》を給《たま》はりて、なへなへたりしを着《き》て、指貫《さしぬき》ハすこしよかりき。故殿の『あれニ身《み》を見《み》せよ』と仰《おお》せられしカバ、我《われ》ハわろき小袖《こそで》を着《き》て見《み》せしかバ、かゐなをいたからぬほどにつよく四五許《ばか》り取《と》りて、『イカニモ熱《ねつ》ハ恐《おそ》れ御《おわ》さざる人也《ひとなり》』と申《もう》しき。其《そ》の後《のち》、生年《しょうねん》七十二、未だ一度も恐れあらず。風《かぜ》をバをづれども、熱《ねつ》ハいまだやまざる者也《ものなり》」と。

（さらに忠実さまがおっしゃるには、「お亡くなりになったお祖父さまの師実さまは、大炊殿第に暮らしていらっしゃったとき、医師の丹波雅忠を、同第へとお喚《よ》びになった。すると、参上した雅忠の衣裳は、師実さまが着用なさっていた表衣〈立湧雲の綾織物《あやおりもの》〉をいただいたもので、すっかり糊《のり》が落ちてくたくたになったのを着ていて、指貫だけは幾らかましなものを履いていた。そして、師実さまが私に『あの者に身体《からだ》を診《み》させよ』とおっしゃったので、私は、粗末な小袖を着て雅忠に身体を診させたところ、雅忠は、私の腕を、痛くない程度の強さで、四回か五回かほど把《つか》んで、『どうにも、発熱を心配しないでいらっしゃることのできる方のようです』と申した。その後、私は、七十二歳になる今日まで、いまだに一度も発熱を心配したことがない。私は、風病《ふびょう》に罹《かか》る心配はあるものの、これまで熱を出したことがない者なのである」とのことであった。）

忠実が発熱の心配のない身体を持っていたというのも、十分に興味深い話であるが、それを忠実がまだ若い頃に見抜いた雅忠の名医ぶりにも、興味を惹かれないだろうか。師実が薨《こう》じたのは、康和《こうわ》三年（一一〇一）のことであったから、右の出来事があったとき、承暦《じょうりゃく》二年（一〇七八）生まれの忠実は、二十四歳までの年齢にあったことになる。

そして、そんな雅忠の名医ぶりは、当時において、異国にまで聞こえていた。鎌倉時代前期に編まれた『続古事談《ぞくこじだん》』という説話集は、「むかし、高麗国王《こうらいこくおう》、悪瘡《あくそう》をやみて、『日本《にほん》の名医《めいい》雅忠《まさただ》を給《たま》はらん』と申《もう》したりけり」と、その頃の朝鮮半島の統一国家であった高麗国が、国王の病難に臨んで、日本の朝廷に雅忠の派遣を要請してきたことを伝えるが、実のところ、これは、紛れもない史実なのである。

「日本扁鵲」と呼ばれる日本一の名医が語る祟

『朝野群載《ちょうやぐんさい》』というのは、平安時代後期に編纂された例文集であり、同書には、高麗国の礼賓省《らいひんしょう》という官司から日本の大宰府《だざいふ》へと宛《あ》てられた外交文書および大宰府から高麗国礼賓省へと宛てられた外交文書が収められているが、これらの二通の外交文書は、高麗国が日本に丹波雅忠の派遣を要請した折に交わされたものである。

そして、それらによれば、高麗国は、雅忠の派遣を請う外交文書とともに、おそらくは支度金《したくきん》のつもりだったのだろう、錦《にしき》や綾《あや》や麝香《じゃこう》といった当時の東アジアにおいては最高の奢侈品《しゃしひん》とされていた品々をも、日本に送っていたらしい。ここから、そのときの高麗国側の熱意のほどが窺われないだろうか。

しかし、その熱意が日本側に伝わることはなかった。日本の朝廷は、高麗王の病気が雅忠にも手に負えないものであった場合の面倒を恐れて、送られてきた錦・綾・麝香などを返却するとともに、雅忠の派遣を見送ったのである。この、所謂「事なかれ主義」を旨とするかのような外交には、現代の日本政府の外交に通じるものが感じられよう。

なお、こうして異国での名声が世に知られることになった雅忠は、それ以降、「日本扁鵲《にほんへんじやく》」と呼ばれることになる。「扁鵲」とは、本来、春秋戦国時代の中国で活躍したとされる伝説的な名医の名であるが、東アジアには、名医を「扁鵲」と呼ぶ伝統があったから、雅忠は、高麗国からの派遣要請を機に、日本を代表する名医と認められたことになる。

もちろん、そんな雅忠は、名医の家系の出であった。彼の父親の忠明《ただあき》は、『古今著聞集』の「陰陽《おんみよう》師《じ》晴明《せいめい》、早瓜《はやうり》に毒気《どくけ》あるを占《うらな》ふ事《こと》」という話に登場しているように、まさに道長の生きた時代を代表する名医であり、その忠明の父親で雅忠には祖父となる重雅《しげまさ》も、道長の時代の名医であって、重雅といい、忠明といい、その名医らしい活躍のほどが、『御堂関白記』にも記録されている。また、重雅の父親にして雅忠の曾祖父である康頼《やすより》も、道長政権発足の直前に他界したとはいえ、王朝時代を代表する名医であって、彼の著した『医心方《いしんほう》』は、江戸時代に至っても現役の医学書であり続けたのであ

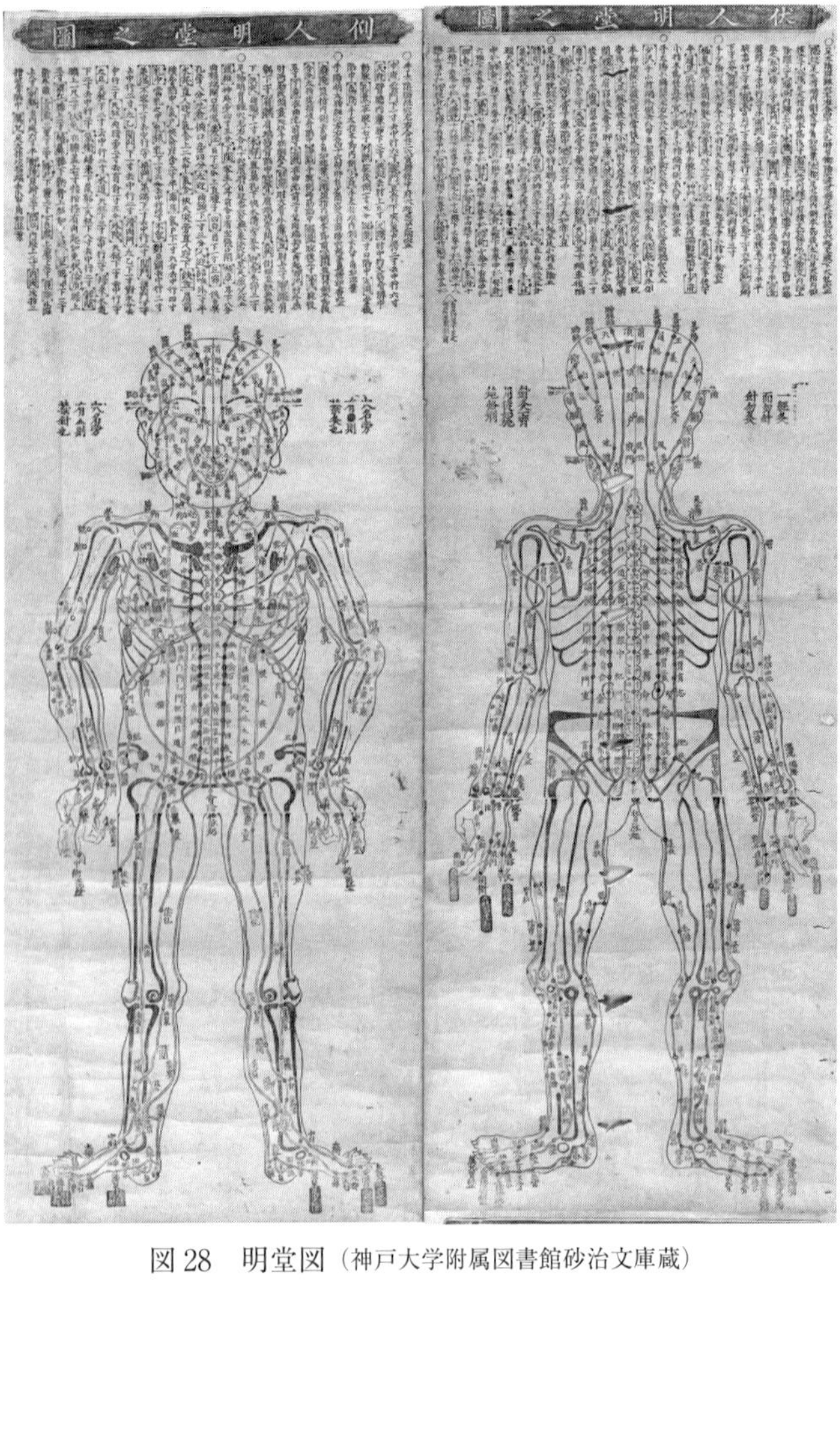

図 28　明堂図（神戸大学附属図書館砂治文庫蔵）

った。
そして、そんな名医の家系には、なかなか奇妙な言い伝えがあったようである。次に紹介するのは、『富家語』が永暦《えいりやく》元年（一一六〇）のものとする忠実の談話なのだが、ここで語られる雅忠の発言は、明らかに、医学をめぐるものではなく、祟《たたり》をめぐるものであろう。

仰《おお》せて云《い》ふやう、「施薬院領《せやくいんりよう》ニ九条《くじよう》ナル所《ところ》ニ明堂図《みようどうず》の有《あ》り。故殿《ことの》ハ御覧《ごらん》ジケリ。『我《われ》モ見候《みさぶら》ハム』ト申《もう》せしむるの処《ところ》、雅忠朝臣《まさただあそん》の云《い》ふやう、『件《くだん》の体《てい》を見《み》る人《ひと》ハ、必《かなら》ず目《め》ヲ病《や》む』の由《よし》を申《もう》す』と。仍《よ》りて、見《み》ざる也《なり》」と。

（忠実さまがおっしゃるには、「施薬院が九条大路の近くに持つ地所《じしよ》には、人体解剖図〈明堂図〉が置かれている。亡きお祖父さまの師実さまは、それをご覧になったことがあるそうな。それで、『私も見ておきたい』と言ったところ、医師の丹波雅忠が言うには、『「その図を見た人は、必ず眼病を患う」と言われています』とのことであった。それゆえ、私は見なかったのである」とのことであった。）

おわりに　孫の孫が語る藤原道長

晩年の藤原忠実

既に第一章でも触れたところではあるが、数え年の八十五歳まで生きた藤原忠実《ただざね》は、平安時代の男性としては、かなりの長寿を保ったことになる。これも既に見たように、忠実の生涯は、頼通《よりみち》のそれよりも二年ほど長いものであり、道長のそれよりは二十三年も長いものであった。

だが、忠実の長い生涯は、果たして、幸せなものだったのだろうか。

もちろん、誰かが幸福であったか否《いな》かなど、その本人にしか判断のできないことである。したがって、忠実が幸せであったかどうか、その本当のところは、本人に尋ねるよりないことになる。

とはいえ、忠実については、やはり、多くの現代人が、あまり幸福ではなかったように感じるのではないだろうか。彼は、父親にほとんど顧みられることのない前半生を経て、後半生においては、後継者に選んだ息子の忠通《ただみち》と激しく対立したうえに、溺愛する息子の頼長《よりなが》にはあっさりと先立たれているのである。

そして、忠実が忠通との確執を決定的なものとしたのも、忠実が頼長を永遠に喪《うしな》ったのも、所謂「保元《ほげん》の乱《らん》」においてであった。この乱に崇徳《すとく》上皇方として関与した忠実は、後白河《ごしらかわ》天皇方となった忠通の人生を台無しにすることを決断していたはずであり、また、ともに上皇方にあった頼長の生命を一本の流れ矢によって奪われたのである。考えようによっては、忠実は、この乱に関わったことで、二人の息子たちを一度に亡くしたようなものであった。

ちなみに、忠実自身も、上皇方が敗北したことによって、政治生命を完全に断たれてしまい、かつ、豊かな経済力を失ってしまう。彼は、それまで、「大殿《おおとの》」と呼ばれる政界の黒幕として、対立関係にあった息子の関白忠通にさえ影響を及ぼしていたうえに、やはり「大殿」として、膨大な数に上る摂関家の荘園を領有し続けていたが、天皇に弓を引く国賊《こくぞく》となったことで、後白河天皇の朝廷に対する影響力を完全に失ったうえに、忠通への荘園の譲渡を受け容れざるを得なかったのである。

件の乱があった保元《ほげん》元年（一一五六）には、承暦《じょうりゃく》二年（一〇七八）生まれの忠実は、既に七十九歳にもなっていた。したがって、その乱は、忠実にとっては、晩年を襲い来た強烈な嵐であった。そして、その嵐は、もはや数年の余命を残すばかりであった老貴公子から、ほとんど全てのものを奪い去ったのである。それは、忠実から、権力を奪い、財産を奪い、そして、子供たちをも奪ったのであった。

こうした史実からすれば、忠実の人生が所謂「保元の乱」を機に暗転したことは、間違いあるまい。彼は、乱の敗北者となったことで、無力で孤独な身となったのである。

また、そうして人生の敗者となった忠実は、平安京北郊の知足院《ちそくいん》という寺院に幽閉されて、そのまま最期を迎えることになるが、本書と関連しては、『富家語《ふけご》』に筆録された彼の談話の多くは、彼が幽閉の身となって以降のものであることも、ここに付け加えておこう。

藤原摂関家の本宅としての東三条殿第

ところで、所謂「保元の乱」の戦端が開かれる直前のこと、後白河天皇方には、源義朝《よしとも》の率いる武者たちを動かし、彼らに東三条殿第《ひがしさんじょうどの》を急襲させる、という動きがあった。なお、ここに登場する義朝は、頼朝《よりとも》の父親である。

しかし、その東三条殿第には、特に崇徳上皇方の要人の誰かが滞在していたわけでもなかった。このとき、崇徳上皇と頼長とは平安京東郊の白河北殿第《しらかわきたどの》にあり、忠実は宇治の別荘にあったのである。義朝が襲撃した東三条殿第は、人的には空だったことになる。

では、なぜ、後白河天皇方は、わざわざ東三条殿第に軍勢を派遣したのか、というと、それは、当時において、東三条殿第こそが、藤原摂関家の本宅だったからである。

実のところ、忠実が生きた平安時代後期には、土御門殿第《つちみかどどの》（上東門第《じょうとうもん》）も、高陽院第《かやのいん》（賀陽院第）も、摂関家の本宅の位置にはなかった。道長の本宅であった土御門殿第も、頼通の本宅であった高陽院第も、その後の藤原摂関家の本宅とはなり得なかったのである。そして、王朝時代の後に藤原摂関家の

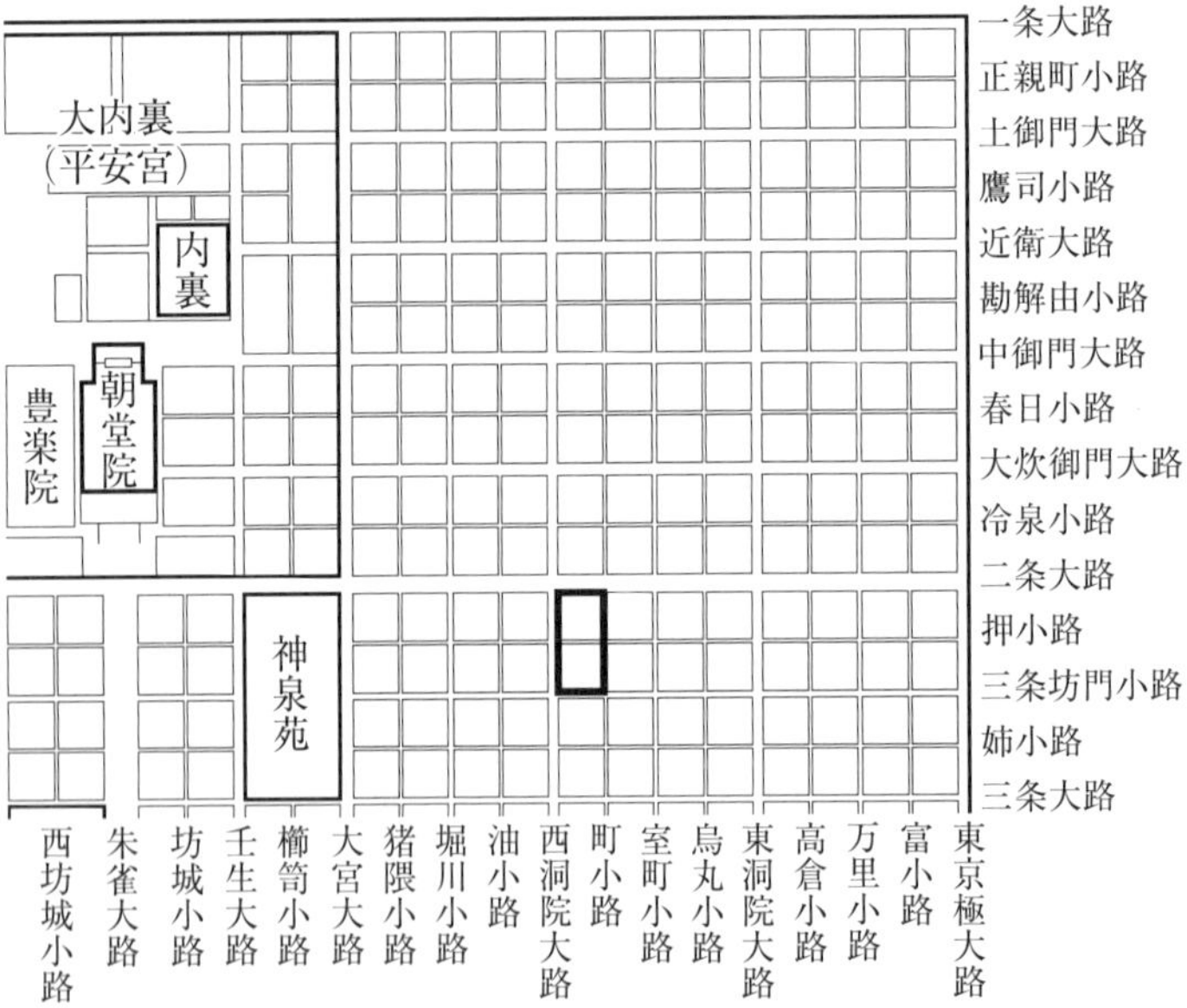

図 29　東三条殿第の位置

本宅の位置付けを得たのは、道長の父親の兼家《かねいえ》および道長の長兄の道隆《みちたか》が本宅としていた東三条殿第であった。

とはいえ、この東三条殿第にしても、往古より藤原摂関家の領する邸宅だったわけではない。そして、そのあたりをめぐっては、『中外抄《ちゆうがいしよう》』が久安《きゆうあん》四年（一一四八）閏《うるう》六月四日のものとする、次の忠実と中原師《なかはらのもろ》元《もと》との問答を参照するべきだろう。

仰《おお》せて云《い》ふやう、「東三条《ひがしさんじよう》ハ、李部王《りほうおう》の家也《いえなり》。而《しか》るに、彼《か》の王《おう》の夢《ゆめ》ニ、東三《ひがしさん》条《じよう》の南面《みなみおもて》ニ金《こがね》の鳳《おおとり》の来《き》たり舞《ま》ふ。仍《よ》りて、李部王《りほうおう》は、『即位《そくい》すべし』の由《よし》を存《ぞん》ぜらると雖《いえど》も、相《あ》ひ叶《かな》はず。而《しか》るに、大入道殿《おおにゆうどうどの》の伝《つた》へ領《りよう》ず。其《そ》の後《のち》、一《いち》条院《じよういん》の鳳輦《ほうれん》に乗《の》りて、西廊《にしのろう》の切間《きりま》より

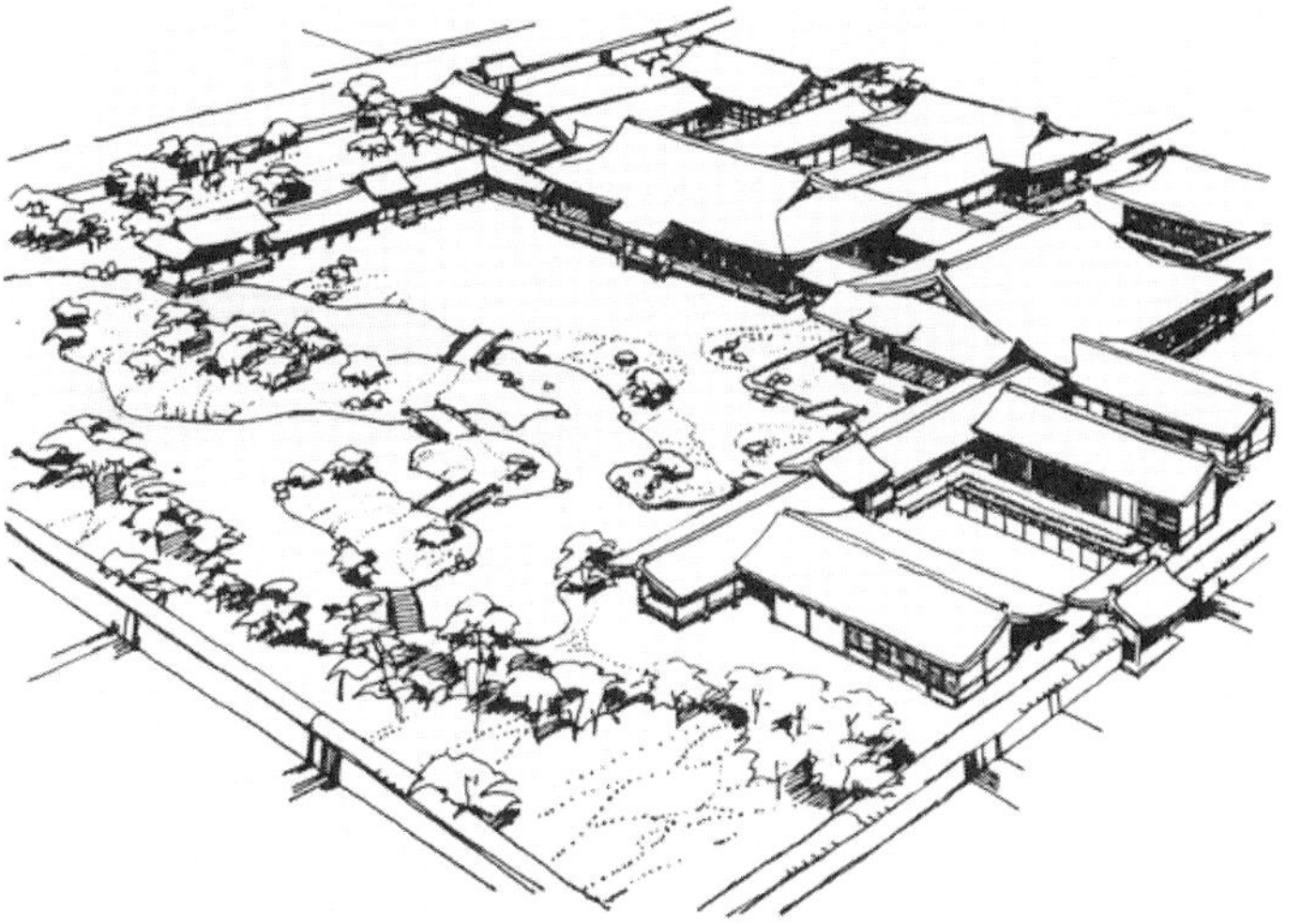

図 30　東三条殿第（住宅史研究会『日本住宅史図集』理工図書、1970 より転載）

出《い》でしめ給《たま》ひ了《お》はんぬ。此《こ》の事《こと》の、他《ほか》の時《とき》に相《あ》ひ叶《かな》ふは、如何《いかん》」と。

（忠実さまがおっしゃるには、「東三条殿第は、式《しき》部卿宮《ぶきょうのみや》重明《しげあきら》親王さまの屋敷であった。そして、その重明親王さまの見た夢に、東三条殿第の南面に金色の鳳凰《ほうおう》が飛んできて飛び回った。そこで、重明親王さまは、『いずれ私が即位して天皇になるに違いない』とお思いになったものの、それは実現しなかった。そして、東三条殿第は、兼家《かねいえ》さまが入手した。その後、一条天皇さまが鳳凰の飾りの付いた輿《こし》に乗って、東三条殿第の西側の廊の途中に設けられた通路から、天皇さまとしてお出かけになった。重明親王さまがご覧になった東三条殿第に関わる夢が、同第の所有者が代わった後に現実になったというのは、どういうことであろうか」とのことであった。）

予《よ》の申《もう》して云《い》ふやう、「家《いえ》の為《ため》に吉《よ》き夢也《ゆめなり》。人《ひと》の為《ため》に吉《よ》き夢《ゆめ》には非《あら》ざる歟《か》」と。

（これに答えて私〈師元〉が申し上げたのは、「重明親王さまがご覧になったのは、東三条殿第にとっての吉夢だったのです。それは、重明親王さまにとっての吉夢ではなかったのではないでしょうか」とのことであった。）

これによれば、東三条殿第は、もともと重明親王という皇子の居宅であった。そして、藤原摂関家の一人として最初に同第を入手したのは、道長の父親の兼家だったのである。

道長の家系としての藤原摂関家のはじまりの物語

なお、右に紹介した問答は、本来、次に改めて引用する問答に続くものであった。

又《また》も仰《おお》せて云《い》ふやう、「『李部王記《りほうおうき》』を、汝《なんじ》は見たる哉《や》。如何《いかん》」と。

（さらに忠実さまがおっしゃるには、「重明親王さまの日記の『李部王記』は、そなたは読んだことがあるか。どうだ」とのことであった。）

申《もう》して云《い》ふやう、「少々《しょうしょう》は窺《うかが》ひ見候《みさぶら》ふ所也《ところなり》」と。

（これに答えて私〈師元〉が申し上げたのは、「少しだけ拝見したことがあります」とのことであった。）

ここに言及される『吏部王記《りほうおうき（りぶおうき）》』（『李部王記』）は、重明親王の日記であって、この日記が世に『吏部王記』と呼ばれるようになったのは、記主の重明親王が式部卿《しきぶきょう》の官職を帯びていたからである。式部卿というのは、式部省《しきぶしょう》という官司の長官《かみ》であるが、日本の朝廷の式部省は、唐の朝廷の吏部《りぶ》という官司に相当する官司であったため、平安貴族たちは、式部卿を務める皇子を呼ぶにあたって、しばしば、「吏部王《りほうおう》」（「李部王」（りぶおう））の呼称を用いたのであった。もちろん、それは、ずいぶんと気取った呼び方としてであるが。

それはともかく、この重明親王は、醍醐《だいご》天皇の第四皇子であったにもかかわらず、その母親の実家が大納言家《だいなごんけ》に過ぎなかったために、将来の即位の可能性などは、生まれたときから、全く見込まれていなかった。これに対して、醍醐天皇の皇子にして現に即位し得たのは、朱雀《すざく》天皇となった第十四皇子の寛明《ひろあきら》親王と村上《むらかみ》天皇となった第十六皇子の成明《なりあきら》親王とであるが、この二人の皇子の母親は、関白藤原基経《もとつね》の娘である。

それでも、この重明親王が世に重んじられたのは、学識が豊かであり、かつ、管絃に優れていたためであった。また、その日記である『吏部王記』が、忠実の時代になってさえ、貴族社会において参照され続けたのは、重明親王という皇子には、有職故実にも深い造詣があったからに他なるまい。彼は、間違いなく、時代を代表する文化人であった。

ただ、そんな重明親王にも、本音のところでは、やはり、天皇になりたいという気持ちがあったのかもしれない。自宅である東三条殿第の南面において金色の鳳凰が舞い飛ぶ夢を見たとき、彼は、かなり本気で、即位する未来に期待を抱いたのではないだろうか。鳳凰は、龍や麒麟《きりん》と並んで、天皇を象徴する存在なのである。

しかし、重明親王の見た夢は、親王の未来を示すものではなく、東三条殿第の未来を示すものであった。そして、重明親王が夢に見た未来が実現したのは、東三条殿第の主が兼家に代わってからのことであった。すなわち、兼家の外孫として東三条殿第で育った懐仁《かねひと》親王が、重明親王の夢の通りに、即位する日を迎えたのである。そして、そうして即位した一条天皇こそが、藤原道長という人物に、その家系こそを摂関家とする足がかりを与えるのであった。

そうした意味では、『中外抄』が伝える右の問答は、道長の家系としての藤原摂関家のはじまりの物語に触れているのかもしれない。

孫の孫が語る藤原道長

さて、少し話が逸れてしまったが、本書の主題は、その孫の孫が語る藤原道長の姿であり、その百年後から見た王朝時代の姿であった。そして、『中外抄』および『富家語』を紐解きながら、ここまでに探ってきたところは、やはり、なかなか興味深いものだったのではないだろうか。

普通、歴史の研究においては、同時代史料こそが第一級の史料とされる。同時代史料というのは、例えば、道長の研究においてならば、道長自身の日記である『御堂関白記《みどうかんぱくき》』や、道長と同じ時代を生きた男性たちの日記である『小右記《しょうゆうき》』『権記《ごんき》』などであり、また、道長時代に作成された命令書や申請書などの各種の公文書や、同じ時代に貴族社会を往来した書簡を含む各種の私文書である。もちろん、文学作品の扱いを受けることが一般的な『枕草子《まくらのそうし》』『紫式部日記《むらさきしきぶにっき》』『和泉式部日記《いずみしきぶにっき》』『更級日記《さらしなにっき》』などの女流日記も、道長の研究には必須の同時代史料となる。さらに視野を広げるならば、『源氏物語《げんじものがたり》』のような物語や『拾遺和歌集《しゅういわかしゅう》』のような和歌集でも、道長の時代に著されたり編まれたりした書物であれば、十分に忘れてはならない同時代史料に数えられるべきだろう。

そして、実際に、これまでに発表されてきた道長をめぐる研究は、右に挙げたような同時代史料に基づくものであり、また、現時点で知られている実に詳細な道長の人物像は、そうした研究によって明らかにされたものである。同時代史料を手がかりとする研究こそが道長研究の王道であることは、間違いあるまい。

ただ、その当時にはほとんど誰にも知られていなかった事実が、しばらく後に世間に洩れ出す、といったことは、いつの時代においてもあるのではないだろうか。あるいは、当事者たちが頑なに口を噤んで守り続けていた秘密を、彼らの子孫が公にしてしまう、といったことも、常にありそうなものである。もちろん、そうして世に出た新説は、必ずしも全くの真実ではないかもしれない。それは、ときに、時間の経過による情報の劣化が災いして、かなり不正確なものになっていたりもするだろう。どうかすると、意図的な改竄が加えられて、それは、真実とは異なるものになってしまっているかもしれない。

とはいえ、そうした後世の言説からは、ときとして、同時代史料からでは全く見えてこない事実が見えてくるものである。忠実の語る手洗いの方角にこだわる道長や、同じく鼻の赤い道長などは、まさに、そうしたものの典型的な一例なのではないだろうか。

その孫の孫である忠実によって語られた道長像には、同時代史料から知られる道長像にはなかった部分が、さまざまに含まれていた。そして、それは、手洗いの方角へのこだわりや赤い鼻のような、どうかすると笑い話で終わってしまいそうなものばかりではなかったはずである。

また、それと同様に、その百年後を生きた忠実によって語られた王朝時代＝平安時代中期の姿にも、同時代史料からでは知り得ない部分が、数多く見受けられた。そして、そこには、時代の本質に関わるようなものもあったのではないだろうか。

あとがき

本書は、私にとって、ちょうど二十冊目の自著となる、まさに記念すべき一冊です。最初の自著の刊行は、二〇〇四年の正月のことでしたから、それ以来、だいたい一年に一冊ずつ本を出し続けてきた感じになりましょうか。

もちろん、私の書くものは、常に平安時代を題材としていますから、そうそう売れる本にはなりません。とはいえ、それでも、少なからぬ読者の方々に支えられて、ここまで来ることができました。ですから、この二十年ほどは、ずいぶんと幸せに過ごしてこられたのだと思います。私の本を手に取ってくださった皆さま、本当にありがとうございました。

ところで、この本を書いたことによって、私は、二つの重要な事実を、改めて認識することになりました。すなわち、道長がいかに刺激的な人生を送ったかを再認識するとともに、頼通がいかに現代の日本史研究者たちに等閑にされているかを再認識したのです。

道長には、藤原実資《さねすけ》や藤原伊周《これちか》など、手強《てごわ》い政敵がいました。また、道長は、彼を政権担当者に選んだ一条天皇にも、しばしば手を焼いていたのです。そして、本書では道長の政友として紹介した藤原公季《きんすえ》や藤原公任《きんとう》にしても、その扱いを道長が誤ることがあれば、容易に厄介な政敵へと変転しかねなかったことでしょう。

道長は、確かに、満月にも擬《なぞら》えられるような栄華を謳歌《おうか》していましたが、その満月は、実のところ、天空に輝く満月ではなく、波立つ水面《みなも》に映った満月だったのかもしれません。

これに対して、道長の後継者となった頼通の人生は、刺激の少ない人生だったように思われます。頼通には、教通《のりみち》・頼宗《よりむね》の二人の弟たちを除けば、政敵などいません。もし、そんなものがいれば、必ずや『中外抄』や『富家語』で話題になることでしょう。頼通が父親から受け継いだ政権は、まさに盤石の基盤を持っていたのです。しかし、そうして安泰な人生を送り得たこととは裏腹に、頼通は、かなり厄介な暴君になってしまいました。いや、あるいは、刺激のない退屈な人生こそが、彼を暴君にしてしまったのかもしれません。

ただ、頼通が暴君であったという事実は、現代において、ほとんど知られていないのではないでしょうか。もしかすると、それは、日本史研究者たちの間でさえ、当たり前に認知されてはいないかもしれません。そして、それもそのはずで、実は、頼通については、その人物をめぐる研究が、ほとんど進められていないのです。頼通の伝記や評伝といったものが、ただの一冊も刊行されていないことからすれば、これまでの日本史研究者たちは、頼通を、真剣に研究するには値しない人物と見做してきたのでしょう。

なお、最後になりますが、今回、ずいぶんとマニアックな内容の本の出版を引き受けてくださった吉川弘文館さんには、この場を借りまして、厚くお礼を申し上げたいと思います。また、直接に編集に携わって、あれこれとご尽力くださった、吉川弘文館編集部の高尾すずこさんには、ここに、特に深く謝意を表する次第です。

そして、最後の最後に、この二十年近くの間、変わらず支え続けてくれた妻にも、変わらぬ感謝を。

二〇二一年十月の新月の夜に

繁田信一

著者略歴

一九六八年　東京都に生まれる
一九九七年　東北大学大学院文学研究科博士課程後期単位取得退学
二〇〇三年　神奈川大学大学院歴史民俗資料学研究科博士後期課程修了
現在　神奈川大学日本常民文化研究所特別研究員、同大学国際日本学部非常勤講師、博士（歴史民俗資料学）

〔主要著書〕
『陰陽師と貴族社会』（吉川弘文館、二〇〇四年）、『平安貴族と陰陽師―安倍晴明の歴史民俗学―』（吉川弘文館、二〇〇五年）、『陰陽師―安倍晴明と蘆屋道満―』（中央公論新社、二〇〇六年）、『安倍晴明―陰陽師たちの平安時代―』（吉川弘文館、二〇〇六年）、『呪いの都　平安京―呪詛・呪術・陰陽師―』（吉川弘文館、二〇二二年）

孫の孫が語る藤原道長
百年後から見た王朝時代

二〇二三年（令和五）一月十日　第一刷発行

著者　繁《しげ》田《た》信《しん》一《いち》
発行者　吉川道郎
発行所　株式会社　吉川弘文館
郵便番号一一三―〇〇三三
東京都文京区本郷七丁目二番八号
電話〇三―三八一三―九一五一〈代表〉
振替口座〇〇一〇〇―五―二四四番
http://www.yoshikawa-k.co.jp/
印刷＝株式会社　三秀舎
製本＝株式会社　ブックアート
装幀＝黒瀬章夫

ISBN978-4-642-08424-6

繁田信一著

呪いの都 平安京

呪詛・呪術・陰陽師

四六判・二四八頁／二二〇〇円（読みなおす日本史）

貴族たちが抱く陰湿な望みをかなえるために、都に暗躍する法師陰陽師。呪いとまじないに生きた彼らは、どのような人々だったのか。華やかな王朝時代の周縁を暗く彩る、呪いあう平安貴族たち。そのねたみ、おそれ、あこがれを歴史の闇から読み解き、知られることのなかった平安京の裏の姿を明らかにする。新たに「呪禁師」に関する補論を収載する。

安倍晴明

陰陽師たちの平安時代

四六判・二一二頁／二三〇〇円（歴史文化ライブラリー・オンデマンド版）

平安時代を代表する陰陽師として、いま注目を浴びる安倍晴明。古来、陰陽師を輩出することのなかった安倍氏において、彼はなぜ陰陽師となったのか。古記録を丹念に読み解けば、妖怪や怨霊を退治する昨今の「超人」イメージではなく、出世・栄達に腐心する中級貴族としての、等身大の実像が浮かびあがる。安倍晴明の最大の謎に挑んだ注目の一冊。